说岳全传

【青少版】

[清] 钱彩 原著
代亮亮 改写

中国画报出版社·北京

图书在版编目（CIP）数据

说岳全传：青少版 /（清）钱彩著；代亮亮改写
. -- 北京：中国画报出版社，2018.5
 ISBN 978-7-5146-1354-4

Ⅰ.①说… Ⅱ.①钱… ②代… Ⅲ.①章回小说—中国—清代 Ⅳ.①I242.4

中国版本图书馆CIP数据核字(2017)第321216号

说岳全传：青少版

[清] 钱彩 原著　代亮亮 改写

出 版 人：于九涛
责任编辑：郭翠青
助理编辑：魏姗姗
责任印制：焦　洋

出版发行：中国画报出版社
地　　址：中国北京市海淀区车公庄西路33号　邮编：100048
发 行 部：010-68469781　010-68414683（传真）
总编室兼传真：010-88417359　版权部：010-88417359

开　　本：16开（710mm×1000mm）
印　　张：18.25
字　　数：271千字
版　　次：2018年5月第1版　2018年5月第1次印刷
印　　刷：三河市文通印刷包装有限公司
书　　号：ISBN 978-7-5146-1354-4
定　　价：30.00元

目录

第一回　岳飞出世遭遇洪水 …………………………………… 1
第二回　岳飞初学周侗收徒 …………………………………… 4
第三回　岳飞勇得沥泉神矛 …………………………………… 9
第四回　岳飞比武扬威定亲 …………………………………… 13
第五回　四兄弟与牛皋结义 …………………………………… 17
第六回　洪先索贿却遭革职 …………………………………… 22
第七回　岳飞完婚动身回乡 …………………………………… 26
第八回　洪先父子寻仇被杀 …………………………………… 29
第九回　留守府岳飞展才华 …………………………………… 34
第十回　牛皋小校场抢状元 …………………………………… 40
第十一回　周三畏赠湛卢宝剑 ………………………………… 44
第十二回　宗留守暗讽张邦昌 ………………………………… 50
第十三回　岳鹏举枪挑小梁王 ………………………………… 55
第十四回　岳飞乱军中救宗泽 ………………………………… 60
第十五回　兀术破汴京擒宋帝 ………………………………… 65
第十六回　岳母刺字精忠报国 ………………………………… 70
第十七回　十万金兵中计大败 ………………………………… 74
第十八回　刘豫冒功败露降金 ………………………………… 79
第十九回　张邦昌施计害岳飞 ………………………………… 83
第二十回　兀术被擒施法逃脱 ………………………………… 88
第二十一回　牛皋醉酒大意被擒 ……………………………… 93
第二十二回　太湖杨虎兵败归降 ……………………………… 98

第二十三回	余化龙三战终归降	103
第二十四回	岳飞杨虎施苦肉计	107
第二十五回	牛皋醉酒劈死金将	112
第二十六回	岳飞离间计杀刘豫	116
第二十七回	樊家庄争鹿结姻缘	120
第二十八回	岳飞两擒两纵元庆	125
第二十九回	高宗逃命被困山顶	129
第三十回	牛皋闯金营收三将	133
第三十一回	高宠挑铁滑车殒命	138
第三十二回	岳云杀金兵遇关铃	143
第三十三回	牛头山张宪救高宗	148
第三十四回	岳云逞勇将功赎罪	152
第三十五回	梁红玉黄天荡扬名	156
第三十六回	兀术逃生高宗迁都	162
第三十七回	岳飞巧施计诛叛臣	166
第三十八回	杨再兴不敌杀手锏	170
第三十九回	王佐设宴诱杀岳飞	175
第四十回	韩世忠计破藏金窟	180
第四十一回	伍尚志火牛阵大胜	186
第四十二回	岳云较锤阵前结义	190
第四十三回	杨幺兵败老巢被毁	195
第四十四回	杨再兴小商河阵亡	200
第四十五回	汤怀自尽宁死不降	205
第四十六回	王佐断臂卧底金营	209
第四十七回	曹宁归宋枪挑父亲	213
第四十八回	岳飞大破连环甲马	217
第四十九回	兀术朱仙镇大溃败	221
第五十回	十二道金牌召岳飞	225
第五十一回	张保探监为义撞死	230

第五十二回	岳飞风波亭终殉身	235
第五十三回	岳雷韩家庄遇牛通	240
第五十四回	栖霞岭下安葬忠骨	246
第五十五回	六兄弟偷祭岳王坟	251
第五十六回	岳霆打擂大显身手	256
第五十七回	奸相秦桧咬舌而死	260
第五十八回	兀术兴兵孝宗除奸	265
第五十九回	鲍方老祖连破妖法	270
第六十回	施岑施法破牧羊城	277
第六十一回	气死兀术笑杀牛皋	282

第一回　岳飞出世遭遇洪水

在相州汤阴县①岳家庄，阵阵笑声飘出窗外，一个年近半百的员外②正忙着烧香、点蜡烛。原来他叫岳和，妻子姚氏年已四十，刚刚生了一个儿子。岳和老来得子，十分高兴，屋里屋外忙个不停。

正在这时，看门的突然进屋向岳和禀报："员外，外边来了一个道士，要化斋。"岳和想了一想，虽然家里忙碌不方便，但还是让看门的将道士请进屋。岳和见这道士鹤发童颜、气宇轩昂，连忙走上前，将他让到厅中坐下。岳和说："弟子姓岳名和，祖居此地。因弟子有一些家产，耕种几亩田，所以人们都称我这里为岳家庄。请问老师③法号，在何处修行？"道士："贫道法号希夷，云游四海，到处为家。今天偶然来到贵庄，正遇到员外生了儿子，员外愿不愿意把孩子抱出来让我看看？"岳和说："请师父坐一会儿，我进去与夫人商量商量。"说罢转身走进卧室。姚氏得知情况后，并没有反对。于是，岳和高兴地抱着儿子走到厅中。

希夷道士起身一看，立即赞不绝口地说："真是个好孩子！取名字了吗？"岳和说：'孩子今天刚生，尚未取名。"希夷道士说："贫道斗胆，替令郎取个名字怎么样？"岳和说："老师肯赐名，非常妙！"希夷道士说："我看令郎相貌魁梧，长大后必然前程万里、远举高飞，就用'飞'字为名，字'鹏举'，怎

① [相州汤阴县]
即今河南安阳汤阴县。相州：治所在今河南安阳。

② [员外]
旧时富豪。

③ [老师]
古时对僧尼、道士的称呼。

么样?"岳和大喜,再三道谢。随后他把岳飞抱进卧室,将道士取名字的事详细告诉了姚氏,姚氏也十分高兴。接着,岳和回到厅中,设宴款待了希夷道士。

第三天,岳家张灯结彩,宴请亲朋好友。不料席间突然下起暴雨,不一会儿,滔滔洪水从周围涌向岳家庄。岳和找到一个大花缸,姚氏连忙抱起岳飞坐了进去。岳和用手攀扶着花缸,大声对妻子喊道:"我把孩子托付于你,你要好好保护他。我虽葬身鱼腹,亦能瞑目!"话音刚落,岳和手一松,就被汹涌波涛卷走,不知去向了。

姚氏抱着岳飞坐在缸中,顺着水流,一直漂到大名府内黄县①麒麟村附近。

麒麟村离县城三十里。村中有个富户,姓王名明,妻子何氏,两人都已五十岁,为人十分和气。一天早晨,王明起床后坐在厅中,忽然听到门外传来阵阵喧闹声,他连忙让家人王安到庄前看看是怎么回事。王安慌忙跑出去看了一眼,就回去对王明说:"不知哪里发了洪水,水里漂来许多东西。村里人都在抢夺,所以喧喧嚷嚷。"王明听罢,便与王安一起出庄走到岸边。见众人乱抢东西,王明叹息不已。

不一会儿,一只花缸漂到岸边,一个妇人抱着一个孩子坐在缸内。众人只顾抢东西,哪里还愿意救人。王安走上前,叫道:"员外,这不是贵人吗?"王明走近一看,说:"一个半老妇人,怎么说是贵人?"王安说:"她怀中抱个孩子,在水里漂着却不死。古人云:'大难不死,必有厚禄。'长大了一定功成名就,岂不是个贵人吗?"王明想:"不知道他们从哪里漂到此处?"于是冲着花缸大声问道:"你是哪里的?姓什么叫什么?"他一连问了数次,缸内一点儿动静也没有。原来姚氏生下孩子才过了三天,身体非常虚弱;又突然遭遇大难,在水面上漂浮摇晃,自然晕头转向,所以没有反应。王安走到缸边,大声喊道:"这位奶奶②的耳朵聋了吗?我家员外问你是哪里人?怎

① [大名府]
治所在今河北邯郸。内黄县:今河南安阳内黄县。

② [奶奶]
此处指对年龄较大女性的称呼。

第一回　岳飞出世遭遇洪水

么会坐在缸内？"姚氏听见有人冲她叫喊，慢慢抬起头来，一见到王安，便眼泪汪汪地说："这里难道是阴曹地府么？"王安说："这个奶奶真好笑！好好的人，怎么说是阴曹地府！"

王明这才明白她是昏迷不醒，不是耳聋，忙让王安找人要了一碗热汤递给她喝了，接着说："这里是大名府黄县麒麟村。你是哪里的？"姚氏听罢，伤心地说："我是相州汤阴县岳家庄人，因为遭遇突发洪水，抱着儿子坐在缸内，漂到这里。我的丈夫被水冲走了，不知死活，家里的田地、财物都被水冲毁了。"说罢，放声大哭。王安对王明说："员外做件好事，救起这对母子，留在家中，让她干点儿杂活也行。"王明点点头，说道："说得有理。"说完转头对姚氏说："老汉姓王名明，我家就在前面。你如果愿意，就暂且到我的家里住下。我派人去打听你家人的情况，如果找到了，再派人送你回去团聚。你觉得怎么样？"姚氏说："多谢恩公！如果愿意收留我们母子二人，就是再生父母。"王明忙叫王安将姚氏扶出花缸，然后让他通知了何氏。

姚氏见到何氏，行过礼，便将自己的遭遇说了一遍。何氏与丫鬟们都觉得十分伤心。当天，何氏吩咐用人整理出一间空房，安顿姚氏和她的儿子住下。

过了几天，等洪水退去，王明派人前往汤阴县打探，但并没有岳和的消息。姚氏知道后放声大哭。何氏再三劝解，她才平静下来。自此以后，姚氏就在王明家安心住了下来，与何氏处得情同姊妹。

一天，姚氏与何氏闲聊，说起王明无子，便劝说她同意王明再娶一个偏房①，说不定就能生个儿子。本来何氏不愿意，但经过姚氏劝说，就同意了，当即让媒人给王明说了亲事。成亲第二年，偏房果然生下一子，取名叫王贵。因此，王明十分感激姚氏。

① ［偏房］
　　旧时男子在妻子之外娶的女子。

第二回　岳飞初学周侗收徒

　　光阴似箭，日月如梭。岳飞转眼就到了七岁，王贵也已六岁。王明请了一个启蒙老师到家里，教他俩读书识字。村中有两人，一个叫汤文仲、一个叫张达，都是王明的好友。两人分别将儿子汤怀、张显送到王明家中读书。岳飞还肯用心，王贵、汤怀、张显不仅不愿意读书，还成天舞棒弄拳。老师稍微斥责几句，他们就差点儿把老师的胡子拔光。因为这三个孩子都是独子，父母十分宠爱，老师无可奈何，只得辞职了。

　　王明一连请了几个老师，结局都是这样。他无可奈何，对姚氏说："令郎已经长大了，住在家中不大方便。门外有几间空房，家具、碗筷一应俱全。不如你搬到那里住，日常开销，我派人送来。你觉得怎么样？"姚氏说："承蒙员外救我们母子，大恩还未报答。又蒙员外费心，我们母子住在外面挺好。"接着，王明挑选好吉日，姚氏带着岳飞搬了进去。她每天给村里人做些针线活，赚一些钱贴补生活。日子一长，也有些积蓄。

　　一天，姚氏对岳飞说："你今年七岁，也不小了，天天玩耍也不行。我准备了一个扒子、一只筐篮，你明天去打些柴回来也好。就是员外见了，也会说我们娘儿俩勤快。"岳飞当即答应了。第二天一早，岳飞吃过早饭，就拿起筐篮、扒子出门而去。临走时，他对姚氏说："母亲，孩儿不在家中，关上门吧。"姚氏答应一声，关上了屋门，心里十分悲伤。

　　岳飞答应母亲出门打柴，但不知道哪里有柴。他一面想，一面走上一座土山顶。周围没有柴，只有七八个孩子在荒草地上玩耍。其中有两

个孩子是王明邻居的儿子：一个叫张小乙，一个叫李小二。他俩认识岳飞，便喊道："岳家兄弟，你来干什么？"岳飞说："我奉母亲之命来打些柴草。"孩子们齐声大叫："你来得正好！不要打柴了，和我们一起玩。"岳飞说："我奉母命打柴，没工夫与你们玩。"孩子们说："什么'母命'！你如果不肯陪我们玩，就打你的狗头！"岳飞说："你们不要取笑我，我岳飞也不怕人！"张小乙说："谁取笑你！"李小二接着说："你不怕人，难道我们怕你？"其中一个孩子说："不要和他讲！"说罢走上前就是一拳，其余孩子一起冲上来对岳飞拳打脚踢。岳飞双手一伸，推倒三四个孩子，转身就跑。孩子们见识了岳飞的厉害，也不敢追。有几个走到岳家，哭哭啼啼地告诉了姚氏，说岳飞打了他们。姚氏好言将他们劝回去了。

岳飞打跑了孩子们后，到山后折了些枯枝，装满一篮，傍晚时，提着筐篮慢慢地走回家。吃饭时，姚氏对岳飞说："我让你去打些柴草，你却与孩子们厮打，惹得别人上门。你带回来的枯枝都是人家的花木，如果被主人看见了，岂不要被他责打？而且爬树也危险，如果跌下来，出了问题，做娘的今后倚靠谁啊？"岳飞连忙跪下，说："母亲不要担心，孩儿明天不折枯枝了。"姚氏说："你起来。你也不要去打柴了。我前些天在员外那里要了几部书，明天起我教你读书。"

岳飞天资聪明，书教过一遍就能读，读过一遍就熟悉。过了一段时间，姚氏对岳飞说："做娘的攒了几钱银子，你拿去买些纸笔回来，学写书法。这也是重要的事。"岳飞想了想，说："母亲，不必买。孩儿有纸笔，现在去取。"说罢，岳飞拿起一个畚(běn)箕(jī)①，出门来到河边，装了满满一畚箕的沙子，又折了几根杨柳枝做成笔的样子。岳飞说："母亲，纸笔不用花钱买了。"姚氏微微一笑，说："这样也好。"接着岳飞将沙子铺在桌上，姚氏拿起柳枝手把手教他写字。一会儿，岳飞自己就会写了。

① [畚箕]
用木、竹、铁片做成的一种铲状盘，通常有一短把，用以收运垃圾、粮食等。在农村比较常见。

① [小官人]

旧时对富贵人家年轻子弟的称呼。

② [栗暴]

食指、中指弯曲起来敲击人头顶的动作。

③ [老杀才]

骂老年人的詈词。

王贵虽然只有六岁，但身强力壮，行事鲁莽。一天，他与王安在后花园中游玩，看见百花亭里的桌子上摆着一副象棋，便问："这是什么东西？怎么有许多字在上面？做什么用的？"王安说："这个叫'象棋'，是两人对着下、赌输赢的。"王贵问："怎么样是赢？"王安说："红的吃了黑的将军，黑的就输；黑的吃了红的老帅，黑的就赢。"王贵说："这有什么难的？你摆好了，我和你下一盘。"王安把棋子摆好，把红的送到王贵面前，说："小官人①请先下。"王贵道："我如果先动手，你就输了。"王安问："我怎么输了？"话音刚落，王贵拿起自己的将军吃了王安的将军，说："这不是你输了吗？"王安笑道："哪有这样的下法？将军不能走出来。还是我来教你吧。"王贵说："放屁！做了将军，就得我做主，怎么不许走出来？你欺负我不会下棋，骗我吗？"说着拿起棋盘，就朝王安的头打过去。王安猝不及防，大叫一声"啊呀"，双手捂着流着血的头，转身就走。王贵在后面追赶。王安跑进后堂，王明看见后，忙问他是怎么回事。王安便将下棋的事说了一遍。还没说完，王贵追了进来。王明大怒，骂道："畜生！你小小年纪，竟敢如此无礼！"说着在王贵头上一连打了几个栗暴②。

王贵挨了父亲的打，飞快地跑进母亲房中，哭着说："爹爹要打死孩儿了！"何氏一边叫丫鬟拿干果给他吃，一边说："不要哭，有我呢。"话音未落，王明怒气冲冲地走了进来，问道："这小畜生在哪里？"何氏也不答话，恶狠狠地打了王明一掌，大哭起来，说道："你这老杀才③！今天说无子，明天道少儿，亏得姚氏再三劝你娶了偏房，才生了一个儿子。你为什么大事要打死他？我不如与你这个老杀才拼了命！"说着一头撞向王明。众丫鬟连忙上前拖住她，一边劝慰一边将她拉进房里。王明气得直瞪眼，跺着脚说："完了，完了，完了！这样纵容他，只怕误了他的一生！"

王明闷闷不乐地走到中堂。这时，张达满脸怒气地来了。

王明问："贤弟为何生气？"张达说："大哥，别提了！小弟为省脚力，买了一匹马养在家中。谁想你这侄儿天天骑马出去，撞坏了人家东西，小弟只得认赔，已经不止一次了。今天他又骑马出去，把人踢伤了。这家人抬着人上门吵闹。小弟再三赔罪，拿出几两银子，这家人才走了。这畜生胡作非为，我教训了他几下，你的弟媳护短，与我大闹一场，脸上都被她抓破了。我气不过，特地来告诉告诉大哥。"王明还没开口，二人的好友汤文仲气喘喘地跑进来，说道："大哥，二哥！怎么办，怎么办？"二人连忙起身，问道："老弟这样生气因为何事？"文仲坐下后，气愤地说："大哥！二哥！我告诉你们：金老儿夫妻俩租了小弟街边一间空房，开了个汤圆店。你们这侄儿汤怀天天去吃汤圆，把夫妻俩做的都吃了，还说不够。第二天他俩就多做了一些，结果他却不去吃。如果做少了，这畜生就去吵闹。金老儿没办法，将事情告诉了小弟，小弟赔了他一些银子，骂了汤怀几句。谁知这畜生昨夜竟搬了些石头堆在店门口。今天早晨金老儿起来开门，石头便倒进门去，将他的脚砸伤了。幸亏没砸死人。夫妻俩哭哭啼啼地来告诉我，我只得又给了他俩一些银子。小弟打了这畜生几下，你们的弟媳要死要活，打了我几擀面杖！这口气无处发泄，特地来告诉你们。"王明说："贤弟不要生气，我们两个和你一样。"说罢将王贵、张显的事讲了一遍。三人唉声叹气，又气又恼，但也无可奈何。

正在这时，陕西的周侗来了。三人大喜，忙将周侗迎进厅上坐下。王明问："很久不见大哥了，听说大哥在东京①，今天怎么来了？"周侗说："我岁数大了，以前在这里的时候，曾挣了几亩田产，所以来算算账，顺便看看你们。"王明忙下令设宴，给周侗接风。席间，王明问："老嫂子、令郎现在在哪里？"周侗说："老妻去世很久了，小儿跟随小徒卢俊义②前去征讨辽国，死在军中。小徒林冲、卢俊义都被奸臣所害，如今真是举目无亲了。不知贤弟们各有几位令郎？"王明说："不瞒

① [东京] 即今河南开封。

② [卢俊义] 与下文的林冲均为小说《水浒传》中的人物。

兄长，我们三个为了这些孽障，正在一起诉苦呢。"接着三人把各自儿子的事说了一遍。周侗说："为何不请个先生教他们？"王明说："以前请过几位先生，但都被他们打跑了。这样顽劣，谁肯教他们？"周侗微笑着说："这几位先生不善教育，所以被打跑了。不是老汉夸口，如果我教他们，他们必定不敢打我。"王明、张达、汤文仲大喜过望，一起表示感谢。

王贵当时正在外边顽耍，听到一个庄丁说父亲请了个狠先生，急忙找到张显、汤怀，商定用铁尺给先生来一个下马威。第二天上课时，周侗说："王贵上书①。"王贵说："哪有学生先上书的道理？这样不通，亏你出来做先生！"说罢伸手从袜子里拿出一把铁尺，朝周侗头上打去。周侗眼疾手快，把头一侧，一手接住铁尺，一手拎起王贵，将他按倒在凳子上，取过戒尺，重重地打了他几下。王贵被打得伏伏帖帖，不敢再生是非了。张显、汤怀也不敢放肆了。

自此以后，三人对周侗言听计从，都用心读书。

① [上书] 上课。

第三回　岳飞勇得沥泉神矛

　　岳飞得知王贵等人有了新老师，每天都用凳子垫脚，爬到墙头上听周侗讲书。一天，周侗出门办事。临走时，他对王贵、张显、汤怀说："我出了三个题目，你们用心破题①，我回来再批阅。"岳飞看见周侗出门，就悄悄地走进书房，想看看是什么题目。王贵一把扯住岳飞，叫道："汤哥哥，张兄弟，这个人就叫岳飞，我爹爹常说他非常聪明。今天先生出了题目要我们做，我们哪有心情？不如求岳飞代做，怎么样？"张显、汤怀齐声说道："有理！我们正要回去看母亲，岳哥代我们做了吧。"岳飞说："恐怕做出来不好，先生不满意。"三人根本不理睬，只推给他。王贵担心岳飞逃了，就将书房门反锁了起来，并说："如果你饿了，抽屉内有点心，随便吃。"说罢，三人忙不迭地跑去玩耍了。

　　岳飞将三人以前做的破题翻出来看了看，依照各人的口气做了三个破题，然后走到周侗的位子上坐下，将他的文章细细看了一遍，忍不住拍了一下桌子，说："我岳飞如果能得到此人的教诲，还担心日后不能成名吗！"说罢站起身，端过垫脚凳，提笔蘸墨站在凳子上，在白色墙壁上写了几句诗：

　　　　投笔由来羡虎头②，须教谈笑觅封侯。
　　　　胸中浩气凌霄汉，腰下青萍③射斗牛。

① [破题]
　　用几句话说明标题的要义。

② [虎头]
　　此处指宰相。古时以头形似虎的人为诸侯、宰相。

③ [青萍]
　　指古时宝剑青萍剑。

9

① [调羹鼎]
比喻治理政事。

英雄自合调羹鼎①，云龙风虎自相投。
功名未遂男儿志，一在时人笑敝裘。

写完后，岳飞念了一遍，又在诗后写了八个字："七龄幼童岳飞偶题"。忽然门锁响了，岳飞回身一看，只见王贵与张显、汤怀推门走了进来，慌慌张张地说："快回去吧！先生回来了。快走，快走！"岳飞飞快地走出书房，回了家。

周侗回到书房中坐下，拿起摆在桌子上的三张破题看了，发现文通理顺，心中十分惊讶。接着又翻出王贵、张显、汤怀以前做的看了看，觉得这些都不通顺，心想："怎么他们的才学今天突然进步了？或许是请人代做的。"于是问王贵："今天有什么人到书房中来了？"王贵矢口否认。周侗正在疑惑，猛然抬起头，发现墙壁上写着几行字。他起身上前一看，原来是一首诗。诗作虽然不很优秀，但句法可观，而且抱负不小。再看到岳飞的名字，才知道王明说岳飞聪明的话并非虚假。想到这里，周侗指着王贵说："你这畜生！岳飞在墙上题了诗，你怎么说没人到书房中来？难怪你们三个破题做的和往日不一样。原来是他替你们做的，你赶快去请他来见我。"

不一会儿，岳飞与王贵来到书房，对周侗深深地作了四个揖。周侗见岳飞身材魁梧，虽然年纪小，但举止大方，便命王贵搬过一张椅子，请岳飞坐下，问道："这墙壁上的诗句，是你写的吗？"岳飞红着脸说："小子年幼无知，一时狂妄，请老先生恕罪！"周侗又问："是哪位老师教你的？"岳飞说："因为家中贫困，没有老师教我，只是母亲教我读书，在沙上学写字。"周侗沉吟了一会儿，对王贵说："你告诉你母亲，说先生要请岳飞母亲商议事情，麻烦她去请。"王贵答应着走了。

不多时，周侗带着岳飞来到厅中，与姚氏见了面。行过礼后，周侗说："我见令郎十分聪明，就想收为义子。令郎既不更名，也不改姓，只要暂且以父子称呼，以便我将平生本事传

第三回　岳飞勇得沥泉神矛

授给他。特请您到这里来商量,希望您同意。"姚氏听后,不禁潸然泪下。岳飞说:"既然不改姓名,那没什么。请爹爹上坐,待孩儿拜见。"说完走上前,朝着周侗跪下。接着,又向王明、何氏行了礼,然后又走到母亲面前拜了几拜。姚氏又是悲伤又是高兴,见岳飞已经认了义父,就没再说什么。

第二天,周侗一边教岳飞读书,一边传授他武艺。周侗见岳飞家道贫寒,就让他和王贵、张显、汤怀结为兄弟。

转眼间,六年就过去了,岳飞已十三岁。兄弟四人都能文善武。一天,周侗带着四人到沥泉山看望自己的朋友志明长老。周侗说:"小弟听说这里有个沥泉,泡茶非常好,是吗?"志明长老说:"这座山后面有一个洞,名叫沥泉洞。洞中的泉水非常珍奇,不但味甜,而且用来洗眼睛,便能恢复视力。本来老僧想用它泡茶招待你,但不料最近发生了一件怪事。沥泉洞里常常喷出一股烟雾,人如果接触到,便会昏迷不醒,所以没办法取泉水,只能将就用别的水。"周侗说:"看来小弟与泉水无缘啊。"岳飞在一旁暗想:"泉水既然这么好,怕什么雾?估计是这老和尚吝啬,所以故意说这些话吓唬人。我一会儿去取一些,让爹爹洗洗眼睛,也表示我的一点儿孝心。"

接着,岳飞悄悄地向小和尚问明了去山后的路,并借了一个大茶碗,偷偷来到山后。半山腰果然有一股泉水,旁边的一块大石上刻着苏东坡①写的"沥泉奇品"四个大字。泉水上方有一个石洞,一个斗大的蛇头从洞里伸出来,眼中凶光四射,口中不停地流出口水,落在泉水里。岳飞心想:"这个孽畜,它嘴里的东西,有什么好处?滴在水中,水怎么能用?看我打死它。"于是他放下茶碗,抱起一块大石头,瞄准蛇头打过去。石头不偏不歪,正好打在蛇头上。只听"呼"的一声响,霎那间烟雾迷漫,那条蛇张开血盆大口,迎面扑向岳飞。岳飞连忙把身子一侧,让过蛇头,抓住蛇尾用力一甩。只听"啪"的一声响,岳飞定睛细看,手中拿的根本不是蛇,而是一杆一丈八

① [苏东坡]
即苏轼(1037—1101),号铁冠道人、东坡居士,世称苏东坡、苏仙,眉山(今四川眉山)人,北宋文学家、书法家、画家。

尺长的蘸金枪，枪杆上刻着"沥泉神矛"四个字。这时，泉水已经干涸了，一滴也没有。

岳飞十分得意，一手拿起茶碗，一手提着枪，回到周侗面前，把刚才发生的事情仔细说了一遍。周侗大喜。志明长老大声说道："老友！沥泉原本就是神物，令郎将来一定会成为大将。不过泉水已干，老僧只能回五台山去了。这杆神枪非同一般，老僧有一本兵书，上面有枪术和排兵布阵的方法，就赠给令郎吧。我与老友都已经老了，后会无期。二十年后，我的徒弟道悦会在金山上与令郎见面。记住这句话，老僧就此告别了。"说罢，志明长老走进房间取出一本用匣子锁着的兵书，交给周侗，周侗随手递给了岳飞。

回至麒麟村，周侗问汤怀："你要学什么兵器？"汤怀说："弟子见岳大哥枪舞得好，我也学枪吧。"周侗点头同意。张显说："弟子想，那枪好是好，但如果枪头上有个钩子就更好。"周侗说："这种叫'钩镰枪'。我画个图样与你，让你的父亲去照样打一杆，就教你钩镰枪吧。"王贵说："弟子想，最妙不过是大刀，一刀砍下去，少则三四个人，多则五六个。如果从早上砍到晚上，岂不是能砍成百上千个人？"周侗知道王贵是一个一勇之夫，便笑着说："既然你喜欢大刀，我就传你大刀吧。"

自此以后，兄弟四人双日习文，单日学武。周侗原是东京八十万禁军教头林冲的师父，还传授过卢俊义武艺，本领十分高强。现在他已年迈，恨不得将平生所学的武艺，全部传授给岳飞。岳飞年少，勇力过人，又刻苦用心，所以进步很迅速，武艺很快就比林冲、卢俊义高超了。

第四回　岳飞比武扬威定亲

一天，周侗和王明、汤文仲、张达在村里散步。一个里长①走过来对四人说："昨天县里发公文来说要举行小考②，小人已将四位小相公③的名字送到县里去了，特地来告诉四位。本月十五日要进城，员外们须早些准备。"王明有些不高兴，说："你这人办事真没道理！送名字之前应该先通知我们，商议商议，你知道我们的儿子能不能去？就是你的儿子，你也要想想看。岂有此理！"周侗说："算了！他也是好意，不要埋怨他了。令郎虽年轻，但已有一身武艺，可以去。"接着又对里长说："得罪你了，改日再道歉吧。"里长自讨没趣，转身走了。周侗说："各位贤弟，回去准备吧。"说罢，四人各自回家了。

周侗回到书房，对张显、汤怀、王贵说："十五日要进城考试武艺，你们回去，让父亲准备好衣帽、弓箭、马匹。"三人答应一声，各自回了家。接着，周侗让岳飞回去与母亲商量，准备进城考试。岳飞说："孩儿有事，这一次就不去了，下一次再去吧。"周侗问："你有什么事？"岳飞说："您看孩儿身上穿的全是带补丁的衣服，哪有钱买马？所以说下一次再去。"周侗点了点头，说："说的也对。你跟我来吧。"说罢周侗带着岳飞走进自己的卧室，打开了箱子，取出一件半新半旧的白袍、一块大红锦缎、一条大红腰带放到桌子上，说："告诉你的母亲，用这件衣服照你的身材改成一件战袍，剪下来的布改成一

① [里长]
　一里之长。里：各个朝代建制不一，唐朝时以一百户为一里。宋时延用，明时以一百一十户为一里。

② [小考]
　古时一种阶段性考试，沿用至今。

③ [相公]
　此处指读书人。

个包巾；用大红锦缎做一个坎肩、一副扎袖；大红腰带系在腰上。王员外送我的马借给你骑。十五日清早就要进城，要连夜收拾好。"岳飞点头答应，将周侗送的衣物拿回家，对母亲说明缘由，姚氏连夜将需要的衣物做好了。

第二天，周侗让王贵、汤怀、张显和各自的父亲在县城校场①集合，自己则带着岳飞一起进了城。王明、汤文仲、张达在城里的亲友纷纷抬着食物，送到校场中，挑了一个大酒篷坐下来。周侗对王贵、汤怀、张显说："去告诉你们的父亲，说这里不是喝酒的地方。你们各自去准备，一会儿念到你们的名字，你们就走上去答应。如果县令问到你们的哥哥，你们就说随后到。"王贵问："为什么不让哥哥和我们一齐上去呢？"周侗说："不是我不让他和你们一起去，因为你们哥哥的弓硬一些，显不出你们的手段，所以我让他单独考。"三人这才恍然大悟，回到了酒篷，将周侗交代的话说了。

不多时，各个乡镇学武的少年挤满了校场。其中有很多富家子弟，穿戴十分整齐，骑的都是高头骏马，配着鲜明华丽的马鞍。每个人都想获胜，能上东京争取功名。过了一会儿，县令李春带着一队差役进了校场，下马后在演武厅②坐下。

看见校场中来了很多人，李春暗自高兴，心想："今天如果能选出几个好门生，进京获得功名，我脸色也光彩。"不一会儿，书吏送上参加比武的人员名单。李春按次序点名，比试站立与骑马射箭。演武厅前顿时响起了"嗤嗤"的射箭声，不绝于耳。周侗在茶篷内侧着耳朵听着射箭声，脸上露出微微的笑容。岳飞问："爹爹为何笑？"周侗说："你听见了吗？现在只听到射箭的声音，听不到鼓声，岂不好笑吗？"

李春看了看箭垛，让自己满意的很少。这时，轮到麒麟村的人上场。李春大喊一声："岳飞！"校场中无人应答。他连喊了数声，还是没人应答。接着，李春喊出汤怀、张显、王贵的名字，三人均大声答应，一起走到厅下。李春一看，三人与众

① [校场]
旧时操练、演习、比武的场地。

② [演武厅]
校场中供高级将领观察、指挥的台子。

不同，便问："还有一名岳飞，为何没来？"汤怀说："他随后就到。"李春点了点头。汤怀说："求老爷下令把箭垛摆得远一些。"李春说："已经有六十步了，怎么还要远？"汤怀说："还要远一些。"李春遂下令将箭垛摆到八十步之外。张显说："求老爷下令再摆远一些。"李春下令将箭垛摆到一百步之外。王贵大声说："求大人再摆远一些。"李春笑了起来，说："既然如此，摆到一百二十步之外吧。"差役依令而行。

汤怀、张显、王贵依次张弓射箭，众人齐声喝彩，连李春都看呆了。原来三人射的箭没有一箭落空，都射在箭垛上。现场鼓声大作，根本听不见弓箭的声音。射完后，三人踏着鼓声一起走上演武厅。李春大喜，忙问："你们的箭法，是谁教的？"王贵说："是先生。"李春问："先生是什么人？"王贵说："是师父。"李春哈哈大笑，说："你武艺虽高，但说话不通。你师父姓什么叫什么？"汤怀忙走上前，说："师父是关西①人，姓周名侗。"李春说："原来你们的师父是周老先生。他是我的好友，我们很久没见面了。他现在在哪里？"汤怀说："在下边的茶棚中。"李春随即派人去请周侗。

① [关西] 函谷关以西。

不一会儿，周侗带着岳飞来到演武厅。李春忙起身迎接，请周侗坐下，便问："大哥既然在本县教学生，为什么不来见我？"周侗说："不是我不来看望你。麒麟村的居民喜欢打官司，如果我来看望贤弟，就会有人求我说情。贤弟如果答应我，就破坏了国法；如果不答应，就会伤了和气，所以还是不来为好。"李春说："感谢大哥体谅我。"周侗道："我们很久不见了，不知令郎有几个？"李春说："内人已经去世，只留下一个女儿，已经十五岁了。"周侗说："既然膝下无子，应该续娶了。"李春说："小弟有病，不时复发，所以不敢再娶。大嫂还好吗？"周侗说："也去世多年了。"李春道："有儿子吗？"周侗把手一招，对岳飞说："我的儿，过来见叔父。"岳飞应声走上前，对着李春行了礼。李春笑道："大哥说笑了。他是大哥

什么时候生的？"周侗说："不瞒老弟，他是我的义子，叫岳飞。请贤弟看看他的箭法。"李春说："你的三位徒弟表现优秀，令郎一定很好，还用看吗？"周侗说："贤弟，这是为国家选拔英才，况且也要使众人心服，怎么能看情面呢？"李春说："既然这样，那就让人将箭垛摆近一些。"岳飞说："再远一些。"李春问周侗："令郎能射多少步？"周侗说："小儿年纪虽轻，却能开硬弓，估计能射二百四十步。"李春随口称赞，但心里不信，随即下令将箭垛摆到二百四十步之外。

原来岳飞力大无比，能开三百余斤的弓，而且能左右开弓，但李春怎么能知道？岳飞走下台阶站定，从腰间摘下周侗送给他的"神臂弓"，搭上箭，飕飕地一连射了九箭。擂鼓的人从第一支箭开始就使劲擂，直到第九支箭射完才住手。校场中的人齐声喝彩，参加比武的少年都惊呆了。汤怀、张显、王贵和各自的父亲看罢，也都拍手称妙。

差役捧着一块泥和九支箭，走到李春面前，说："这位相公真是奇才！九支箭都从同一个孔中射出去了。"李春大喜，问周侗："令郎多大了？成亲了吗？"周侗说："十六岁，还没有定亲。"李春说："大哥如果不嫌弃，我愿将小女许配给令郎，不知道你觉得怎么样？"周侗说："这样好啊。但恐怕高攀不上。"李春说："好弟兄之间，何必客套。那就一言为定，明天我将小女的庚帖①送过去。"周侗非常高兴，随即将岳飞叫到面前，说："赶紧拜谢岳父。"岳飞立即拜谢了李春。接着，周侗辞别了李春，与岳飞、汤怀、张显、王贵等出城回到麒麟村。

第二天，李春将女儿李氏的庚帖写好，派人送给了周侗。周侗大喜，当即交给岳飞，让他回去告诉母亲。岳飞用双手接过去，忙回到家中，告诉了母亲。姚氏十分高兴，看了看李春女儿出生日期，竟然与岳飞同年同月同日同时出生。姚氏更加高兴了。

转天天一亮，周侗就与岳飞一起出了门，进城来到李春的府衙。

① [庚帖]

八字帖。旧时订婚，男女双方需要互换八字。帖上写明姓名、生辰八字、籍贯等。

第五回　四兄弟与牛皋结义

岳飞见过岳父李春后，李春一边命人设宴，一边说："贤婿来了，我也没什么东西可送的，就送你一匹马吧。"周侗接过话说："小儿习武，正缺坐骑。你送的正是时候。我们先去看看马，再回来喝酒。"李春当即起身，与周侗、岳飞一起来到马房内。岳飞连挑了数匹，都不满意。

忽然，隔壁传来一阵马的嘶叫声。岳飞说："此马声音洪亮，必然力大，定是好马！"李春说："贤婿说的对。那匹马是我的家人周天禄从北方买回来的。它力大无穷，见了人就乱踢乱咬，无人能降伏，所以只得将它锁在隔壁。"说罢，叫马夫开了门。岳飞脱掉外套，走到马前。那匹马没等岳飞近身，就抬起蹄子乱踢。岳飞把身子一闪，那匹马又转回头乱咬一通。岳飞往后一闪，趁势一把抓住鬃(zōng)毛，举起手掌就打，一连打了几下，那匹马就不敢动了。

岳飞将马牵到院子里，仔细一看，它足有一丈长、八尺高，头如博兔，眼若铜铃，耳小蹄圆，尾轻胸阔，样子非常好。但是它浑身泥污，看不出颜色。岳飞让马夫将马牵到水池边刷干净，原来它浑身雪白，没有一根杂毛，岳飞非常喜欢。李春见状，命家人取出一副马鞍放在马背上。接着，三人喝了一会儿酒，周侗与岳飞起身告别。

刚出城门，周侗说："我儿，这匹马虽好，不知道跑起来怎么样？你先跑，我在后面追，看看怎么样。"岳飞答应一声，抽了一鞭子，马随即往前跑去。周侗一时高兴，也抽了一鞭，追了上去。他骑的马比不上岳飞的马，跑回麒麟村时，直累得他气喘吁吁、汗流浃背。岳飞将马牵回家中，将岳父赠马的事详细地说了一遍。姚氏非常感激周侗对自己儿子的提携之恩。

周侗回到书房，因为跑马跑热了，就把外衣脱了，又用扇子扇了一会儿。到天黑的时候，他觉得头晕目眩，只好躺到床上。不一会儿，周侗觉得胸腹又胀又闷，开始发烧。岳飞得知后，连忙到书房服侍。王明等请来医生调治，也不见好转。

到了第七天，周侗的病势十分严重。周侗让岳飞拜谢了王明，王明一把扶起他，说："鹏举不用这样。"周侗说："三位贤弟如果要侄子们功成名就，离不开鹏举啊！"说完就去世了。当时是宣和①十七年九月十四日，享年七十九岁。岳飞痛哭不已，众人莫不悲伤。接着，王明、汤文仲、张达将周侗安葬在沥泉山东南脚下。岳飞在坟边搭了一个芦棚，给周侗守墓。

转年的清明节，王明、汤文仲、张达带着儿子们来上坟。王明对岳飞说："鹏举！你的老母在家，无人侍奉，你不宜久居此地，收拾好和我们回去吧。"岳飞坚持不走。王贵说："爹爹不要劝他，我们把这棚子拆了，看哥哥住在哪里。"汤怀、张显拍手同意。不一会儿，三人你一拨、我一扳，将芦棚拆除了。岳飞无可奈何，只得对着义父的墓拜了拜，回身又谢了三位员外。接着，三位员外先回村了。

岳飞与王贵、汤怀、张显在山脚下选了一块平地，将果盒摆开，坐在地上边吃边喝酒。汤怀说："岳大哥，老伯母独自一人在家里，你今天回去，才放心。"张显说："大哥，小弟们文字、武艺都生疏了，将来怎么能获取功名？"岳飞说："贤弟们，义父去世后，我也没把功名放在心上。"王贵说："师恩虽然难忘，但功名也是重要的事。如果大哥无心，小弟们就没指望了。"

话音刚落，忽然四人身后的草丛里发出一阵响声。王贵侧过身，将脚伸向草丛中一搅。一个人从里面爬了出来，大声说："大王饶命！"王贵一把将他拎了起来，喊道："快献宝！"岳飞

---

① [宣和]

宋徽宗最后一个年号，一共使用七年（1119—1125）。宣和十七年系《说岳全传》虚构。

第五回　四兄弟与牛皋结义

忙喝止了他："不要胡说，快放下来！"王贵哈哈大笑，把那个人放到地上。岳飞问："我们是好人，祭祀后在这里喝酒。你怎么说我们是大王？"那个人转身对草丛说："你们都出来！他们不是歹人。"枯草里顿时发出飕飕的响声，二十多个人走了出来。他们都背着包裹、雨伞，说："相公们，这里不是喝酒的地方。前边有个叫'乱草冈'的地方，原来很太平，但最近来了一个强盗，经常拦路抢劫。现在他拦住了几个客商打劫。我们要去内黄县，从后边抄小路到这里，怀疑相公们是歹人，所以躲在草丛里。"岳飞说："下山就是通往内黄县的大路，你们放心去吧。"这些人谢过了四人，高高兴兴地走了。

王贵说："大哥，那个强盗不知道怎么样？我们去看看。"岳飞说："他不过是昧着良心，不顾性命求暂时富裕，哪想到以后的结果。这种人，看他干什么？"王贵说："我们没见过，看看也不碍事。"岳飞说："我们没带兵器，如果他动起手来，怎么办？"张显说："大哥，我们拔两棵小树，就能当兵器。难道我们弟兄四个人，还怕了一个强盗？"汤怀说："哥哥，就是千军万马，我们也要去看看，还怕一个强盗吗？"岳飞暗想："我如果不去，三位弟弟就会看轻我，还以为我胆小。"想到这里，他带着三人拔了四棵树，朝乱草冈走去。

四人远远地就看见了那个强盗。他面如黑漆，身材高大；头戴一顶镔铁盔，身穿一副镔铁锁子甲①，里面穿着一件皂罗②袍，腰间系着勒甲绦（tāo）③；骑着一匹乌骓马，手拿一对镔铁锏。在他的面前，有十五六个人跪在地下，不停地求饶。岳飞说："贤弟们，我先去会会他。我看此人鲁莽，应该智取。如果我打不过他，你们再上来。"说罢，就走到强盗面前，大声说道："朋友！小弟在此，饶了这些人吧。"强盗见岳飞眉清目秀、身材高大，便说："你也该送一些财物给我。"岳飞说："没问题！古话说的好：'在山吃山，靠水吃水。'我是个大客商，伙计、车辆都在后边。这些人都是做小本生意的，有什么

① [锁子甲]
　　古时一种由金属链连环组成的铠甲。

② [皂罗]
　　一种黑色、质薄的丝织品。

③ [勒甲绦]
　　用丝线编织而成、系铠甲的带子。

油水？放他们走吧。一会儿我多送一些财物给大王。"强盗听罢，便对跪在地上的人说："既然他这样说，我就放你们走吧。"众人连忙爬起来，拼命地跑走了。

强盗对岳飞说："现在你把财物拿出来吧。"岳飞说："我倒愿意，只是我有两个伙计不答应，怎么办？"强盗说："你的伙计是谁？在哪里？"岳飞把两只手握成拳头，挥了挥，说："这就是我的伙计。"强盗问："什么意思？"岳飞说："你打得过它，我便送财物给你；如果打不过，就别想了！"强盗勃然大怒，说："你使拳头，我使铁锏，赢了你不算好汉。我也用拳头吧！"说着把双锏挂在马鞍上，接着跳下马，举起拳头朝岳飞劈面打来。岳飞把身子一闪，挪到强盗身后。强盗转过身，又是一拳，朝岳飞胸口打过去。岳飞把身子往左边一闪，飞起右脚，正中强盗的左肋，强盗顿时倒在地上。王贵、汤怀、张显齐声喊道："好武艺！好武艺！"

强盗一骨碌爬起来，大叫一声："气杀我也！"遂从腰间拨出一把剑，就要自刎。岳飞慌忙拦腰抱住他，说："好汉，为什么要这样？"强盗说："我从来没有被人打倒过，今天出丑，算了，算了！不想活了！"岳飞说："你这个朋友，真是急性子！我没与你交手，是你自己脚底滑，摔了一交。你如果自尽，岂不白送了性命？"强盗回头看着岳飞，说："好大力气！尊姓大名？哪里人？"岳飞说："我姓岳名飞，住在麒麟村。"强盗说："你住在麒麟村，知不知道有个叫周侗的？"岳飞说："他是我的义父，你怎么认识的？"强盗说："怪不得我输了，原来是周师父的令郎。何不早说，小弟得罪了！"说着就拜了拜，岳飞忙扶住了他。

强盗说："我叫牛皋，也是陕西人，祖上也是行伍出身。父亲去世之前嘱咐母亲说：'要想让儿子成名，必须投奔周侗师父。'所以我们母子俩离开家乡，出来寻访周师父。有人说他在内黄县麒麟村住，所以我们一路找到这里。经过这里时，有一伙毛贼拦路抢劫。我把强盗头目打杀了，夺了他的盔甲、鞍马，其他人都跑了。我想，就是找到了周师父，也得有个依靠才能生活，所以就在这里抢些东西，一来可以糊口，二来可以有见面礼。不料遇到你这个好汉。好人！你跟我去见见我的母亲，

第五回 四兄弟与牛皋结义

再带我去见周侗师父。"岳飞说:"别急。我有几个兄弟,互相认识一下吧。"说着把手一招,将王贵、汤怀、张显叫到面前,互相通报了姓名。

接着,牛皋带着四人来到一处山坳内。牛皋走进一个石洞,不一会儿,牛母出来将四人迎进洞内坐下。牛母将丈夫遗命、投奔周侗的话说了一遍,岳飞眼泪汪汪地说:"义父不幸在去年九月去世了。"牛母非常悲伤,对岳飞说:"我带着先夫的嘱托,不远千里而来,谁知周老相公已经作古,我儿将来就没有机会成名了!"岳飞劝道:"您不要悲伤,小侄的本领虽然不如义父,但也略通一二。你们既然来了,不如和我们一起住,让牛皋和我们弟兄四人一起操练武艺,怎么样?"牛母这才转悲为喜,起身将行李收拾好。

过了一会儿,几人一起来到岳家。牛母见到姚氏,将自己的经历详细说了一遍。岳飞又将王明、汤文仲、张达请到家中,将牛皋引见给三人,三人非常高兴。当天,王明在家中设宴,给牛皋母子接风,并安排他们在岳家住下。接着,王明挑选了吉日,让牛皋与岳飞、王贵、汤怀、张显结拜为弟兄。自此以后,岳飞一边传授牛皋武艺,一边教他读书识字。

第六回　洪先索贿却遭革职

①［节度都院］
　即节度使。地方
军政长官。

　　一天，岳飞弟兄五个人正在村前一块打麦场上比试枪棍，忽然发现对面树林里一个人探头探脑地张望。王贵走过去，大喝一声："呔（dāi）！你是谁，在这里偷看什么？"那个人不慌不忙地走出树林，来到五人面前，作了一个揖，说道："我是邻村的里长。相州节度都院①刘光世大老爷的公文已经到了县里，参加比武的人都要到相州考试，然后才能进京应试。我特地来通知各位。看到各位在这里操练武艺，不敢惊动，所以躲在树林中观看。"说完，里长就告辞了。

　　第二天，岳飞骑马来到内黄县城。拜见岳父后，岳飞说："小婿要去相州考试，特地来拜别。我还有一个结义兄弟牛皋也想去应试，但没参加县里的考试，希望您把他的名字加上。"李春说："既然是你的义弟，我把他添上。"说罢吩咐差役将牛皋的名字补上，然后走进书房，写好一封书信交给岳飞，说："我有一个同学叫徐仁，在相州汤阴县任县令，为人正直，颇有声名，就是都院也敬重他。贤婿带这封信给他，补考的事就省了。"岳飞将信收好，拜谢而回。

　　转天，岳飞等五位弟兄拜别了父母，往相州进发。一路上晓行夜宿，说说笑笑，很快就到了汤阴县。五人从南门进了城，走了不到一里，就有许多家客店。岳飞抬头四处看了看，发现一家店门上边挂着一副招牌，上面写着"江振子安寓客商"七

第六回　洪先索贿却遭革职

个大字。岳飞见店中干净，就招呼其他四人下了马。江振子看见了，连忙走出来迎接，将五人请进店坐下喝茶，并吩咐店小二安排好五人的行李和马匹。

岳飞问江振子："我有一封信要送给县令，现在去来得及吗？"江振子说："现在还早，去县衙来得及。这位县令老爷在这里已经九年了，为官清正，两袖清风，爱民如子。"岳飞问："这里离县衙有多远？"江振子说："县衙离这里不远。出了门，向东转，再往南走，就会看见一座衙门，那里就是县衙。"岳飞听罢，便到房间中打开箱子取出信，然后锁好房门，与四位兄弟一起朝县衙走去。

县令徐仁昨夜做了一个梦，今天升堂后问两边的人："我夜里做了一个梦，非常吓人，你们中有会解梦的吗？"一个外号叫"百晓"的书吏从一旁走过来，说："小人会解梦。不知老爷梦见了什么？"徐仁说："昨天夜里，我忽然梦见五只五色老虎朝着我扑过来，一下子就醒了，出了一身冷汗。不知道是吉还是凶？"百晓说："恭喜老爷！昔日周文王夜里梦见飞熊入帐，后来得到了姜子牙——"话还未说完，徐仁勃然大怒，拍案骂道："你这奴才，胡说！我是什么样的人，拿我和圣贤君王比？真是可恶！"百晓无言以对，只得站到一旁。

一个差役忽然进来禀报说："从内黄县来了五位武士，说要转交县令李老爷的信。"徐仁吩咐将五人请了进来。不一会儿，五人来到公堂上，行礼后将信呈给徐仁。徐仁看罢，又见五个人气度不凡，心想："昨夜的梦，莫非应在这五个人身上？"想到这里，徐仁问："贤契①们住在哪里？"岳飞说："住在南门附近的江振子店中。"徐仁说："请贤契们先回旅店。都院大人的中军官②洪先是我的朋友，我会请他关照你们。你们明天直接去考试吧。"五人谢了徐仁，回到旅店。

第二天，五人一起来到辕门③找洪先。岳飞禀报说："岳飞等五人请大老爷检阅我们的骑术、箭法。"洪先听罢，回头问家

① [贤契]
　　对弟子或朋友子侄辈的敬称。

② [中军官]
　　即传令官。

③ [辕门]
　　古时军营的大门。

① [常例]
即常例钱。按惯例送的钱。旧时官吏、差役向人勒索的名目之一。

将:"他们送常例①了吗?"家将说:"没有送。"岳飞听见,忙说道:"我们不知道这里的规矩,没有带来,等回家后再派人送来吧。"洪先说:"岳飞!大老爷今天不考骑术、箭法,过三天你再来。"岳飞无奈,只好走出辕门。

在回旅店的路上,兄弟五人商议该怎么办。忽然,徐仁坐着轿子从远处而来,数个衙役在轿子两旁走着。等轿子到了面前,五人一起下马站在路旁。徐仁看见后,吩咐停下轿子,说:"我正要去见洪中军,拜托他考试的事。没想到贤契们回来得真快。你们考得怎么样?"岳飞说:"洪中军因为我们没送常例给他,就叫我们三天后再去。"徐仁生气地说:"胡说!难道有他这中军才能考,没有他这中军就不能考了么?贤契们跟我走!"五人答应一声,上了马,跟着徐仁来到辕门。徐仁下了轿子,一个人来到都院大堂,对刘都院说:"现在有大名府内黄县五名武生,请大人考试骑术、箭法。"刘都院随即下令将五人传进大堂。

刘都院见五个人个个魁伟雄壮,心中非常喜欢。这时,洪先走进了大堂,说:"这五个人的骑术、箭法稀松平常,我已经见过,让他们回去温习,下一次再来考。他们怎么到这里来触犯大老爷?"徐仁气冲冲地说:"中军因为五人没送常例给他,所以才说谎话。这些武生已经盼了三年,请求大人成全!"洪先说:"我早晨已经见识过他们的武艺,并没有高超之处,为什么说我说谎?如果不信,他们敢与我比比武艺吗?"岳飞说:"如果大老爷下令,我就与你比试。"刘都院听了几人的话,说:"好,就命你们二人比试武艺。"

二人领命,站到厅下甬道两边。洪先叫家人取过一柄三股托天叉,使出"饿虎擒羊"的招势,大声叫道:"你敢上来吗?"岳飞不慌不忙地取过沥泉枪,使出"丹凤朝天"招势,说:"恕我无礼了!"洪先恨不得一叉就把岳飞叉死,恶狠狠地举起叉,对着岳飞劈头盖脸打下来。岳飞把身体一侧,让过叉,心想:"我和他并无大仇,用不着取他性命。"这时,洪先又一

叉打向岳飞。岳飞把头一低,侧身躲过,拖枪就走。洪先以为他输了,连忙追上去,朝着岳飞的后背就是一叉。岳飞忽然转过身,把枪向上一挑,将洪先的叉掀到一边,然后趁势倒转枪杆,在洪先的背上轻轻地一按。洪先站不住,"扑"的一声,摔倒在地上,三股托天叉也被丢到了一边。厅上厅下的人禁不住大声喝彩:"果然好武艺!"刘都院当即勃然大怒,命洪先到厅上,厉声呵斥道:"你这样的本事,哪里配做中军官!"随即下令将他赶出辕门。洪先羞愧难当,抱头鼠窜而去。

接着,刘都院命徐仁带着岳飞等五人到箭厅比箭。牛皋等四人射过之后,轮到岳飞上场,结果他比四人都好。刘都院问岳飞:"你的祖上就住在内黄县吗?"岳飞说:"我是汤阴县岳家庄人,出生三天后就遭遇洪水,家产被全部冲毁。老母抱着我坐在花缸内,顺水流漂到内黄县。承蒙恩公王明收养长大,因此就住在内黄县。后来义父周侗教了我和弟兄们武艺,但他已经去世了。请求大老爷恩准我们进京比武,如果能取得功名,日后就可以重还故里了。"刘都院高兴地说:"原来是周师父的徒弟,所以你们才有这样的好身手。我早就听说令师文武双全,朝廷几次派人聘他做官,他都不肯答应。如今他已故去,真是可惜!贤契赶紧回去收拾,我派人将名单送进京。"接着对徐仁说:"他日后定会功成名就,你回去替他查一查岳家以前的家产。查点清楚后,我拨银子建造房屋,让他能回到家乡。"徐仁领命而行。

岳飞等五人叩谢后,跟着徐仁回到县衙。徐仁设宴款待了五人,并对岳飞说:"我这里收拾好房屋,你回家把令堂①接来住吧。"岳飞高兴地答应了。第二天,五人付了住店的费用,辞别店主人,一起回到麒麟村。

岳飞将刘都院与徐仁帮助自己的经过详细地告诉了母亲,姚氏非常高兴,连忙开始收拾行李。

① [令堂]
　　对对方母亲的敬称。

第七回　岳飞完婚动身回乡

王贵、汤怀、张显回家后,各自对父亲说了岳飞要搬回家乡的事,王明、汤文仲、张达都非常舍不得。第二天,三位员外聚在王明家中商量这件事时,岳飞走了进来,对三人作揖,说了要回家乡的事。王明忍不住流下眼泪,失声说道:"鹏举!你在这里,你们这些孩子正好可以来往。况且令尊遗命,让孩子们不要离开你,才能功名成就。如今你要回家乡,我怎么舍得啊?"岳飞说:"刘大人恩义,小侄难以违抗他的命令。小侄也舍不得叔伯和兄弟们,离开这里真是无奈。"张达说:"我有个主意,可以保证你们一世不得分离。"汤怀忙问张达:"是什么主意?"张达说:"我虽然挣了很多家产,但也没有三男四女,只有这一个孩子,如果他能一举成名,就会光宗耀祖。我的意思是,只留当家人在这里总管田产,其余的人收拾好财物,与岳贤侄一起迁往汤阴县。你们觉得怎么样?"众人齐声说道:"这个主意好!我们都迁去汤阴县。"岳飞说:"这个怎么能行?三位叔伯都是一大家人,为了小侄都要迁往汤阴县居住,不是一件轻而易举的事。请叔伯们斟酌。"三位员外说:"我们的心意一致,主意已定,鹏举不用多说了。"

岳飞只得回家,把三位员外要迁居汤阴县的事对母亲说了。姚氏说:"我去与各位夫人再商议商议。"牛皋说:"不用说了,我要和大哥一起去!"姚氏说:"贤侄母子和我们一起住,自然一起去。"

第二天,岳飞骑马进城与岳父李春道别。李春一见到岳飞,便问起去相州考试的经过。岳飞将到汤阴县见徐仁、中军索贿、比试,以及刘

第七回　岳飞完婚动身回乡

都院出钱建房，命自己迁居故土的经过完整地说了一遍，并说："这些都是因为岳父提携才有的，今天特地来拜谢。"李春说："难得刘都院如此恩义，贤婿重归故里，是一件大事。我有一句话，你赶快回去告诉令堂。我自从丧偶之后，一直未娶，小女无人照看，正好可以和令堂做伴。我不留你，你赶快回去告诉令堂，明天是黄道吉日，我亲自送小女过门成亲，和你一起回家乡吧。"岳飞说："岳父大人，小婿家贫，什么也没有准备。现在这么仓促成亲，迎亲的礼物也来不及准备。请岳父大人稍微等等，等小婿进京考完回来，再来迎亲吧。"李春说："不能这么说。你一旦回家乡，与我离得就远了。我年老无儿，等你迁回去之后，来往又要经过一番跋涉。不如趁现在就成亲，也能了却我心中的一件大事。你不要多说了，快些回去告诉令堂。我让小女收拾收拾，明天就送她过去。"

岳飞见岳父主意已定，只好辞别离开。回到麒麟村，岳飞径直来到王明家，王明、汤文仲、张达正在一起商量动身的事。三人见岳飞回来，便问："你和你的岳父道别了吗？"岳飞说："岳父听说我要回家乡，就说我的母亲无人侍奉，明天要亲自送女儿过来。这件事怎么办？"三人说："这是天大的喜事啊！"岳飞说："叔伯们知道，小侄家里这么穷，匆匆忙忙之间，怎么能办喜事啊？"王明说："贤侄放心。你要哪一样我们没有现成的？你现在住的屋子，恐怕窄小，我这边空屋也多。请你母亲亲自来挑选两间，我派人连夜收拾好，给你做新房。"岳飞十分感激，忙回去告诉了母亲。姚氏自然高兴，当即就去选好了房子。随后，王明命人准备筵席、挂红结彩，迅速准备好迎亲的事务，专等新娘到来。

第二天一早，李春叫家人、差役抬上各种嫁妆，送到王明家厅中。李春与女儿李氏坐着两乘大轿，随后赶到。王明、汤文仲、张达将他们接进厅中，一时鼓乐大作，新郎、新娘拜了天地，并拜过李春、姚氏和三位员外。接着，众人入席。李春喝了三杯之后，站起身说："小婿、小女年幼，全仗各位员外提携。县里有事，我就不亲自送贤婿回乡了，就此告别。"三位员外再三挽留，李春坚持要走，三人只得将他送走了。

① [谢亲]
旧时的一种婚俗。娶亲后，女婿前往女方家致谢。

② [三朝]
新婚后第三天。

转天，岳飞要去谢亲①并辞行，就带着四位兄弟一齐进了城。李春非常高兴，立即吩咐设宴款待。岳飞与四位兄弟喝过三杯之后，就起身告辞。李春说："贤婿与贤契们一同去东京，我在这里盼望你们的捷音！"

回麒麟村后，五人各自回家收拾行装。过了三朝②，众人齐聚在王明家门口，男男女女共有一百多人，装财物、行李的车子足足有一百多辆。清点人数、物品后，众人有说有笑，闹哄哄地离开麒麟村，朝汤阴县进发。

第八回　洪先父子寻仇被杀

岳飞一行人走了不到两天，来到一个叫野猫村的地方。这里是一片荒野，没有一户人家。这时，天色渐渐黑了下来，岳飞对众人说："我们只顾着赶路，却错过了住宿的地方。离这里三四十里才有旅店，这些车子非常重，前进速度慢，怎么赶得上我们骑马的速度？这一带都是荒郊旷野、深山老林，如何能过夜？汤怀，你和张显到前边去看看有没有什么村落人家，先找一个地方安顿下来才好。"汤怀、张显答应着，纵马奔向前方。岳飞在前，王贵、牛皋在后，保护着家眷、车辆慢慢地走着。

不多时，汤怀、张显纵马回来，对岳飞说："大哥，我们跑了有十里远，也没有发现村落人家。这里往西三四里的山脚下，有一座土地庙。虽然败落了，但大殿和走廊倒也够我们歇息。不过没有庙主，坍塌的地方比较多，没有地方做饭。"王贵说："没关系。我们带了粮食、锅、铲子，只要拾些柴草，将就着能做些饭菜，过了这一夜再说。"牛皋接口说："不错！不错！快一些，我肚子饿了。"岳飞随即吩咐众人护着车辆、家眷，由汤怀带路，直奔山脚下土地庙而去。

天黑的时候，一行人赶到土地庙。众人七手八脚把车辆推入庙内，安顿在两边走廊下，家眷们都在殿内歇息。殿后边还有三四间房屋，但窗子上的栏杆都已经朽烂，屋顶上的瓦都没了。旁边原来有一间厨房，但是灶上的锅不知道哪里去了，墙角堆着一些乱草。牛皋、王贵取出行李中的炊具，到庙外找了一些水，开始生火做饭。众人因陋就简吃了一些饭菜，只有牛皋独自拿着一个大碗，不停地喝酒。岳飞说："不要喝了。古人说得好：'青酒红人面，财帛动人心。'这里是荒郊野外，如果有闪失，该怎么办？等到了汤阴，让你喝个够。"牛皋道："大哥胆子太小了！不过既然你不让喝，我就不喝了。"说着端起饭就吃，一连吃了二三十碗才住口。众人收拾妥当，分别在殿内和走廊下歇了下来。

岳飞对汤怀、张显说："二位贤弟，今夜不能睡。你们将衣服扎紧了，在殿后破屋内看守。如果后边有闪失，就是你们的责任。"二人大声答应。岳飞又对王贵说："贤弟，左边的墙壁已经残坏，你就在那里看守。如果左边有闪失，是你的责任。"王贵大声说："是！"接着，岳飞问："牛皋呢？"牛皋说："在这里！有什么话吩咐？"岳飞说："右边的墙快倒了，你守着右边！"牛皋说："大哥辛苦，去睡吧。有什么可大惊小怪的，怕什么？如果有差池，责任都在牛皋一个人身上。"岳飞微微笑了笑，说："兄弟不知道，只有万般小心，才能走遍天下。我和你哪有什么大行李？但是各位员外有这么多财物，如果稍有疏失，岂不是被人耻笑吗？所以有劳四位弟兄看守四边，我照管着大门。即使有千军万马，也不怕了。但愿无事，明天早早起来动身，早早找个旅店住下，一路平平安安到达相州城，岂不是好？"牛皋道："不错！既然大哥如此说，右边就交给我看守吧。"他一面说，一面暗自寻思："如今天下太平，哪里会有强盗？况且有我这一班弟兄在，怕什么？大哥唠唠叨叨，真是胆小。"想到这里，他将自己的乌骓马拴在廊柱上，把双铜挂到马鞍上，歪着身子，靠着栏杆打起了盹。

安排妥当后，岳飞将两扇庙门关好了。他发现殿前台阶下有一座石香炉，伸出手晃了晃，原来与底座连成一体。他用两只手抱住石香炉，奋力一拔，将石香炉抱了起来，抵住庙门。然后将沥泉枪靠在旁边，自己穿着战袍坐在门槛上，抬头仰望星空。当时正是月底，天空中黑漆漆的一片，没有一点儿月光，只依稀有些星光。

将近二更①的时候，一阵阵吵闹声从远处而来。不一会儿，

① [二更]
相当于二十一点至二十三点。

第八回 洪先父子寻仇被杀

一片火光靠近了庙门。一群人站在庙门口,大声喊道:"懂事的,赶快开门!把金银财宝、行囊都拿出来,饶你们这些人狗命!"其中一个声音说:"不要放走了岳飞!"话音一落,有几个人用力推庙门,但是没推开。岳飞大吃一惊,暗想:"我年纪还轻,会有什么仇人?这些强盗怎么会认得我?"庙门原本就是破的,岳飞从破缝中往外一看,原来不是别人,正是洪先。洪先是响马出身,刘都院见他有勇力,就提拔他做了中军官。谁知他贪贿忌才,与岳飞比武时摔了一跤,官职也被免了。因此他纠集了一帮旧时的同伙,带着两个儿子洪文、洪武,到这里找岳飞报仇。岳飞暗想:"冤家宜解不宜结。我守住大门,四面都有我的弟兄把守,谅他也进不来。等到天亮,他自然就离开了。"想到这里,岳飞把马鞍整了整,将身上的束绦紧了紧,提起沥泉枪,站到门后边。

当时牛皋正在打盹,被吵闹声惊醒后,眯着眼从门缝朝外一看,只见门外一片火光,还有一群人在叫喊。他把眼睛揉了揉,自言自语地说:"咦!有趣啊!果然大哥有见识,真有强盗来了!我们要进京考状元,还不知自己的本事怎么样,现在正好可以在强盗身上试试。"说着站起身,把双锏提在手中,掇(duō)开破壁,跳上马冲到强盗面前,大喊一声:"好强盗!来试试我的锏!"说着"飕"的一锏,一个强盗被打得脑浆迸出;接着又一锏打去,一个强盗的头被打落地上。守在左边墙壁处的王贵听见牛皋的喊杀声,心想:"不好了!不好了!我如果再迟一些出去,都被他们杀完了。"随即跳上马,举起金背大砍刀砍开破壁,一骑冲到强盗中间,手起刀落,人头滚下。

洪先一马当先,提着三股托天叉,挡住牛皋。洪文、洪武各持方天画戟,一起刺向王贵。牛皋骂道:"狗强盗!竟敢来惹爷爷!"边骂边舞动两根镔铁锏,朝强盗打去。王贵喊道:"一起上来正好。要是留一个活口,也不算小爷的本事!"岳飞听见两人的叫喊,禁不住脱口而出:"不好了!这两个人出去,一定会惹出事来。我赶紧出去劝住他们,赶走强盗算了,要不然冤仇越结越深。"说着就把石香炉推到一边,打开庙门冲了出去。这时,汤怀、张显在殿中大声喊道:"各位,不要惊慌!强盗被我们兄弟抵挡住了,进不了门。我们也出去痛快痛快!"汤怀手持烂

① [烂银]

即沙银。在银子里面加了其他金属制成的合金。

银①枪，张显举起钩镰枪，跳上马冲出庙门。强盗们非死即伤，被杀得落花流水。

这时，洪先被牛皋杀得渐渐不支。洪武见状，从斜刺里举戟冲上去援助洪先。洪文势单力孤，被王贵一刀砍下马来。洪武大吃一惊，被牛皋一锏削去了半个天灵盖，当场毙命。洪先大叫一声："杀我二子，还我命来！"纵马摇叉直取牛皋。岳飞喊道："洪先，休得无礼，岳飞在此！"洪先见岳飞来了，心里十分惊慌。正想回马逃跑，张显突然冲上来，用钩镰枪将他扯下了马。汤怀赶上前，一枪结果了他的性命。

强盗们见大王死了，纷纷四散逃命。王贵、牛皋想追上去再厮杀一番，岳飞喝止了他们："兄弟们，让他们逃吧，不要杀了！"两人不肯听，纵马就追。岳飞无奈，假意说道："兄弟们，后边又有强盗来了，快回庙里！"王贵、牛皋信以为真，忙勒马回到庙门前，问道："强盗在哪里？"岳飞说："既然他们都逃走了，就算了，何必再去追赶？我们已经杀了不少人，再杀岂不连累了这里的人？我们一起到殿中，商量商量该怎么办。"

牛皋、王贵、汤怀、张显一起下了马，跟着岳飞来到殿上。王明、汤文仲、张达和众家眷都被吓得浑身发抖，不敢出声。看见岳飞和四个兄弟走了过来，他们这才高兴起来，纷纷站起身，你问一声，我说一句，顿时乱成一团。岳飞说："你们不要乱糟糟的！天亮后，如果被人发现，虽然我们杀了强盗不用偿命，但也免不了吃官司。现在该怎么办呢？"王贵说："管他呢，走了得了！官府不见得就会知道强盗是我们杀的。"岳飞说："不好。现在这么多尸首在这里，官府肯定会追根究底，终是一件麻烦事。"牛皋接过话说："我有个主意，不如把这些尸首堆在庙里，我们再找一些柴草，放一把火，把他们烧得干干净净，谁还会来找我们？"岳飞笑道："牛兄弟这个主意非常对，就依你说的做。"张显、汤怀都拍起手，说道："妙啊！怪不得牛兄弟以前在乱草冈拦路抢劫，原来杀人放火是看家本

领!"众人听罢,都大笑起来。

　　随后,五人叫了一些胆子大的家人,将强盗的尸首都抬到神殿上,接着让人将车辆、马匹及行李收拾好,送到庙门外,请众人上车先走。等众人走出一段距离,牛皋点燃了柴草。火借风势,越烧越烈,霎时间就把土地庙烧成一片瓦砾。岳飞和四位弟兄纵身上马,赶上车辆,继续朝相州前进。

说岳全传 青少版

第九回　留守府岳飞展才华

岳飞一行人走了数天，终于到了相州，在城外找了一家大旅店住了下来。第二天，岳飞带着四位弟兄进城拜见了徐仁。岳飞把李春送女成亲、三位员外随自己一起迁来的事详细说了。徐仁连声说："难得，难得！"说罢带着岳飞赶到岳家庄，指给他看为他新建的房屋。岳飞再三感谢，辞别徐仁后赶到旅店，领着众人到新房住下。姚氏想起了岳和，不觉涕泪交流，十分伤心。岳飞劝慰了一会儿，让人设宴，与众人一起庆贺回到故乡。

第二天，岳飞带着四位弟兄进城，再次拜谢了徐仁。徐仁随即领着五人到节度使衙门拜见了刘都院，将五人一起回乡居住的事说了一遍。刘都院感叹道："贤契们不忍分离，一起迁到这里，真是难得。"接着，徐仁告退回衙。刘都院吩咐手下关上门，问岳飞："贤契们什么时候动身去东京考试？"岳飞说："明天。"刘都院想了想，将岳飞叫到身边，悄悄地说："我已经给留守①宗泽寄了一封信，拜托他照应你考试的事。为了防止他朝事繁冗，忘了你的事，我现在再写一封信给你带去，你到东京后当面送给他。"说完就写好了信，又命手下取出五十两银子交给岳飞，说："你收下这些银子，就算是路费。"岳飞再三感谢，收好信和银子，辞别刘都院，与四位弟兄一起回到家中。

转天，岳飞告别母亲、妻子及众人，与牛皋、王贵、汤怀、

① [留守]
京城的行政长官。皇帝出巡或亲征时，指定亲王或大臣留守京城，因而得名。

第九回　留守府岳飞展才华

张显奔东京而去。数天后，五人远远地看见了东京城。岳飞说："贤弟们，这里是京城，不比在家里，我们都要收敛一些脾气。"牛皋说："难道京城的人都是吃人的吗？"岳飞说："京城非比荒村小县，皇亲贵戚、公子王孙来来往往，非常多。如果莽莽撞撞，惹出事来，谁来救我们？"牛皋点了点头。

不一会儿，五人从南门进了城。走了半里多路，忽然遇到了在相州开客店的江振子。五人十分惊讶，江振子说："自从你们离开之后，有个洪中军领了很多人来找你们算账，说你们害他被革了职。他责怪小的留你们住宿，便砸了小的的旅店，还不让小的继续开店。小的无奈，只得到这里来开了一家旅店。请大爷们到小店歇息吧。"五人高高兴兴地与江振子一起来到他的旅店住下。

岳飞问江振子道："你知道宗留守的府第在哪里吗？"江振子道："从这里一直向北走，走四五里就到，极其好认。"岳飞说："估计这个时候他已经不坐堂了。"江振子说："早得很呢。这位老爷官拜护国大元帅，他这时候还在朝中办事未回，要到中午才能坐堂。"岳飞谢过之后，走进房间取出刘都院的信，准备一个人去送。但牛皋、王贵、汤怀、张显坚持要和他一起去，岳飞无奈，只好带着四人一起赶到留守衙门。不巧的是，看门的士兵说宗留守上朝还没回来，五人只得往回走。

五人走了半里多路，只见行人纷纷靠路两边站定，众多士兵护卫着一顶大轿子走了过来。原来是宗泽回府了。五人跟在后边，一直跟到留守府公堂外。

不多时，三声升堂鼓响起，衙役、士兵一阵吆喝，站到公堂两边。宗泽坐定，吩咐旗牌官①："如果汤阴县武生岳飞来了，就让他进来。"旗牌官领命而去。原来刘都院寄给宗留守的信中说岳飞是少有的人才，文武兼备，是国家的栋梁，一定要提拔。宗留守心中疑惑不定，就想亲眼看看岳飞到底是什么样的人。

① [旗牌官]
　　传递号令的官吏。一般出现在演义、传记中。

岳飞等五人在外面，见宗泽非常威风，简直像阎罗王一样。岳飞看见旗牌官不停地将外府、外县的文书送进公堂，就对四人说："我要进去了。如果幸运，连兄弟们都有好处。如果有什么事，贤弟们一定要耐心等待，切不可莽撞行事。否则我们的性命就难保了。"说罢，他独自一人走进辕门，对旗牌官说："汤阴县武生岳飞求见。"旗牌官立即进去禀报了宗泽，宗泽下令将岳飞带进来。不一会儿，岳飞随旗牌官来到公堂上，双膝跪下。宗泽向下一看，微微一笑，说："我说岳飞必定是个财主，他身上穿的真华丽！"接着问岳飞："你什么时候来的？"岳飞道："武生今天才到。"说着将刘都院的信双手呈上。宗泽拆开看罢，把案子一拍，呵斥道："岳飞！你花了多少钱财买这封信？老老实实地讲，如果有半句虚词，就用夹棍伺候！"两边差役随即吆喝了一声。牛皋在辕门外听见里面吆喝，就说要冲进去。汤怀连忙劝阻。四人只得在外面躁动不安，探听消息。

岳飞见宗泽发怒，仍不慌不忙、慢慢地说道："武生是汤阴县人，先父岳和在武生生下三天后就葬身于洪水之中。母亲抱住武生坐在花缸内，漂至内黄县，幸亏被恩公王明收养，但家中财物全被洪水冲走了。武生长大后，拜陕西周侗为义父，跟他学文习武。在相州考试时，刘大老爷派汤阴县徐大人查出武生旧时的家业，并为武生建造房屋，命我母子归乡。临行前，他又赠送了五十两银子作为进京路费。武生一贫如洗，哪有钱送给刘大老爷？"宗泽听了这一番话，心想："我早就听说有个周侗，非常有本事，但不肯做官。既然岳飞是他的义子，或许有些才学，也说不定。"想到这里，宗泽对岳飞说："你跟我到箭厅①去。"说罢，他在数名士兵的簇拥下，带着岳飞来到箭厅。

宗泽坐下后，对岳飞说："你自己去选弓吧。"岳飞走到弓架边，一连取了几张弓，都非常软，于是对宗泽说："大老爷，这些弓太软，恐怕射不远。"宗泽说："你平常用多少力的弓？"岳飞说："武生能开二百余斤的弓，能射二百余步。"宗泽说：

---

① ［箭厅］
练习射箭的房子。

第九回　留守府岳飞展才华

"既然这样,那就用我的神臂弓吧,只是它有三百斤,你能拉得开吗?"岳飞说:"试试看吧。"不一会儿,士兵们将宗泽的神臂弓和一壶雕翎箭摆在台阶下。岳飞走下台阶,拿起神臂弓一拽,叫了一声:"好!"紧接着一连射了九支箭,支支射中红心。宗泽大喜,问岳飞:"你惯用什么兵器?"岳飞说:"武生各种兵器都会一些,惯用的是枪。"宗泽命人将自己的点钢枪抬了出来,让岳飞使一段枪法。岳飞答应了一声,将枪提在手中,横行直步、里勾外挑,使出了三十六种翻身、七十二般变化。宗泽情不自禁地连声说:"好!"其他人也都齐声喝彩。使完后,岳飞面不改色心不跳,轻轻地把枪靠到了一边。

宗泽说:"我看你是真的英勇,你会用兵吗?"岳飞说:"武生的志向是:令行阃(kǔn)外①摇山岳,队伍端严赏罚明。将在谋献不在勇,高防困守下防坑。身先士卒常施爱,计重生灵不为名。获献元戎②恢土地,指日高歌定升平。"宗泽听罢大喜,一边吩咐手下关门,一边起身走到台阶下,双手扶住岳飞,说:"贤契,我原以为你是用贿赂求上进,没想到你是真才实学。"随即让岳飞坐下,接着说:"贤契武艺超群,堪任大将。行兵布阵之法,你学习过吗?"岳飞说:"按图布阵,是因循守旧的方法,不用深究。"宗泽心里有些不高兴,便说:"按你这么说,古人的兵书阵法都没用了?"岳飞说:"布阵交战,是常规的用兵之道,但不能固守不变。古时与现在不同,战场有广、狭、险、易之分,怎么能用一成不变的阵图?据武生看来,用兵需要出奇,使敌人不能掌握我军的虚实,这样才能取胜。如果敌人突然袭击,或者四面围困,哪有工夫布阵再厮杀?用兵之妙在于以权济变,全靠主将一个人。"

宗泽听完岳飞一番话,由衷地说:"贤契真是国家栋梁!刘都院可谓识人啊。但是,如果贤契早来三年或者迟来三年都好,这时候来真不凑巧!"岳飞十分不解,宗泽说:"有个藩王,姓柴名桂,世袭梁王。他来自南宁州③,是柴世宗④的嫡派

① [阃外] 边关。

② [元戎] 主将。

③ [南宁州] 治所在今云南曲靖境内。

④ [柴世宗] 即柴荣(921—959),是五代时期后周皇帝,在位六年。也称为周世宗。

① [兵部大堂]

即兵部尚书，掌管与军队有关的事宜。因为在大堂上办公而得名。

② [都督]

古时军事长官。

③ [关云长单刀赴会]

指关羽只带一口刀和少数随从赴东吴参加宴会的故事。历史上，单刀赴会的主角是鲁肃。

④ [刘季子醉后斩蛇]

秦末，泗水亭长刘邦（前256—前195）押送劳工途经芒砀山时遇白蛇挡道，挥剑斩之，后在此起兵响应陈胜起义，成就帝业。刘季子：即刘邦。

⑤ [鸿门宴]

公元前206年，项羽（前232—前202）在鸿门宴请刘邦。宴会上，项羽谋士范增命项庄舞剑，伺机刺杀刘邦。项伯见势不妙，也拔剑起舞，掩护刘邦。刘邦则借上厕所之机逃走了。

子孙。现在他来朝贺天子，不知听了谁的话，要参加比武夺取状元。皇上派了四个主考官：一个是丞相张邦昌，一个是兵部大堂①王铎，一个是右军都督②张俊，一个就是下官。柴桂给四人送了四封信、四份礼物。张丞相收下了，就把状元许给他了。王兵部与张都督也都收了，只有老夫没收。他们三个人都答应要让柴桂中状元，所以说不凑巧。"岳飞忙说："这件事还求大老爷做主。"宗泽说："为国求贤，自然要选拔出有真才实学的人。但这件事要费些周折。今天本该留贤契多谈谈，但恐怕让别人知道。你先回去，等考试的时候再见机行事吧。"

岳飞拜谢了宗泽，走出辕门，带着四位弟兄回到旅店，把演武的事说了一遍，但没敢提柴桂。第二天上午，宗泽派人送了五桌酒菜到旅店，算是给岳飞和他的弟兄接风。牛皋说："主人家的酒，不好白吃。但既是衙门里送来的，又不要回请，吃吧！"说着坐到桌边，举起筷子就吃。王贵说："这样吃不好，要行个酒令才妙。"汤怀接过话，说："不错，那你就出酒令吧。"王贵说："本来应该是岳大哥出酒令。酒席是宗留守看在岳大哥的面子上送来的，岳大哥算是主人，所以应该张大哥出酒令。"汤怀随声附和。张显说："我也不会行什么酒令，就说一个古人喝酒，要喝得英雄。说不出来的，就罚三杯酒。"众人齐声说："好！"

话音刚落，王贵斟了满满的一杯酒，递给张显。张显接过去一口喝了，说："我说的是关云长单刀赴会③，岂不是英雄饮酒？"汤怀说："果然是英雄。我们各敬一杯。"接着，张显斟了一杯递给汤怀。汤怀喝了，说："我说的是刘季子醉后斩蛇④，算英雄吗？"众人齐声说："好！我们也各敬一杯。"接着轮到王贵，他也喝了一杯，说："我说的是项羽鸿门宴⑤，算是英雄喝酒吗？"张显说："项羽虽是英雄，但鸿门宴时没杀刘邦，以至于后来失败了，所以要罚一杯酒。现在轮到牛兄弟了。"牛皋说："我不知道这些古董！我喝几碗酒，不皱眉头，

第九回　留守府岳飞展才华

就算我是英雄了!"四人哈哈大笑,说:"算了,算了,牛兄弟就喝三杯吧。"牛皋说:"什么三杯、两杯,我拿大碗喝两碗!"说着取过大碗斟上酒,连喝了两碗。

　　这时,四人齐声说:"现在轮到岳大哥结束酒令了。"岳飞斟了一杯喝完,说:"各位贤弟说的都是魏汉三国的人,我现在说一个本朝真宗皇帝天禧①年间的事。曹彬之子曹玮宴请群官,没喝几杯就不见了,一会儿,他带着敌人的头回来了。这是不是英雄?"四人说:"大哥说得爽快,我们各敬一杯。"四人尽兴畅饮,岳飞心中有事,想道:"武状元如果被柴桂夺去,我们的功名怎么办?"想着想着,酒劲上涌,他坐不住,趴到桌上,竟然睡着了。王贵也歪着身体,靠在椅子上睡着了。张显、汤怀见状,站起身走到旁边的床上倒头就睡。

① [天禧]

　　宋真宗赵恒(968—1022)的年号,共使用五年(1017—1021)。

第十回　牛皋小校场抢状元

牛皋一个人拿着大碗不停地喝酒，一抬头见岳飞、王贵、张显、汤怀都睡着了，心想："他们都睡了，我正好到街上逛逛。"于是轻轻地走到柜台边，对江振子说："他们喝多了，都睡着了，别惊动他们。我出去上个厕所就回来。"江振子点头答应。

出了店门，牛皋沿着街一直往东走。一会儿，他来到一个三叉路口，停下来，不知道该从哪一条路走。忽然，对面走过来两个人——一个全身白衣，身高九尺，圆圆的脸非常白净；一个全身穿红衣，身高八尺，脸色淡红。两个人有说有笑，旁若无人。穿红衣的说："哥哥，我早就听说这里的大相国寺非常热闹，我们去看看。"穿白衣的说："贤弟高兴，愚兄奉陪。"牛皋听罢，心想："我也听说东京有个大相国寺非常有名，我正好跟他们去游玩游玩。"于是跟在两人的身后，走了不一会儿，就到了大相国寺。寺前人山人海摩肩接踵，三教九流什么人都有。牛皋暗自叫好，跟着两人走进天王殿。一个说评话[①]的先生在殿内摆了一个场子，周围聚集了很多人。那先生看见三个人走过来，忙停下来，起身说道："三位相公请坐。"那两个人也不谦让，就坐了下来。牛皋也挑了一把椅子坐了下来。

听了一会儿，穿白衣的从身上取出两锭银子，递给说评话的，说："道友[②]，我们路过这里，别嫌少。"说评话的连声感

①[评话]
一种以方言讲述、表演的曲艺说书形式。

②[道友]
对行走江湖的人一种客气称呼。

第十回 牛皋小校场抢状元

谢,二人起身就走,牛皋也跟了出来。

原来穿白衣的姓杨名再兴,是杨令公[①]的后代。穿红衣的,是唐朝罗成[②]的后代,叫作罗延庆。杨再兴说:"我们赶紧回旅店,披挂好,骑马去小校场比武。如果胜了,就能抢到状元;如果武艺不济,就打道回府,下次再来考。"罗延庆点头同意。说着,两人快步离开了。牛皋自言自语地说:"幸好我在这里听见了。不然,状元就被这两个狗头抢走了!"说着连忙赶回旅店。

岳飞等人还在沉睡,牛皋心想:"我也不叫醒他们,等我把状元抢来,送给大哥吧!"于是他将双锏藏好,对江振子说:"你把我的马牵来,我要牵它去饮饮水,将马鞍也装上。"江振子转身进后院,将马牵到门口。

牛皋上了马,一直往前走。但他不认得路,到了一个三叉路口,就不知道该怎么走。他四下看了看,发现在一个店铺门口有两个老头,坐在一条板凳上聊天。牛皋在马上大声叫道:"呔!老头,爷问你,小校场往哪里走?"两个老头被气得目瞪口呆,看着牛皋,默不作声。牛皋说:"快告诉我!"两个老头还是不说话。牛皋说:"晦气!碰着一对哑巴。如果在家里,惹我老爷生气,一锏打死他。"其中一个老头说:"冒失鬼!你也敢在京城地面撒野?幸亏我们两个是老人,如果遇到后生,也不和你作对,就让你走七八个来回。从这里往东走,然后再向南,就是小校场了。"牛皋说:"老杀才,早告诉爷不就完了吗?真啰嗦。要不是看在大哥的面子上,我就一锏打死你!"说罢,拍马走了。两个老头十分生气地说:"天下竟然有这样蠢人!"

牛皋骑着马一路跑到小校场门口,只听里面有人喊道:"好枪!"牛皋非常着急,连忙冲进校场。只见穿白衣的和穿红衣的走马舞枪,正在酣战,牛皋大声喊道:"状元是我大哥的!你俩在这里打什么?看爷的锏!"说着,拔出锏就朝杨再兴头顶

① [杨令公]
即北宋名将杨业(?—986),太原(今山西太原)人。

② [罗成]
《隋唐演义》等隋唐系列小说中的人物。

上打去。杨再兴把枪一抬，挡住了锏，觉得有些力量，便对罗延庆说："兄弟，不知道从哪里走出来这个野人？你我原是弟兄，比什么武艺，倒不如戏弄戏弄他！"罗延庆说："说得有理。"随即掉转手中的枪，朝牛皋的心窝戳去。牛皋刚用锏将枪架到一边，杨再兴又一枪戳来。牛皋忙舞起双锏护住身体。杨再兴英雄无敌，手中的烂银枪有酒杯粗；罗延庆力大无穷，使一杆錾（zàn）金枪，犹如天将一般。牛皋哪里是二人的对手。三人战了一会儿，牛皋渐渐有些招架不住。幸好这里是京城，二人不敢伤牛皋的性命，只是围住他，不停地戏弄。牛皋大声叫道："大哥如果再不来，状元就被别人抢走了！"杨再兴、罗延庆听罢，又好笑又好气，一边想："这个呆子叫什么大哥、大哥？这个大哥一定有些本事，等他来，会一会他。"一边用手中枪把牛皋逼住，不使杀招，也不放他走。

牛皋骑马离开后一会儿，岳飞醒过来，看见王贵、汤怀、张显都在睡觉，只是不见了牛皋，连忙叫醒三人，问道："牛兄弟呢？"三人说："我们都睡着了，哪里知道他到哪儿去了？"岳飞与三人忙起身，问江振子。江振子说："牛大爷带马去饮水了。"岳飞文："去了多久了？"江振子说："有一个时辰了。"岳飞对王贵说："王兄弟，你去看看他的兵器在吗？"王贵转身进了房间，不一会儿出来说："他的双锏原来挂在墙壁上，现在不见了。"岳飞一听，吓得面如土色，连声叫道："不好了！不好了！快将我们的马牵来。兄弟们把兵器都拿好了，如果无事便好，要是惹出祸来，只能准备逃命了！"四人忙进屋收拾妥当，拿起各自的兵器，出了旅店大门。江振子已将四匹马牵来了。岳飞问江振子："你看见牛大爷往哪条路走的？"江振子用手一指，说："往东边走了。"

四人忙上马，向东而行。在一个三叉路口，四人勒住马，不知道牛皋走了哪条路。这时，岳飞看见一间店铺门口，有两个老人坐在板凳上拍手跺脚，嘴里还在说着什么。岳飞下了马，走上前把手一拱，说："请问老丈，刚才看没看见一个黑脸大汉，骑着一匹黑马？他从哪条路走的？请您告诉我。"一个老人说："这个黑脸大汉是您的什么人？"岳飞说："是晚辈的兄弟。"老人说："你为什么这么斯文，你那个兄弟怎么那么粗鲁？"接着就把牛皋问路的经过讲了一遍，并说："幸亏遇着老

第十回　牛皋小校场抢状元

汉，如果是别人，不知道将他指引到哪里去了！他说要去小校场，您如果要找他，往东走，然后再向南走，就能看见小校场了。"岳飞一边表示感谢，一边上马朝小校场而去。四人刚到小校场门口，就听见牛皋在那里大声叫喊："大哥如果再不来，状元就被别人抢走了！"

岳飞忙纵马跑进小校场，只见牛皋面容失色，口中白沫乱喷。一个穿白衣的骑着一匹白马，使一杆烂银枪；一个穿红衣的骑着一匹红马，使一杆錾金枪，犹如天将一般。两人一盘一旋，缠住牛皋，牛皋哪里招架得住？岳飞见状，大喊道："各位兄弟不要上前，愚兄去救他。"说罢，一边拍马朝牛皋冲过去，一边大声叫道："不要伤了我的兄弟！"杨再兴、罗延庆见了，立即丢下牛皋，两杆枪一起朝岳飞刺去。岳飞把枪望下一掷，只听得"当"的一声响，二人的枪头着地，左手被震开，只剩右手握着枪杆。岳飞使出的这个招数叫"败枪"，没有破解的方法。二人大惊，仔细打量一番岳飞，说道："今年的状元一定是这个人，我们走吧。"说完拍马就走。岳飞随后追上去，大声说："二位好汉慢走，请留下尊姓大名！"二人转过头，喊道："我们是杨再兴、罗延庆。今年的状元暂且让给你，以后有机会再见吧。"说完，拍马走了。

岳飞掉转马头，回到小校场，看见牛皋仍气喘吁吁，便说："你为什么与这两个人厮杀起来？"牛皋说："你说得好笑！我在这里与他俩厮杀，无非要夺下状元送给大哥。谁想这两个人非常凶狠，我打不过他们。幸亏哥哥赢了他们，这个状元一定是哥哥的了。"岳飞笑着说："多谢兄弟好意。拿状元要与天下英雄比武，打败所有人才能得到，哪里有两三个人私抢的道理？"牛皋说："如果是这样，我倒白白与他俩厮杀半天了。"岳飞与王贵、汤怀、张显听罢，都哈哈大笑起来。接着，五人骑马回到旅店。

杨再兴、罗延庆回到旅店，收拾好行李，也回去了。

第十一回　周三畏赠湛卢宝剑

第二天，岳飞刚吃过早饭，汤怀、张显、王贵说："小弟们早就想一人买一口剑挂挂。昨天看见那两个蛮子①都有，牛兄弟也有，我们没有挂剑，觉得不好看。今天麻烦哥哥和我们一起去，一人买一口，怎么样？"岳飞说："剑也是不可缺少的。但我没有多余的钱，所以没主动说过。"王贵说："没关系，哥哥也买一口，我这里有银子。"岳飞说："既然这样，我们一起去吧。"

随后，五人带了一些银子，一起出了旅店。五人在卖刀枪的地方逛了一会儿，并没有找到称心如意的剑。那些店铺内挂着的都是寻常的货，没有一个是好钢火的。岳飞说："我们不如到别的地方去看看，或许有好的，也说不准。"于是五人转进了一个小胡同。里面有不少店铺，有热闹的，也有冷清的。在一家摆列着几件古董的店里，墙壁上挂着五六口刀剑。岳飞走进店中，店主连忙站起身，拱手说道："众位相公请坐，想看些什么东西？"岳飞说："我们不买别的，如果有好刀或好剑，拿出来给我们看一看。"店主连声说："有，有，有！"随即从墙上取下一口剑，擦干净后递给岳飞。岳飞接到手中，看了看剑匣，然后把剑抽出来看了看，说："这样的剑用不上，如果有好的，尽管拿出来。"店主又取下一把剑，岳飞看后也不中意。一连看了数口，都没有满意的。岳飞说："如果有好的，

① [蛮子] 对他人的蔑称。

就拿出来；如果没有，我就告辞了，你也不必费事。"店主心里有些不高兴，便说："您看了这几口剑，到底是哪里不好？请您指教指教。"岳飞说："如果买家是王孙公子、富贵官宦，只是图好看，怎么会说不好？我们买去，为的是上阵防身、安邦定国，这些剑怎么能用？如果有好的，您开价就是了。"牛皋接过话，说："随你要多少银子，一分也不会少你的。尽管把剑拿出来看，不要这样抠抠唆唆的。"店主抬眼看了看五人，便说："要说好剑，我只有一口，但是在我的家里。我叫我的弟弟出来，带你们到我家去看，怎么样？"岳飞说："府上离这里有多远？"店主说："不远，就在前面。"岳飞说："既然有好剑，走几步也没关系。"店主便让小二进去叫自己的弟弟。不多时，里边走出一个人，问道："哥哥，有什么吩咐？"店主说："这几位要买剑，看了好几口都不中意。估计他们是行家，你陪几位到家里看看那口剑。"那人答应一声，带着岳飞等人出了店铺。

　　一行人走了二里多路，来到一座庄院门口。那人轻轻地叩了一下门，里边开了门，一个小童走了出来，将几人请进书房。岳飞问："请问先生尊姓？"那人说："先请教列位尊姓大名，来自哪里？"岳飞说："在下是相州汤阴县人，姓岳名飞，字鹏举。"接着又将汤怀、张显、王贵一一介绍了。牛皋迫不及待地说："我叫牛皋，陕西人。我自己有嘴，不用大哥代说。"岳飞说："先生不要见怪！我这个兄弟性子虽然暴躁，但人却很好。"那人说："难得，难得。"岳飞正要问那人的姓名，那人站起身，说："列位坐一会儿，我去取剑。"说着走出了书房。

　　岳飞抬头看了看四周，说："这是个好古之家，墙上挂着古画。"接着又仔细看了看两旁的对联，说："原来这个人姓周。"汤怀说："我们一路和哥哥到这里，并没有问他的姓名，哥哥怎么知道他姓周？"岳飞说："你看对联就明白了。"汤怀、张显、王贵、牛皋一起看了看，说："上面没有'周'字啊。"岳飞说："你们只看到上联是'柳营春试马'，下联是'虎将夜谈兵'。现在只要是军队中的人，家里都贴着这副对联。

① [李晋、周德威]
李晋为唐朝皇族后代,封新兴王,颇有威名。周德威(？—919):唐末至前晋(五代)时期名将,朔州马邑(今山西朔州东)人。

但没人知道,这副对联是唐朝李晋赠给周德威①的,所以我说他姓周。"牛皋说:"管他姓周不姓周,等他出来问问,就知道了。"

这时,那人拿着一口宝剑走了出来,将剑放在桌子上,说:"失陪,得罪了。"岳飞说:"不敢当。请问先生尊姓?"那人说:"在下姓周,字三畏。"汤怀等四人大吃一惊,说:"大哥真是仙人!"三畏说:"请岳兄看剑。"岳飞站起来,右手拿起剑,左手握定,然后用右手抽剑,剑锋才出现三四寸,岳飞就觉得寒气逼人。他抽出剑,仔细看了看,忙又推进去,说:"周先生,请收起来吧。"三畏说:"岳兄既然看了,为何不说价钱?难道还不中意吗?"岳飞说:"周先生,这口剑是府上的宝贝,价值连城。我怎么敢妄想?"三畏接过剑,放在桌子上,说:"请坐。"岳飞说:"对不起,我们告辞了。"三畏说:"岳兄既然识得此剑,我还话要请教,哪能现在就走?"岳飞无奈,只好坐下。三畏说:"我的祖上原系世代武职,所以留下这口剑。如今我们改做学问已逾三代,这口剑也没什么用。祖父曾嘱咐说:'如果将来有人知道此剑的出处,就将此剑赠给他,分文不取。'现在岳兄既然知道它是宝剑,我必须请教清楚。岳兄或许能成为这口剑的主人。"岳飞说:"我对此剑的来历知道一些,但说出来如果不对,岂不是贻笑大方?先生一定要问,我如果说错了,请不要笑话。"三畏说:"请指教,我洗耳恭听。"

岳飞说:"当初,小弟的师父说:'凡是利剑,都能在水中斩断蛟龙,能在陆地上杀死犀牛和大象。龙泉、太阿、白虹、紫电、莫邪、干将、鱼肠、巨阙这些利剑的名字,都有出处。'此剑一出鞘,就有寒气袭人,当属利剑。

"春秋时,楚王欲在诸侯中称霸,听说韩国七里山中有个人叫欧阳冶善,擅长铸剑,于是派人将他召进朝中。楚王问欧阳冶善:'孤家②把你召来,不是为别的事,而是要命你铸造两

② [孤家]
简称孤,君王的自称。

口剑。'冶善问：'不知道大王要造什么剑？'楚王说：'孤想要雌雄二剑，都能飞起杀人，你会造么？'冶善心想：'楚王是一位残暴的君王，如果不答应，他一定不肯放过我。'于是就说：'剑是会造，但恐怕大王等不及。'楚王问：'为什么？'冶善说：'要造此剑，必须花三年的时间。'楚王说：'孤家就给你三年时间。'随后赐给冶善很多锦缎。

"冶善回家后，对妻子说了这件事，将锦缎留在家中，自己则去山中铸剑。他除了铸好雌雄二剑之外，又造了一口，一共铸好三口剑。到了第三年，他回家对妻子说：'我现在去楚国献剑。楚王有了这两口剑，就会担心我会给别人造剑，必定要杀我，以绝后患。无论如何，我定是一死，不如留下一口剑埋起来，只将那两口剑送去。这两口剑肯定不能飞起杀人，楚王必定杀我。你如果听说了凶信，千万不要悲伤。你腹中的胎儿，生下后如果是女儿，就算了；如果是儿子，你就好好抚养他成人，将剑交给他，让他替父报仇，我自会在天上保佑他。'说罢就动身去了楚国。楚王得知冶善来献剑，就领着文武大臣到校场试剑。果然，剑不能飞起杀人，楚王白白地等了两年。楚王顿时大怒，当即就把冶善杀了。冶善的妻子得知了凶信，果然没有悲伤。过了十个月，她生下一个儿子。

"这个孩子到了七岁，被送进学堂读书。一天，他和同学争吵，同学骂他是无父之种。他哭着跑回家，向母亲要父亲。他的母亲立即痛哭起来，就把以前的事都告诉了儿子。无父儿就要看剑，他的母亲只好掘开泥土，取出剑。无父儿背起剑，拜谢了母亲的养育之恩，要去楚国替父报仇。他的母亲说：'你年纪还小，怎么能去呢？'她非常后悔将冶善的事说早了，以致如此，于是自缢而死。无父儿一把火将房子和母亲都烧了，独自背着剑奔楚国而去。

"无父儿走到七里山下，不认得路，于是日夜啼哭。哭到第三天，他的眼中流出血来。忽然，一个道人从山上走了下来，问道：'你这孩子，为何眼里流血？'无父儿将想要替父报仇的话诉说了一遍。道人说：'你小小年纪，怎么能报仇？楚王前呼后拥，你怎么能靠近他？不如我替你去一趟，但是我要向你取一件东西。'无父儿说：'就要我的头，我也情愿。"道人说：'就是要你的头。'无父儿听罢，便跪了下来，说：'如果能报父仇，情愿献上人头。'说着对道人拜了几拜，起身用剑自刎。

"道人将无父儿的头收好，佩上剑，前往楚国。他在皇宫午门外大笑了三声，接着又大哭了三声。士兵们禀报了楚王，楚王派官员出来查问。道人说：'笑三声，是笑世人不识我的宝贝；哭三声，是哭我空有此宝，遇不到识者。我是送长生不老丹的。'官员回奏楚王。楚王将道人召进皇宫。道人见到楚王，便取出孩子的头。楚王说：'这是人头，怎么是长生不老丹呢？'道人说：'设两口油锅，把头放下去。一刻，此头便现出唇红齿白；二刻，口眼都会动；三刻，拿出来供在桌子上，满朝文武的姓名都能叫出来；四刻，头上会长出荷叶，接着开花；五刻，结成莲蓬；六刻，莲子成熟。吃一颗，就能活到一百二十岁。'楚王立即命左右摆好两口油锅，命道人依照他说的做。果然，到了六刻，莲子成熟。满朝文武无不喝彩。道人于是请楚王摘取莲子。楚王立即走下殿，道人拔出剑，一剑就将楚王的头砍到油锅中。大臣们慌忙冲上去抓道人，道人跳到油锅里，举剑自刎。大臣们连忙捞楚王的头，但捞出三个一样的光头，根本分不出哪一个是楚王的。大臣们只得用绳子将三个头穿在一起埋葬了。古人说楚有'三头墓'，就是说这件事。此剑名曰'湛卢'，曾为唐朝薛仁贵①所有，是怎样落在先生手中的？也不知道是不是此剑？"

三畏听完岳飞这一番话，欣然而笑，说："岳兄果然通晓古代的事情，说的一点儿也不差。"他起身拿起桌上的剑，双手递给岳飞，说："此剑埋没了数代，今天才遇到主人。请岳兄收起来吧！岳兄他日定会成为国家栋梁，也不负我祖父的遗言。"岳飞说："你的宝贝，我怎么敢擅自拿走？没有这个道理。"三畏说："这是祖父的遗命，小弟怎么敢违背？"岳飞推辞不掉，只得收下剑，佩在腰间。

---

① [薛仁贵（614—683）]

名礼，字仁贵，唐朝初年名将，绛州龙门县修村（今山西河津修村）人。

接着,岳飞与四位弟兄又逛了一会儿,王贵、汤怀、张显各自买了一口剑。回到旅店,天色已经黑了。江振子将晚饭送进房间。岳飞说:"明天是十五了,我们要进场考试,要早一些给我们准备饭。"江振子说:"你们放心!我的店里住了许多人,都是明早要进场考试的。今夜我店里的人,都会一夜不睡。"岳飞与弟兄们吃了晚饭,早早就睡下了。

第十二回　宗留守暗讽张邦昌

第二天凌晨，江振子将岳飞等五人全部叫了起来。吃过饭后，五人都披挂整齐：汤怀白袍银甲，像一朵白云；张显绿袍金甲，恰似关羽再世；王贵红袍金甲，如一团火炭；牛皋铁盔铁甲，像一朵乌云；只有岳飞，仍穿着在相州考试时的旧战袍。

五人上马，一路精神抖擞，雄赳赳地进了校场。从各省来参加比武的人挤满了校场。岳飞说："这里人多，不如到稍微清静一些的地方去。"说着走到演武厅后边站着。牛皋忽然想起出门的时候，店主人在自己马后拴了一个口袋，不知道里面装着什么东西，于是将手伸到口袋内一摸，原来是数十个馒头和很多牛肉。这是在京城开旅店的规矩。因为那些参加考试的人都起床很早，店主担心他们等饿了，所以就送他们一些食物。牛皋说："一会儿比武，哪有工夫吃，不如现在吃了，省得累着马。"说着就将馒头、牛肉取出来，都吃了。过了一会儿，王贵说："牛兄弟，我们有些饿了，把店主送给我们的点心拿出来，分给大家都吃一些。"牛皋说："你没有吗？"王贵说："都挂在你的马后。"牛皋说："真晦气！我还以为你们大家都有，所以把馒头、牛肉全部吃完了，撑死我了。谁知道你们竟然没有。"王贵说："你倒是吃饱了，为什么让别人挨饿？"牛皋说："现在已经吃完了，怎么办？"岳飞说："王兄弟，不要说了。让别人听见了，觉得我们不体面。牛兄弟，你不该这样，就是吃东西，无论别人有没有，也该问一声。自己一个人吃完了，这叫什么事？"牛皋说："知道了。下次大家一起吃。"

第十二回　宗留守暗讽张邦昌

　　五人正在闲聊，留守府的差役奉宗泽的命令，送来了酒菜。牛皋说："你们吃吧，我不吃了。"王贵说："估计你也吃不下了。"

　　五人吃完，天色渐渐亮了。参加比武的好汉都已到齐。张邦昌、王铎、张俊三位主考一起走进了校场，到演武厅坐下。过一会儿，宗泽也到了。张邦昌说："宗大人，请把你门生的名字填到榜上吧。"宗泽说："哪有什么门生？张大人为何这样说？"张邦昌说："汤阴县的岳飞，难道不是大人的门生吗？"那天岳飞带着四位弟兄在留守府前拜见，大家都知道了。况且留守府的差役还把酒菜送到旅店中，怎么能瞒得过他人的耳目？再说这三位主考都收了梁王的礼物，对宗泽关注的人都非常留心。当张邦昌说出"岳飞"两个字的时候，宗泽顿时脸红心跳，没有答话，过了好大一会儿才说："这是国家大事，你我怎么能私自挑选人呢？我们现在必须对神发誓，表明心迹，才能开始考试。"随即下令摆好香案。宗泽起身拜了天地，发誓说："信官①宗泽，是义乌县②人。今天主持武生考试，当诚心诚意、秉公而断，选拔贤才，为朝廷出力。如果有一点儿欺君枉法、误国求财的念头，必死于刀箭之下。"宗泽起誓完毕后，请张邦昌发誓。张邦昌暗自骂道："这个老头真混账！搞什么起誓？"但他无法推托，只得说："信官张邦昌，是黄州③人。今天主持武生考试，如果欺君枉法、受贿包庇，今生就到外国变成猪，死于刀下。"说完，张邦昌得意洋洋地想："我这样的大官，怎么可能到外国去？怎么能变成猪？不过就是说说罢了。"

　　王铎见张邦昌也发了誓，便说："信官王铎，与邦昌是同乡。如果有欺心，他既然要变成猪，我就变成羊，一样的死法。"说完，他想："你会奸，我不会刁？你这些话，谁还不会学？"心里暗自笑个不停。张俊在一旁见状，暗想："这两个人花言巧语，我怎么办才好？"但他也得发誓，便说："信官张俊，是顺州④人。如果有欺君之心，一定死于万人之口。"张俊

① [信官]
　官员对神灵祈祷时的自称，以示虔诚。

② [义乌县]
　即今浙江金华义乌市。

③ [黄州]
　即今湖北黄冈黄州区。

④ [顺州]
　即今湖北随州。

信口胡说自己死于万人之口,不料后来竟然应验。这也是一件奇事。

虽然张邦昌、王铎、张俊都发了誓,但宗泽仍然不放心,暗想:"这三个人主意已定,状元必然要给梁王。不如传他上来,先考他。"于是下令传柴桂。梁王答应一声,走到演武厅,对四位主考官作了一揖,站到一边。宗泽说:"你既然来考试,为何不跪?古话说:'做此官,行此礼。'你如果不参加考试,就是藩王,自然会请你上坐。但今天你来考试,就是一名考生。哪有考生见了主考官不跪的道理?你好端端的王位不做,不知听信哪个奸臣的话,反而自降身份来夺状元,对你有什么好处?况且天下的英雄今天都聚集在这里,难道没有能胜过你的?你不如不参加比武,打道回府,保全了名节,岂不是好事?赶快想一想。"梁王被宗泽一番话说得无言以对,只好跪下。

原来,梁王来参加比武夺状元,并不是一时兴起。他来东京时路过太行山,遇到了山上的一位大王。这位大王姓王名善,使一口金背砍山刀,有万夫不当之勇,江湖上的人都称他为"金刀大王"。此人手下的勇将有马保、何六、何仁等多人,军师邓武、田奇足智多谋。他聚集了五万多人,占据太行山,打家劫舍,官兵一点儿办法也没有。时间一长,他就想夺取宋朝江山,但缺少内应。他得知梁王入朝经过太行山,于是和军师商定,将梁王抓到山上。田奇说:"以前天下安宁,赵匡胤设计发动陈桥兵变,夺取了帝位。主公却只得到一个徒有虚名的藩王王位,臣等心里不服!臣等现在兵精粮足,主公何不乘进京之机夺下武状元,结交一些参加比武的人,将他们收为心腹。到时候写信通知山寨,臣等即刻发兵前去,帮助主公恢复旧日江山,岂不是妙招?"这番话是王善与军师提前定下的计策,只是用梁王做内应而已。但梁王被这番话所迷惑,十分高兴,便说:"难得你这样忠心,孤家进京后就办此事。如果能成功,大家同享富贵。"梁王一到东京,就贿赂了张邦昌、王铎、张俊三位主考官。这三个人答应将武状元卖给梁王。

不过,宗泽没收梁王的财物,也知道其他三位主考官受贿,所以借机数落梁王。张邦昌在一旁非常着急,心想:"我也叫他的门生上来,骂他一顿,出出气。"于是他下令将岳飞召到演武厅。岳飞看见梁王跪在

第十二回 宗留守暗讽张邦昌

宗泽面前，就冲着张邦昌跪下叩头。张邦昌说："你就是岳飞吗？你这个人看上去也不咋样，有什么本事想夺状元？"岳飞说："小人怎敢妄想夺取状元？但今天有几千人参加考试，哪一个不想夺取状元？不过状元只有一个，这些人哪能个个都是状元？我只是跟着一起参加考试，怎敢妄想得状元？"张邦昌本想骂岳飞一顿，但岳飞说出这些话，他就无法再骂出口了，便说："先考你俩的本事如何，再考别人。你用的是什么兵器？"岳飞说："枪。"接着又问梁王："你用什么兵器？"梁王说："刀。"于是张邦昌命岳飞作一篇"枪论"，命梁王作一篇"刀论"。

如果论才学，梁王不比岳飞差，甚至略胜一筹，但他被宗泽数落了一顿，气得昏头涨脑，提笔写了一个"刀"字，却写出了头，竟像"力"字。梁王心里着急，只得描了几笔，弄得刀不成刀、力不像力，只好涂掉另写。然而岳飞写得很顺畅，一会儿就交了卷。梁王还没写好，也只得跟着岳飞一起交了卷。

张邦昌先看了看梁王的卷子，随即放到袖子里。然后再看岳飞的考卷，心里大吃一惊："此人的文才，比我还好，怪不得宗老头儿爱他！"他故意呵斥道："这样的文字，也敢来抢状元！"说着把卷子往下一扔，大声命令道："叉出去！"话音未落，两边的士兵一起涌上来，抓住岳飞就要往外推。宗泽大喝一声："不许动手！"随即命人把岳飞的卷子取过来给自己。士兵们怕张邦昌发怒，也不敢去拿，只是你看着我、我看着你。岳飞只好自己拿起卷子呈给宗泽。宗泽展开细看，果然十分优秀，心里暗暗骂道："这个奸贼真是轻才重利。"随即把卷子放到袖子里，说："岳飞！你这样有才华，怎么能取得功名呢？你难道不知道苏秦献'万言书'①的事吗？"原来宗泽说的是嫉贤妒能的故事。当初，苏秦到秦国献策，秦国丞相商鞅忌妒他的才华，怕他夺了自己丞相的位，就赶走了苏秦，留下了张仪②。

① [苏秦献"万言书"]

这一故事系《说岳全传》虚构。苏秦去秦国游说时，商鞅已被秦王车裂处死。另外，其所处时代与张仪不同。苏秦（？—前284）：战国时期著名的纵横家、外交家和谋略家，雒阳（今河南洛阳）人。商鞅（约前395—前338），战国时期的政治家、改革家、思想家，法家代表人物，卫国（今河南安阳内黄县）人。

② [张仪（？—前309）]

战国时期著名的纵横家、外交家和谋略家，首创连横的外交策略，安邑（今山西万荣）人。

张邦昌听完宗泽的话，知道是在骂自己，心里十分生气，但因为收了梁王的财物，他十分心虚，只得沉默不语。过了一会儿，张邦昌才说："岳飞，先不说你的文字不好，你敢与梁王比箭法吗？"岳飞说："老爷有令，谁敢不遵？"

第十三回　岳鹏举枪挑小梁王

宗泽听说张邦昌让岳飞与梁王比箭法，心中暗喜，便下令将箭垛摆在一百多步之外。梁王看见箭垛比较远，就说让岳飞先射。张邦昌暗暗叫亲信将箭垛移到二百四十步之外，以便吓退岳飞，乘机将他赶走。岳飞不慌不忙地站定，张弓搭箭，一连射了九支。真是弓开如满月，箭发似流星！摇旗的摇个不停，擂鼓的擂得手酸！监箭官将九支箭和射透的箭靶一起送上演武厅。张邦昌是近视眼，看不清地上的九支箭和箭靶是什么东西。监箭官大声说道："这个武生箭法出众，九支箭都从一个孔中射出。"张邦昌没等他说完，就大喝一声："胡说！还不快拿下去！"

梁王见状，心想："箭是比不过岳飞了。不如与他比武，以便说服他诈输，把状元让给我。如果他不听，就乘机砍死他。"想到这里，梁王说："岳飞的箭都中了，如果我也中了，怎么能分出高下？不如比武。"张邦昌听罢，就命岳飞与梁王比武。梁王随即走出演武厅，手提一柄金背大砍刀上马，来到校场中间站定，大声叫道："岳飞！快上来，看孤家的刀吧！"岳飞虽然武艺高强，但对方是个王爷，心里难免有些踌躇，勉强上了马，倒提着枪，慢腾腾地走到梁王面前。校场中来的人见岳飞这样，都以为他输定了。宗爷也想道："岳飞临场胆怯，真没用，枉费了我一番心血。"

梁王看到岳飞来到近前，便悄悄地说："岳飞，孤家有一句话对你讲：你如果肯诈败，成就孤家大事，孤家会重重地赏你；如果你不答应，

① [千岁]
即王爷。与皇帝同一个家族的男性。皇帝的皇后、妃子，也可称为千岁。

恐怕你性命难保。"岳飞说："千岁①的命令，岳飞本该从命，但今天考试的不止岳飞一个人。您看这里聚集了不少天下的英雄，哪一个不是十载寒窗苦心练习？哪一个不想借机博取功名，光宗耀祖？千岁是堂堂的藩王，早已荣华富贵，何苦丢了藩王之位，与这些寒士争名，夺一个武状元？岂不是对上辜负了皇上求贤之意，对下压制了英雄报国之心？我私下认为千岁不该这么做，请千岁三思。不如还是让我们这些人考吧。"梁王勃然大怒，骂道："好狗头！孤家好意劝你，你如果顺从了孤家，还愁什么富贵？竟然还胡言乱语。不识抬举的狗才！看刀！"说罢，举刀朝岳飞脑门上砍去。岳飞用枪向左边一挑，架开了刀。梁王又拦腰一刀，岳飞将枪杆横起来，使出半招"鹞子大翻身"，向右边一架，将刀隔开。梁王怒火中烧，举刀连砍六七刀。岳飞使出"童子抱心势"的招数，东来东架、西来西架。梁王的刀根本靠近不了岳飞。

打了一会儿，梁王收起刀，掉头回到演武厅，下马跪下。岳飞也跟着跪下了。梁王对张邦昌说："岳飞武艺平常，怎么能上阵交锋？"张邦昌说："我看他的武艺不及千岁。"宗泽将岳飞叫到近前，说："你这样的武艺，怎么能争功名？"岳飞说："我不是武艺不精，只因为与梁王有尊卑之分，所以不敢交手。"宗泽说："你既然这样说，就不该来考试。"岳飞说："三年一次，怎么能不考？过去考试，不过是跑马射箭、舞剑抡刀。今天与梁王刀枪相向，弄不好会失手。他是藩王，如果把我杀了，我就白送了性命；如果我偶然失手，伤了梁王，梁王怎么肯善罢甘休？不但我性命难保，还要拖累别人。求各位大老爷做主，命梁王与我各立一张生死文书。不论是谁失手伤了性命，大家都不要偿命，这样我才敢交手。"宗泽说："你说的也有道理。自古壮士临阵，不死也要带伤，谁能保证不出问题？柴桂你愿意立生死文书吗？"梁王还有些犹豫不定，张邦昌说："岳飞，看你有什么本事，说得这么决绝？千岁就与他立生死文

第十三回 岳鹏举枪挑小梁王

书,叫众人心服口服。"梁王无奈,只得与岳飞各写了一份生死文书,并画了押,呈给四位主考盖上印,然后两人互换。梁王就把岳飞的生死文书交给张邦昌,张邦昌接过去收下。岳飞看见,也将梁王的生死文书递给宗泽,但宗泽不收,说:"这有关你自己的性命,自然自己收着,与我有什么关系,却交给我?还不下去!"岳飞连声说:"是,是,是!"

两人一起走出演武厅上马。岳飞对梁王说:"千岁,宗老爷不肯收我的文书,我去交给一个朋友,马上就来。"说罢走到汤怀身边,说:"汤兄弟,如果一会儿梁王输了,你与牛兄弟守在他的帐门口,防止他们有人出来。"接着又对张显说:"贤弟,你看那边都是他的家将,如果他们动手,你阻挡一会儿。王贤弟,你拿好兵器,在校场门口等着。如果我被梁王砍死了,你就收拾我的尸首。如果打败了,你就把校场门砍开,让我们逃命。这一张生死文书,给我好好收着。如果丢了,我的命就没了!"交代完后,岳飞转身来到校场中间。

梁王与岳飞立下生死文书后,心里有些慌张,连忙乘岳飞走开之际回到自己的帐房中。原来,他是藩王,搭帐房显得与众不同;另外,他心怀鬼胎,在帐房中埋伏了不少家将。梁王将家将虞候人等召集到面前,说:"本来今天比武,可以稳稳当当地夺下状元。不料偏偏遇到这个岳飞,要与我比试,还立下生死文书。你们有什么主意赢他?"众家将说:"岳飞有几个头,敢伤千岁?他要敢逞强,我们一拥而上,乱刀砍死他。朝中自有张丞相等做主,怕他干什么?"梁王大喜,重新披挂上马,来到校场中。

梁王看到岳飞雄赳赳、气昂昂,不像刚才那样胆怯,心里有些害怕,但仍大声说道:"岳飞,听孤家的为好!你如果肯把状元让给我,功名一样不少,日后我还有好处给你,今天何苦要与孤家作对呢?"岳飞说:"王爷,我十载寒窗,为了什么?自古说:'学成文武艺,货与帝王家。①'千岁胜了我,我

① 原句的意思是:学到了文才或武功,都是要给皇帝出力。

心悦诚服。如果以威势相逼，不要说我一个人，就是这里的其他人，也不会服！"梁王大怒，提起金背刀，照着岳飞的脑袋就是一刀。岳飞提起沥泉枪架住。梁王被震得两臂酸麻，叫了一声"不好"，顿时心慌意乱起来。他又砍了一刀，岳飞又把枪轻轻一举，将刀拨到一边。梁王见岳飞不还手，以为他不敢动手，就壮起胆子，抡开金背刀朝岳飞猛砍一番。岳飞急了，大声说："柴桂！你不知好歹。我给你一个面子，赶紧走吧，不要自讨苦吃！"梁王听岳飞直呼自己的名字，勃然大怒，骂道："岳飞好狗头！竟敢冒犯本王的名讳！不要走，吃我一刀！"说着提起金背刀，照着岳飞脑袋砍下去。岳飞不慌不忙，举枪拨开了刀，紧接着一枪朝梁王心窝刺去。梁王把身子一偏，岳飞的枪正刺中了肋部。岳飞把枪一挑，梁王顿时头朝下、脚朝天摔到马下。岳飞紧接着又是一枪，结果了梁王的性命。校场中的人立即齐声喝彩。那些护卫梁王的兵将被吓得面面相觑，不知道该怎么办。过了一会儿，巡场官才下令看住岳飞。岳飞面不改色心不跳，下马后把枪插在地上，然后将马拴在枪杆上。

这时，四位主考官都得知了梁王被杀之事。宗泽不动声色，心里却有些惊慌。张邦昌则大惊失色，下令将岳飞绑到演武厅。梁王手下的家将见梁王已死，都拿着兵器冲出帐房，要给梁王报仇。汤怀、牛皋纵马挡住了他们，齐声大叫道："岳飞挑死梁王，自有公论。你们若是逞强，我们这些人也要打抱不平！"这时张显用钩镰枪将一座帐房扯去了半边，大声吆喝道："你们谁敢擅自动手！不要惹我们这些好汉动手，否则杀得你们一个也不剩！"当时在场的人有笑的，有高声附和的，吓得那些家将都不敢再往前冲了。

牛皋看见岳飞被绑住带到演武厅，十分着急。忽然，张邦昌说："将岳飞斩了！"宗泽大喝一声："住手！"急忙起身走出来，一手拉住张邦昌的手，一手搀住王铎的手，说道："岳飞不能杀！他俩已立下生死文书，各不偿命，你我都在上面盖了印信。如果杀了他，恐怕在场的人不服，你我的性命都会有危险。此事必须奏明圣上才是。"张邦昌说："岳飞一介武生，竟敢将藩王挑死，就是个无父无君的人。古话说：'乱臣贼子，人人得而诛之。'何必再奏明圣上？"说罢吩咐手下人立即将岳

飞斩首。牛皋听见后,大声喊道:"呔!天下有多少英雄来考试,哪一个不想争取功名?岳飞武艺高强,挑死了梁王,不能做状元,反而要将他斩首,我们不服!不如先杀了这些该死的主考官,再找皇帝老子算账!"说完把双锏一摆,朝校场中大旗的旗杆打去。只听"当"的一声巨响,旗杆竟被打断了,旗子"轰隆"一声倒了下来。众人齐声大喊:"我们三年来考一次,谁不想要功名?现在梁王要仗势强占状元,谋害贤才,我们反了吧!"喊叫声和大旗倒下的声音混杂在一起,犹如天崩地裂一般。宗泽将两手一放,对张邦昌说:"老太师!听见了吗?你想杀他就杀了吧。"

张邦昌与王铎、张俊见状,慌得手足无措,扯住宗泽的衣服,说:"老将军,你我四人都在同一条船上,怎么说出这样的话?还要依仗老将军妥善处理。"宗泽说:"赶紧传令,让众人不要再吵闹,如果触犯了国法,本帅将严惩!"众人听到宗泽传令,纷纷挤到演武厅前的台阶上,有的竟涌到演武厅上。张邦昌对宗泽说:"老将军,这件事该如何处理呢?"宗泽说:"你看群情激愤,众人都不服,奏明皇上也来不及。不如先将岳飞放了,解眼前之危再说。"三人齐声说:"老将军说的对。"立即下令给岳飞松了绑。

岳飞获得自由,也没叩谢,直接取了兵器,跳上马往外就跑。牛皋带着汤怀、张显紧随其后。王贵在外边看见后,忙将校场门砍开,五人一起逃走。校场中的人知道考不成了,于是一哄而散。

第十四回　岳飞乱军中救宗泽

　　岳飞弟兄五人逃出校场，径直来到留守府大门口，对看门的说："烦请老爷转告大老爷，说岳飞等今生不能报恩，转世再效犬马之力吧！"说完，五人回到旅店，收拾好行李，结了账，纵马踏上回家的路。

　　宗泽、张邦昌、王铎、张俊见众人散去，便命人收拾好梁王的尸首，然后一起来到午门。张邦昌将责任都推到宗泽身上，奏道："今天比武考试，宗泽的门生岳飞挑死了梁王，以致所有人都走了。"幸亏宗泽是两朝大臣，皇帝虽然不高兴，但也不好定罪，只得革了宗泽的官职。

　　接着，宗泽回到留守府中，看门的将岳飞等五人的话说了一遍。宗泽接连叹了数声，说："可惜！可惜！"随即带着家将追赶岳飞。不多时，就在城外追上了。五人连忙下马，跪在地上。宗泽下马，双手将五人扶起。岳飞说："门生等逃命心切，来不及当面告别。恩师赶来有什么吩咐？"宗泽说："因为你们这件事，老夫被张邦昌弹劾，皇帝免了老夫的官职，因此特来一会。"五人一听宗泽因为自己丢了官，再三谢罪。宗泽说："贤契们不必介意，估计朝廷放不下我。如果能赋闲，老夫倒落得悠闲自在。"说着将一副盔甲赠送给岳飞。接着又说："贤契们，眼下虽然与功名无缘了，但日后定会腾达，不能因为一次失败就灰心。如果奸臣事情败露，老夫必当奏明朝廷，力荐贤契。到那时你们自然会如鱼得水，功成名就。现在你们暂且回家去侍奉父母，但须常常练习文章、武艺，不能因为挫折就荒废了，误了终身大事。"五人齐声答应下来。

　　王善得知梁王被岳飞挑死、宗泽丢官，便召集军师、众将商量说：

第十四回　岳飞乱军中救宗泽

"现在奸臣当道，朝中没有能人。孤家想趁此时进军东京，夺取宋朝江山，你们觉得怎么样？"田奇当即表示赞同，并认为这时正是出兵的机会。王善大喜，当即率领大军前进，在离东京城南门五十里的地方安营扎寨。

徽宗忙召集文武大臣，询问退敌计策。众臣你看我、我看你，没有一个人吱声。徽宗大怒，对张邦昌说："'养军千日，用在一朝。'现在贼寇兵临城下，却没有一个人献策退兵，岂不是辜负了国家培养之恩吗？"话音未落，一名大臣站了出来，奏道："臣李纲启奏陛下，王善兵强将勇，但畏惧宗泽。现在要击退贼军，必须让宗泽领兵。"徽宗立即同意，命李纲去宣召宗泽入朝。

李纲来到留守府，宗泽的儿子宗方说："父亲受到校场出的事惊吓，染上了怔忡①，现在躺在书房里。"李纲立即来到书房门口，听里边鼾声如雷，转身就要走，宗泽喊道："好奸贼呀！"喊罢翻了个身，又睡了。李纲只得回到朝中，奏道："宗泽有病，不能领旨。他因为校场之事，受了惊吓，并且丢了官职，积郁成疾，患了怔忡，估计短时间不能治好。臣听见他在梦中大骂奸臣，这是他的心病，必须用心药医治。如果万岁降旨，将奸臣拿下，宗泽的病就不治而愈了。"徽宗便问："谁是奸臣？"李纲正想说话，张邦昌抢着奏道："兵部尚书王铎是奸臣。"原来张邦昌担心李纲说出自己和王铎、张俊，便难以挽回了，于是先将王铎说出来，以后还能找机会救他。徽宗听罢，立即传旨将王铎抓起来关进监狱里。

接着，李纲又来到留守府，将张邦昌先奏、拿下王铎的事说了。宗泽说："太便宜了这个奸贼。"说着两人一起入朝见了徽宗。张邦昌说："王善的军队就是乌合之众，陛下只需派宗泽领五千人，就能击退他们。"徽宗当即同意了。宗泽再想说话时，徽宗一甩袖子走了。

第二天，宗泽只得与儿子宗方带着五千人马出城，来到牟

① [怔忡]
　　中医病名，指心悸。

驼冈安营。宗方说："贼兵有四五万人，我兵甚少。如果贼兵将牟陀冈围住，怎么解救？"宗泽眼中含着泪说："为父岂不知道天时地利？但我被奸臣陷害，五千人马怎么能杀退四五万人？你在这里固守，为父单枪匹马杀入贼营。如果侥幸杀败贼兵，你立即率兵下冈助战。如果为父不能取胜，死于阵内，你立即领兵回城，带着你的母亲和家眷回家乡，不要留恋京城。"说罢，宗泽披挂上马。众将士苦劝，宗泽不听，一个人冲进王善的营寨。

王善得报后，心想："宗泽是宋朝名将，又是忠臣。现在单身杀来，必定是被奸臣算计，万不得已，才这样拼命。孤家如果能让他归顺，何愁拿不下宋朝江山？"随即下令要生擒宗泽。于是，王善的人马将宗泽重重围住。

岳飞等五人与宗泽分手后，因为王贵生病，行至昭丰镇时住了下来。在镇上的一个旅店中，店主人对他们说："现在太行山的大盗起兵攻打都城，如果赢了，倒也没大事，如果被官兵杀败了，他们逃跑时就会逢村抢村、遇镇抢镇。要是形势不好，镇上的人家都要搬到乡间躲避。你们趁早收拾收拾，赶紧回家吧。"岳飞听罢，忙让店主人做饭，又对四位兄弟说："朝廷中都是奸臣、贪生怕死的，谁肯冲锋打仗？所以一定是恩师宗大人领兵出战。依我的主意，留牛兄弟陪着王兄弟，我与汤怀、张显二位兄弟去看看。"汤怀、张显非常高兴，但牛皋有些不乐意。

岳飞、汤怀、张显吃完饭，披挂整齐，上马而去。过了一会儿，王贵也着急起来，便和牛皋吃了饭，也披挂好上马追去。

岳飞与汤怀、张显来到牟驼冈，看到宗泽的旗号在冈上，不禁失声叫道："哎哟！恩师精通兵法，怎么在冈上安营？我们赶紧上去看看。"宗方得到禀报，忙下冈将三人接进营中。岳飞问："令尊精通阵法，为何在险地安营？如果被贼兵围困，如何是好？"宗方顿时泪流满面，将被奸臣陷害的经过说了一遍。岳飞当即说："汤兄弟从左边杀进贼营，张兄弟从右边杀进，我从中间冲进去。公子率兵随后接应。"汤怀说："大哥，贼兵太多了，怎么能杀得尽？"岳飞说："贤弟，我和你只要擒住贼首，救出恩师就行，何必想贼兵多寡？"说罢，三个人奋勇当先，纵马冲

第十四回　岳飞乱军中救宗泽

进王善营寨。

宗泽被困在中间，杀得气喘吁吁。正在危急之际，突然听到一阵大喊："枪挑小梁王的岳飞杀进来了！"宗泽以为岳飞回家乡了，有些不相信。正在他疑惑之时，岳飞、汤怀、张显分三路杀至。宗泽大喜，高声叫道："贤契，老夫在这里！"岳飞冲上前，喊道："二位兄弟，恩师在此。我们合力杀出去！"四个人会合在一起，逢人便杀，如入无人之境。

这时，牛皋、王贵赶到，迫不及待地杀进王善的营中。王善得报后大怒，提刀上马，冲到王贵面前。士兵们齐声吆喝道："大王来了！"王贵一听，高兴地说："太好了！大哥常说：'射人先射马，擒贼必擒王。'"说着便纵马直杀向王善。牛皋在一旁大叫："王哥哥，不要动手，留给我！"这一声呐喊，犹如半空里响起的霹雳。王善吓得大吃一惊，迟疑了片刻。王贵乘机一刀将他劈死，取了首级挂在腰间，并夺了他的金刀。牛皋见状，十分着急，便舞开双锏，逢人便打。岳飞看见他，心想："难道他丢下王贵，一个人来了？"正要上前询问，忽然王贵腰间挂着人头，从斜刺里冲出来追击邓成。岳飞手起一枪，将邓成刺落马下，接着又是一枪，结果了他的性命。田奇举着方天画戟冲过来想救邓成，牛皋左手一锏挑开画戟，右手一锏将田奇的天灵盖打得粉碎，田奇当场毙命。

贼兵看见主帅、军师已死，四散而逃。宗方看见贼营已乱，率军冲下牟驼冈。贼兵降的降，死的死，逃走的不过千人。宗泽下令鸣金收军，收拾好战场，等待次日进城。

岳飞等五人向宗泽告辞，准备回昭丰镇。宗泽说："贤契们立了大功，现在哪能回去？老夫明天奏明天子，自然有好事。"岳飞答应下来，在营中歇了一夜。

第二天，宗泽带着五人来到午门。宗泽入朝奏道："臣奉命领兵杀贼，被贼兵围困。幸亏汤阴县岳飞等弟兄五人杀入重围，救了臣，并杀了贼首王善，贼将邓成、田奇等。"徽宗大喜，当即宣召岳飞等五人入朝。徽宗问张邦昌："岳飞等五人立了大功，该封什么官职？"张邦昌说："如果只说破贼，该封大官；但岳飞在校场有罪，可将功折罪，封

63

① [承信郎]
宋朝武官名。宋徽宗将武官分为五十三阶，第五十二阶为承信郎。

为承信郎①，等日后立功再封赏。"徽宗依言传旨。宗泽心中大怒，暗暗骂道："奸贼！如此嫉贤妒能，天下怎么能太平！"但他也无可奈何，只得随着众官散朝。

宗泽将岳飞等五人带回府中，说："老夫本想力荐你们，不料被奸臣破坏。我看此时也不是争取功名的时候，贤契们不如暂时回家，日后再寻找机会。"五人当即辞别宗泽，回到昭丰镇，收拾好行李，奔汤阴县而回。

在路过红罗山时，五人打败了占山为王的施全、赵云、周青、梁兴、吉青。十人结拜为兄弟，一起回到了汤阴县岳家庄。

第十五回　兀术破汴京①擒宋帝

在中原的北方，有个金国②，国都在黄龙府③。金国的老狼主④叫完颜阿骨打，他有五个儿子：大太子粘罕，二太子喇罕，三太子答罕，四太子兀术（zhú），五太子泽利；手下重要的大臣分别是左丞相哈哩强、军师哈迷蚩、参谋勿迷西、大元帅粘摩忽、二元帅皎摩忽、三元帅奇握温铁木真、四元帅乌哩布、五元帅瓦哩波。做首领的时间一久，他就想夺取宋朝的江山。一天，哈迷蚩对老狼主说："臣去中原探听到，宋徽宗将皇位让给了钦宗⑤。钦宗自即位以来，不理朝政，听信奸臣的话，贬黜忠良的大臣。边关也没有良将守护。狼主如果想夺中原，只需发兵征讨。"老狼主听罢大喜，封兀术为昌平王、扫南大元帅，统领五十万大军，选定吉日进兵中原。

兀术攻下的宋朝第一城是潞安州⑥。镇守此地的节度使姓陆名登，绰号小诸葛，是宋朝名将，手下有五千人马。他还有个儿子叫陆文龙，当时只有三岁。城池被金兵攻破之后，陆登和妻子都自刎身亡。兀术将陆文龙和他的乳母一起送回金国。在交战过程中，哈迷蚩假扮宋人，陆登识破他的伪装，割了他的鼻子。

之后，兀术挥兵直指两狼关。守将韩世忠的妻子梁红玉率军抗击金军，因为放炮误将两狼关炸开，导致关隘失守。夫妇二人因此被削职为民，带着家人一起回到陕西。河间府⑦节度

①［汴京］
　　即东京，也称汴梁。

②［金国（1115—1234）］
　　由女真族建立的封建王朝，共传十帝。

③［黄龙府］
　　位于今吉林长春农安县县城内。

④［狼主］
　　古时少数民族对本族君主或首领的称呼，多见于文学作品。

⑤［钦宗］
　　即赵桓（1100—1156），系宋徽宗长子、宋朝第九位皇帝，也是北宋末代皇帝。

⑥［潞安州］
　　治所在今山西长治。

⑦［河间府］
　　治所在今河北沧州河间市。

使张叔夜得知潞安州、两狼关失守，十分惊慌，就主动投降了兀术。他的长子张立与次子张用在与金兵交战过程中失散，直到岳飞三擒何庆元，两人才重新聚首。

紧接着，兀术率五十万金兵直抵黄河边安营扎寨，打造船只，准备渡河。

钦宗得报后大惊，忙召集众臣询问对策。张邦昌奏道："如果金兵过了黄河，汴京就危险了。满朝大臣中文武兼备的，只有李纲和宗泽。陛下如果任命李纲为元帅、宗泽为先锋，就能击退金兵。"钦宗依言，封李纲为平北大元帅、宗泽为先锋，领兵五万前往黄河退敌。其实李纲只是个有谋有智的文官，根本不会上阵厮杀。张邦昌举荐他，就是要借机害他。但圣旨已下，两人只得集合五万人马，赶到黄河边安营扎寨。

同时，宗泽给岳飞写了一封信，派人星夜送到汤阴县，邀请他和他的弟兄前来助战。过了数天，送信的人回来禀报说："岳飞病重不能前来。他的弟兄们不愿离开岳飞，都找了借口不来。"宗泽长叹了一声，说："岳飞生病，这是上天要让宋朝灭亡啊！"

当时正值八月，突然刮起大风，持续数天，天气变得非常寒冷。黄河竟然连底都冻住了。兀术大喜，立即下令进军，踏着冰过了黄河。宋军穿的都是单衣铁甲，本来就十分寒冷，一听说金兵过了河，都拼命逃走了。宗泽、李纲见大军溃逃，只得弃营撤退。二人还没进京城，就被钦宗削职为民。于是二人各自带着家眷，回到了家乡。

金军过了黄河，逢人便杀，一直到离汴京二十里之处安营。钦宗十分害怕，只得接受张邦昌求和的建议。张邦昌先后给金军先锋马蹄国元帅黑风高与燕子国元帅乌国龙、乌国虎送了很多美女、歌童与金银财宝，这两部分人马都撤走了。张邦昌第三次进金营送礼求和时，见到了兀术。在哈迷蚩的建议下，兀术答应封张邦昌为楚王。张邦昌十分高兴，就投降了金军。兀术问用什么计策能夺宋朝天下，张邦昌说："必须先断绝宋帝的后代，才能夺宋朝的江山。狼主可派一个官员与臣一起去见宋帝，说要一亲王为人质，才能退兵。臣再吓唬他一番，不怕他不献太子。"兀术闻言，虽然心里十分愤怒，但却派左丞相哈迷刚、右丞相哈迷强与张

第十五回 兀术破汴京擒宋帝

邦昌一起回到汴京。

三人见到钦宗，说了退兵的条件。钦宗答应下来，将情况禀报了徽宗。徽宗不禁潸然泪下，说："这一定是奸臣的诡计。然而事已至此，没有别人能去，只能让你的兄弟赵王去吧。"赵王的名字叫完，当时才十五岁，十分孝顺。他看见父亲十分愁烦，便答应做人质。接着，徽宗派新科状元①秦桧与赵王一起去金营做人质。

金军中有个十分凶狠的将领蒲芦温，兀术让他把赵王带进自己的营帐。他出营后，一把就将赵王拽下马，拖着就走。这一拽，竟将赵王吓死了。兀术十分生气，但也没办法，就将秦桧留下了。张邦昌说："宋朝还有一个九殿下②，是康王赵构。臣去把他要来。"说罢出了金营，回汴京见到徽宗，假意哭着说："赵王殿下从马上摔下来摔死了。兀术还要一个亲王为人质，才肯退兵。如果不依他，就要杀进宫。"徽宗没办法，只得将做人质的事告诉了康王。康王立即答应了，与吏部侍郎③李若水一起来到金营。兀术见康王长得十分标致，就说："要是你认我为父，我如果夺了宋朝江山，还让你做皇帝，怎么样？"康王一听兀术愿还给自己江山，便认他为父了。

第二天，张邦昌以兀术要宋朝五代皇帝牌位为名，将徽宗与钦宗骗至金营。接着，兀术命张邦昌镇守汴京，自己带领金军和宋朝人质班师。到河间府时，张叔夜见到徽宗、钦宗，放声痛哭，说了自己投降实为帮大军阻金军退路之后，拔剑自刎而死。徽宗、钦宗听罢也哭了起来，十分后悔听信了奸臣的话。

过了数天，兀术率军回到黄龙府。老狼主十分高兴，下令设宴。同时，又命人把宴席边上的地烧热了；让徽宗、钦宗两人脱去鞋袜，戴上狗皮帽子，穿上青衣，腰间挂上六个大铜铃和铜鼓，后边挂上狗尾巴，两只手都绑着细柳枝。一会儿，地面烧热了。金兵将徽宗、钦宗抱到上面，两人的脚底被烫得疼痛难忍，不得不乱跳，身上铜铃、铜鼓都响了起来。在场的人

① ［新科状元］
当年科举考试的状元。

② ［殿下］
古代对皇后、太子、亲王等的敬称。

③ ［吏部侍郎］
管理吏部的副长官。吏部：主管官吏的任免、考核、调动等事务的中央行政机构。

纷纷哈哈大笑。李若水见状，心中大怒，冲上来把徽宗、钦宗抱到一旁，然后指着老狼主破口大骂。老狼主大怒，先后下令将李若水的十个手指头、舌头都割掉了。李若水仍然大骂不止，乘老狼主喝酒之机，猛地冲上去抱住老狼主，一口咬掉了他的一只耳朵。一旁的金军将士冲过去一阵乱砍，将李若水砍死了。

徽宗、钦宗十分悲痛，偷偷从身上的白衣服上撕下一块布，写了让康王逃回中原重整江山的血书，交给一个叫崔孝的宋人。崔孝原是宋朝雁门关①的总兵，在金国已经生活了十八年。他善于医马，关隘失守后就在金国住了下来，给金军照顾马匹。

第二年春天，兀术重新整顿人马，率五十万大军二进中原。过了黄河，已是七月了，天气十分炎热。七月十五日这一天，兀术在营中设宴招待各位将领。崔孝趁乱将血书交给了康王。

过了一会儿，天空中出现一只像母鸡一样的神鸟，浑身的毛光彩夺目。它落在一个帐篷顶上，大声叫道：“赵构！赵构！此时不走，还等什么时候？”兀术听不懂，康王借口说大鸟在骂他，张弓搭箭就射。神鸟张开嘴衔住箭，振翅飞走了。崔孝忙把康王的马牵过来，叫道：“殿下，快上马追！”康王纵身上马，一直紧追不舍。此时，兀术从后面追了上来，张弓搭箭射中了马的后腿。马一跳，将康王掀到地上。突然，一个穿着道服的老汉牵着一匹马从旁边的树林中走出来，对康王说：“主公快上马！”康王也不说话，翻身跳上马，纵马就跑，一直跑到夹江边。兀术大怒，拍马就追。正在危急时刻，那马前蹄一举，背着康王跳入江中。兀术大叫一声：“不好了！”连忙赶到江边，冲江中看了一会儿，根本找不到康王，只得闷闷不乐地回了营。崔孝见康王已经逃走，就拔刀自刎了。

原来，康王的马跳入江中后，神仙显灵，遮住了兀术的眼睛，所以他看不到康王。不一会儿，那马过了江，背着康王又走了一段路，来到一处茂林才将康王放下来，然后跑走了。康王十分惊奇，不知道是怎么回事。

① [雁门关]
位于今山西忻州代县城北的雁门山中。

第十五回 疋术破汴京擒宋帝

这时，天色已晚，康王站起身，慢慢地走进林中。不一会儿，他面前出现了一座破旧的古庙。康王抬头一看，庙门上有块旧匾额，虽然已经剥落，但上面的字仍然能认得出，是"崔府君①神庙"五个金字。康王走进门，看见院子里站着一匹泥马，颜色与背自己过江的马一样。而且马浑身上下湿淋淋的，都是水。康王暗想："难道渡我过江的，就是这匹马？"想了一会儿，他失声说道："这马是泥的，如果沾水，怎么会不坏？"话音未落，泥马突然发出"哗啦"一声响，随即散成一摊泥倒在地上。康王连忙祈祷，关上庙门，用一块石头顶住，然后躲进神厨②里睡了。这就是"泥马渡康王"③的故事。

① [崔府君]
我国民间信仰的神仙之一。原名崔珏，字子玉，乐平(今山西晋中昔阳县)人。

② [神厨]
庙中安置神像的立柜。

③ [泥马渡康王]
该故事有数个版本，故事发生地随版本不同而有差异。这里描述的仅是其中一个版本。

第十六回　岳母刺字精忠报国

① [磁州]
即今河北邯郸磁县。

② [三更]
二十三点至次日凌晨一点。

③ [金陵]
即今江苏南京。

④ [建炎]
是南宋皇帝宋高宗的第一个年号，共使用四年（1127—1130）。

　　康王睡觉的崔府君神庙位于磁州①丰丘县。这一天半夜三更②，丰丘县县令都宽忽然从梦中醒来，将衙役叫到身边，说："刚才我在睡梦中梦见一位神人，自称是崔府君，说有主公在他的庙内，叫我赶快去接驾。"说完带着人匆忙赶到崔府君神庙。众人使劲推开庙门，却没发现人，便你一言我一语地议论起来。康王被吵醒后，拔出腰刀，跳出神厨。都宽忙跪下，说："主公是什么人？不用惊慌，臣是来接驾的。"康王说："我是康王赵构，从金营逃到这里。"都宽听罢，连忙让康王换了衣服，将他接进县城。

　　过了两天，大将军王渊、金陵③大元帅张所率兵赶到丰丘。王渊一表人才；张所已经七十多岁，仍威风凛凛。康王十分喜欢。在二人的建议下，康王选定金陵作为都城，登基称帝，将年号改为建炎④。他就是宋高宗。不久之后，李纲、宗泽等多路节度使、总兵赶到了金陵。各地得知消息后，纷纷送去粮草。

　　汤阴县县令徐仁也凑足了一千担粮食，亲自押送到金陵。王渊见到徐仁，便问："我很早以前就听说贵县有个岳飞，现在怎么样了？"徐仁说："岳飞在校场挑死梁王，功名不就。后来他剿灭了太行大盗，皇上只封他为承信郎，他不肯就职。现在在家务农。"王渊说："既然这样，请你明天和我一起去朝见皇帝，保举岳飞共扶社稷。"徐仁高兴地说："如果能得到大老

第十六回 岳母刺字精忠报国

爷的保举,就不会辜负他的才学了。"

第二天一早,王渊带着徐仁朝见了高宗,极力保举岳飞。高宗说:"当年岳飞枪挑小梁王,与宗留守共除金刀王善。但是父王听信张邦昌谗言,以致埋没了贤士。"说罢,将诏书与聘岳飞的礼物交给徐仁,让他回汤阴县找岳飞。

岳飞带着施全等人回到岳家庄后,一直不间断地练习武艺。过了一段时间,李氏产下一个男孩,起名叫岳云。几年后,瘟疫流行。王明和妻子何氏相继病亡,汤文仲夫妇因为送丧也染了病,双双病故。后来又发生了旱灾,粮食变得非常贵。牛皋耐不住饥饿,与王贵等人做了一些不公不法的事,牛母因此被气死了。岳飞十分生气,便用枪在地上画了一条断纹,说:"各位兄弟,我几次劝你们不要取不义之财,但你们不听。为兄的从此与你们划地断义,各自努力吧!"牛皋等人也不听,仍然自行其是。

一天,洞庭湖通圣大王杨幺手下的东圣侯王佐,冒名于正找到岳飞,借口说仰慕岳飞大名,特地来跟他学武。岳飞不知底细,就和王佐结拜为兄弟。这时,王佐才说了实话,并拿出很多钱财,劝岳飞辅佐杨幺。但岳飞不为所动,坚辞不受。王佐无奈,只得离开了。

岳飞送走了王佐后,姚氏问:"你为什么不留这个朋友吃顿饭,就让他走了?"岳飞说:"刚才那个人先说要与孩儿结拜为兄弟,学习武艺,所以要住一段时间,不料他是洞庭湖杨幺派来的,叫王佐,要请孩儿去为官。孩儿说了他几句,就让他走了。"姚氏想了一想,说:"你准备香烛、香炉,在堂屋设个香案,摆好了告诉我。"岳飞依言摆好香案,进屋告诉了母亲。一会儿,姚氏带着儿媳妇李氏来到堂屋,让李氏磨墨,并命岳飞跪下。姚氏说:"你不接受叛贼的聘请,甘守清贫,非常好!但我死之后,恐怕又有不肖之徒来诱惑你,如果你一时失志,做出不忠的事,岂不把半世芳名毁于一旦?所以我今天要在你的背上刺下'精忠报国'四个字,愿你做个忠臣。将来我死后,世人都说:'好个安人①,

① [安人] 古时对妇女的尊称。

① 原句为:"身体发肤,受之父母,不敢毁伤,孝之始也。立身行道,扬名后世,以显父母,孝之终也。"出自于《孝经·开宗明义》。

② [醋墨]
用醋研磨的墨。

③ [娘子]
古时丈夫对妻子的称呼。

④ [五花官诰]
古代帝王封赠的诏书。因为用五色金花绫纸制成而得名。

教子成名,尽忠报国,流芳百世!'我就能含笑于九泉了!"岳飞说:"圣人云:'身体发肤,受之父母,不敢毁伤。'①母亲的教诲,孩儿自然遵从,不要刺字吧。"姚氏说:"胡说!如果你日后做出不肖的事情,在公堂上受刑,你也能说'身体发肤,受之父母,不敢毁伤'吗?"岳飞听罢,立即将衣服脱下了半边。姚氏拿起笔,先在岳飞背上写好"精忠报国"四个字,然后放下笔,拿起绣花针,在他的背上一针接一针地刺起来。只要刺一下,岳飞的肉就一耸。姚氏说:"我儿痛吗?"岳飞说:"母亲没有刺,怎么问孩儿痛不痛?"姚氏泪流满面,说:"我儿!你怕做娘的手软,所以说不痛。"刺完后,姚氏又给字涂上了醋墨②,这样就能永远不褪色。

过了数天,徐仁带着圣旨和礼物来到岳家庄。岳飞认识徐仁,忙将他请进堂屋。徐仁一进屋便说:"贤契,快排香案接旨!九殿下康王从金营逃了回来,已经在金陵登基。我送来的就是大宋新君高宗的圣旨。"岳飞大喜,连忙跪下接了圣旨。徐仁说:"军情紧急,今天就要动身。我在这里等着,贤契将家事料理料理。"岳飞当即答应,请徐仁坐下,然后进屋对母亲说:"现在九殿下康王在金陵即位,命徐县令来召孩儿入朝。今天就要起身,特此拜别。"姚氏说:"今天朝廷会召你入朝,是多亏了周先生的教诲之恩,你该拜拜他再走。"岳飞依言,拜了拜周侗。然后斟了一杯酒跪下,敬给母亲。姚氏接在手中,说:"我儿!做娘的今天喝了你的这杯酒,愿你此去为国家出力,不要眷恋家乡。你尽忠报国、名垂青史,我就心满意足了。切记切记!不能忘!"然后将杯中酒一饮而尽。接着,岳飞站起身,又斟了一杯酒,对李氏说:"娘子③,你愿意喝了我这杯酒吗?"李氏说:"天子还要赠我五花官诰④,这杯酒怎么不能喝?"岳飞说:"不是这个意思。我无兄弟,如今为国远去,娘子要替我侍奉、赡养老母。儿子年幼,还要抚养成人。所以我问娘子愿不愿意喝这杯酒。"李氏说:"这些都是妾身分内的

第十六回　岳母刺字精忠报国

事，何必嘱咐呢？官人①只管放心去，不必挂念。"说罢接过酒，一饮而尽。岳飞与母亲、妻子的对话，徐仁听得清清楚楚。他由衷地感叹道："难得他一家人都忠孝两全！新君真是得到人才了，宋朝中兴指日可待。"

接着，岳飞拜别了母亲，又与李氏对拜了两拜，毅然决然地走出门。徐仁一手牵着马，一手拿着鞭子说："请贤契上马！"岳飞说："恩师，门生怎敢受此待遇！"徐仁说："贤契不要看轻自己！当今天子本来要亲自登门征聘，但因初登帝位，不能远行，所以命我代劳。萧相国有'推轮捧毂②'的故事，贤契不必谦逊！"岳飞只得上马，徐仁跟在后面送行。

忽然，岳云跑了过来，跪在岳飞马前。岳飞问："你来做什么？"岳云说："孩儿在学堂中听说县令奉旨来聘爹爹，所以赶来送行。爹爹到哪里去？做什么事？"岳飞说："为父的因你年幼，不能承受分离之痛，所以没叫你。既然你来了，我有几句话嘱咐你：现在新君召为父的去杀敌、保江山，你在家中要孝顺奶奶，敬奉母亲，照管弟妹，用心读书。牢记！牢记！"岳云说："谨遵父命。但是请父亲不要把这些敌人杀完了。"岳飞问："为什么？"岳云说："留一半与孩儿杀杀。"岳飞呵斥道："胡说！赶快回去！"岳云到底是个孩子，也不留恋，磕了一个头，起身蹦蹦跳跳地回学堂了。

从此以后，岳飞就踏上了抗金的道路。

① [官人]
古时妻子对丈夫的称呼。

② [推轮捧毂]
扶着车毂，推车前进。比喻推举人才。萧相国：即萧何（前 257—前 193），辅佐刘邦建立了汉朝。

第十七回　十万金兵中计大败

数天后，徐仁带着岳飞到达金陵。高宗见岳飞相貌堂堂、身材魁梧，十分高兴，便问大臣们："岳飞来了，该封什么官职呢？"宗泽说："岳飞原来有官职，是承信郎。"高宗说："这是因为父王欠缺明辨是非的能力造成的。现在暂时封他为总制①，等日后立功再封赏吧。现在大元帅张所掌握兵权，你到他麾下效力吧。"接着，高宗又将自己亲手画的五幅画取出来给岳飞看了，说："这些是金国粘罕弟兄五人的画像，你记清楚了。如果遇到他们，不要放过！"岳飞答应下来，下朝拜见了张所。

张所十分欣赏岳飞，转天就命岳飞挑选兵马作为先锋部队。岳飞选来选去，只选了六百名将士。张所说："你到我的营中再挑选些人马。"岳飞又挑选了二百名将士。张所问："难道让你中意的连一千人都没有吗？"岳飞说："就用这八百人吧。"张所没再坚持让岳飞多选人，接着问手下大将："哪一位将军敢带人马接应岳飞？"他连问了几声，没有一个人应答。张所生气地说："都是一些贪生怕死之徒！我来点名，看你们怎么躲。"说罢便喊山东节度使刘豫的名字，刘豫无奈，只得领命，转身去集合人马。

第二天，岳飞出发前，落草为寇的吉青带着数百人来投奔。岳飞骂道："狗强盗！你甘心为贼，还来干什么？"随即下令将

① [总制]　高级武官名，相当于都统，为战时临时性统军大将。

第十七回　十万金兵中计大败

吉青绑了起来,并让他带来的人都走了。接着,岳飞将吉青押到高宗面前。吉青大叫道:"万岁爷,小人是岳飞的义弟吉青,特地来投奔他给国家出力!"高宗见他长得青面獠牙,像个好汉,便问岳飞:"真的是你的义弟吗?"岳飞说:"确实是结义的兄弟,但他做了不肖的事,我与他已经划地断义了。"高宗说:"孤家看他也是一条好汉,现在是用人之际,就赦免他的那些小罪吧,让他立功赎罪。"随即封吉青为副都统①,归岳飞统率,有功之后再行封赏。岳飞又带着吉青见了张所。张所命岳飞领兵赶赴鬼愁关,命刘豫率五千人马接应,自己率十万大军随后开拔。

兀术在河间府得知康王在金陵继承帝位,任命张所为大元帅,领兵抗金,当即任命金牙忽、银牙忽为先锋,领五千人马先行;命哥哥粘罕与元帅铜先文郎率领十万人马,杀奔金陵。

岳飞与吉青率领八百人奔赴鬼愁关,途经一处叫八盘山的地方。岳飞仔细观察了一番,对吉青说:"真是一座好山!这座山山势非常险峻,如果金军到这里,我们人马虽少,也能取胜。"话音刚落,探马来禀报说金兵先锋部队已经到达。岳飞非常高兴,立即命令众人准备好弓箭,在山两旁埋伏起来,并命吉青去交战,诱敌深入。

吉青听令,带着五十人阻击金兵。金兵见宋军才来了几十个人,纷纷大笑。金牙忽、银牙忽轻蔑地说:"我们以为南蛮长着三头六臂,原来是这样的贼相!"吉青大怒,轮起狼牙棒来便打,金牙忽举刀架住。打了不到三个回合,吉青暗想:"大哥叫我佯败,把他们引进山。"于是收起狼牙棒,回马就跑。金牙忽、银牙忽带着人马随后紧追。金兵一进包围圈,在两边埋伏的宋兵一起射箭,将金兵截成两部分,首尾不能相顾。金牙忽刚要转身撤退,忽听见一声大喊:"番贼哪里跑,岳飞在此!"只见岳飞举起沥泉枪,与金牙忽战成一团。银牙忽忙冲过来帮忙,被吉青回马截住。此时,宋军呐喊声在山谷里回荡,

① [副都统] 武官名。

75

比雷声还响。金牙忽不知宋军来了多少人，心里非常慌张，手中的刀就有些不听使唤。岳飞瞅准一个空当，一枪刺中他的心窝，将他挑落马下。银牙忽大吃一惊，被吉青一棒将天灵盖打得粉碎。五千金兵被杀死了三千多人，剩下的夺路而逃。岳飞命吉青将战利品押送到刘豫军中，让他转送张所报功。

刘豫心想："岳飞一出师就立功，这一路还不知道能有多少功劳。这第一功权就让给我得了，下次再替他报吧。"于是写好自己在八盘山杀敌的文书，派人与战利品一起送给张所报功。张所根本不知底细，就给刘豫记了第一功。刘豫得知后，心里暗自高兴。

在八盘山打胜第一仗，岳飞人马士气高涨。他们走了一段路，来到青龙山。岳飞左顾右盼，下令停止前进，并对吉青说："这座山比八盘山还好。为兄的在此扎营，等金兵一来，杀他个片甲不留。你去找刘元帅，借四百个口袋、一百担火药、二百杆挠钩，以及一些火箭、火炮。"吉青领命，来到刘豫营中说明来意。刘豫说："我这里哪有这些东西？你暂且回去，我派人到张元帅大营中去取，然后给你们送去。"说罢，立即派人去张所大营取来岳飞要的物品，送给了岳飞。岳飞收到后，拨二百人守在山前，将枯草铺在地上，撒上火药，炮声一响，一起射箭；拨一百人守在右边的山涧边，用口袋装满沙土拦住水流，等金兵一来，就将口袋扯起来，放水淹金兵；如果金兵逃过山涧，就只能顺着石壁往夹山道逃走，于是岳飞又拨一百人守在两边山上，堆积乱石，等金兵逃来，就打下去；命吉青率二百人埋伏在山后，阻击逃跑的金兵。安排妥当后，岳飞嘱咐吉青说："贤弟，你如果遇到一个面如黄土、骑黄骠马、用流星锤的，就是粘罕，一定要捉住他！如果放走了他，我就将你送到大元帅处军法从事！"吉青领命而去。岳飞自率剩下的二百人，在山顶摇旗呐喊，专等金兵到来。

大元帅张所对刘豫取口袋、火药等物品十分疑惑，那天独自坐在后营思索。忽然中军官胡先悄悄地来了，说："今天刘豫派人来取口袋、火药等物品，不知道有什么用？小官细想，岳总制在前方没有败绩，怎么在他后面的刘豫反倒杀败了金兵？其中一定有隐情。如果有冒领功劳

第十七回 十万金兵中计大败

这样的事，岂不让英雄气短？谁还肯替国家出力？因此小官特来请命，扮作兽医去探听消息。元帅觉得怎么样？"张所高兴地说："我正在为此疑惑呢，你要是去探听更好。"于是，胡先扮作兽医出营，混过了刘豫的队伍，一路来到青龙山。当时已近黄昏，胡先悄悄爬到半山腰，发现一棵大树，就爬了上去。他站在树顶上远远望去，只见漫山遍野都是金兵，如同蚂蚁一样，心里非常着急："岳总制只有八百人，怎么迎敌？肯定会被活捉。"

粘罕在朝金陵进发的途中，得知岳飞、吉青击退了先锋部队，并杀了金牙忽、银牙忽，当即勃然大怒，命大军加速前进。到达青龙山时，粘罕见有宋军在山顶扎营，就下令安营扎寨，转天开战。

岳飞在山顶看见粘罕安营，并没有攻山，暗想："如果等到明天再开战，敌众我寡，难以抵抗。"他想了一会儿，便吩咐身旁的二百人："你们在这里守着，不要乱动，我去引这些金兵来受死。"说罢纵马下山，朝金营杀去。胡先在树顶上看见岳飞单枪匹马冲下山，吓出一身冷汗。这时，岳飞一边高声喊着："宋军岳飞来踹营了！"一边举枪冲进金营，逢人便挑，遇马便刺，如入无人之境。粘罕大怒，立即率众将士蜂拥而上，将岳飞团团围住。岳飞抖擞精神，枪挑剑砍，朝金营大门冲去，根本无人能挡。粘罕怒火中烧，大喊道："一个人都捉不住，怎么能攻占中原？一定要踏平此山，才能解我的心头之恨！"随即指挥大军追击。

岳飞回头看见金兵倾巢出动，十分高兴，连忙纵马往山上跑。胡先在树上看见了这一切，喃喃自语："这回完了，不仅他没了命，我也要死了。"忽然，一声炮响，震得山摇地动，胡先差点儿摔到树下。金兵有摔下马的，也有被吓倒的。埋伏好的宋兵朝金兵发射火炮、火箭，点着了枯草，火药接连不断地爆炸，顿时烈焰腾空、烟雾弥漫。金军将士被烧得睁不开眼，也认不清路，到处乱窜。金兵人撞马，马撞人，自相践踏，乱成一团。

铜先文郎和众将士保护着粘罕，往小路逃跑。不一会儿，一条山涧挡住了去路。粘罕立即指挥人马渡涧。忽然，"哗啦"一声巨响，大水从山涧上冲了下来。顿时，金兵人仰马翻，被水冲走的人马不计其数。

粘罕大惊，慌忙下令撤退。金兵一个个魂飞魄散，慌不择路，顺着石壁朝夹山道蜂拥而去。粘罕也顾不得指挥部队了，跟着铜先文郎朝夹山道逃去。没过一会儿，两边山上的宋兵见金兵逃来，一起将石块砸下来。金兵被打得抱头鼠窜，死伤无数，尸体堆积如山。

铜先文郎保护着粘罕，拼命逃出了夹山道。这时已是五更时分。粘罕站在大路上，仰天哈哈大笑。铜先文郎问："大军溃败，狼主为什么笑？"粘罕说："我笑岳飞虽然会用兵，但并不高明。如果在这里埋伏一队人马，我们插翅也难飞！"话音未落，突然一声炮响，四周亮起了无数火把，就如同白天一般。火光中，一名面如蓝靛、发似朱砂的大将，手舞狼牙棒，高声喊道："吉青在此，快快下马受死！"粘罕被吓得一惊，哆哆嗦嗦地对铜先文郎说："岳飞果然厉害，我今天要死在这里了！"说罢眼泪流了下来。铜先文郎说："都是狼主笑出来的！情况紧急，臣有一个金蝉脱壳的计策，但请狼主照看好臣的后代。"粘罕连忙答应，铜先文郎说："狼主与臣换了衣甲、马匹、兵器，然后一起冲出去。吉青必然认为臣是狼主，与臣交战。如果他本事有限，臣就保护狼主逃走；如果他武艺高强，臣被他捉去，狼主也能乘机逃跑。"粘罕忙将衣甲、马匹、兵器与铜先文郎调换了，然后两人一起冲了出去。吉青看见铜先文郎的打扮，就以为他是粘罕，举起狼牙棒就打。铜先文郎提锤招架，没打几个回合，就被吉青一把抓住活捉了。粘罕带着残兵败将，乘机夺路逃走了。

胡先在树顶上蹲了一夜，把整个过程看得清清楚楚，暗暗赞不绝口。他趁双方混战时，慢慢地溜下树，悄悄地回营禀报张所去了。

吉青押着铜先文郎回了营，禀报岳飞说："抓住粘罕了。"岳飞一听，十分高兴。等众将士把铜先文郎推到面前，岳飞顿时勃然大怒，拍案而起，大声喊道："将吉青绑出去砍了！"

第十八回 刘豫冒功败露降金

岳飞因为粘罕逃脱要将吉青斩首，吉青大叫道："我无罪！"岳飞说："我事先嘱咐过你，你却中了金蝉脱壳之计。"说罢，又喝问铜先文郎："你们这种诡计，只能瞒过吉青，怎么能骗得了我？你说实话，你是谁，为何假装成粘罕替死？"铜先文郎暗想："中原有这个人，狼主别想图谋宋朝江山了。"便说："岳飞，狼主是天命之主，怎么会被你捉住？我是金国大元帅铜先文郎。"岳飞说："吉青，你听见了吗？"吉青说："我看见他这样装束，以为是粘罕，哪知道他是冒充的？大哥要杀我，就和他一起杀了吧。"众将士见状，纷纷跪下替吉青求情。岳飞说："这是第一次失误，暂且饶恕你。日后如果再误事，决不轻饶！你领二百人，把铜先文郎和战利品一起押往大元帅营中报功。"

吉青领命，押着铜先文郎和战利品，一路来到刘豫营中，将战况告诉了刘豫。刘豫想："金兵十分厉害，宋朝无一人敢挡。岳飞刚刚开始打仗，就有这样的本事！他只用了八百人，就打败了十万金兵，还活捉了金国元帅。如果论功，官职一定在我之上。"他想了一会儿，决定再一次抢占岳飞的功劳，于是对吉青说："吉将军，你与岳总制打败金兵，擒获金将，这件功劳不小！你要去大营报功，会耽误时间。而且前方缺人，金兵还有可能杀回来。我与岳总制如弟兄一般，不如我派人替你送给大元帅。你先带一些猪、羊、牛、酒，回去犒赏众人吧。"吉青不知是计，谢了刘豫后回去交了差。刘豫将铜先文郎囚在后营，并留下战利品，按照上次的做法写好文书，派人送给了张所。

79

胡先回营后，换好衣服，见了张所。张所问："你打探到什么情况？"胡先将到青龙山、爬上树顶所看到的事，详细地说了一遍。张所说："真是难为你了，记你一功。"第二天，张所召集众将议事。众将刚到齐，就有士兵来禀报说："刘节度派人来报功，在营门外听令。"张所随即将来人叫了进来，看完刘豫的文书，立即知道这一次他又冒领了岳飞的功劳，于是吩咐来人回去，将金将押到大营。等来人走后，张所对众将说："两次打败金兵，都是岳飞立下的大功，但都被刘豫冒领了。现在朝廷正在用人之际，怎么能让奸将埋没人才，导致赏罚混乱？我想将他捉来斩首示众，再奏明朝廷，哪一位将军愿去捉他？"话音刚落，胡先走上前说道："元帅如果派人去捉他，恐怕会出意外。不如派人去传令，说元帅请他来议事，再召集众将，问明实情，然后再斩他。这样众将士才会诚服，他也会死而无怨。"张所说："此计甚妙。就派你去，把刘豫请到大营来商议军机。"胡先领命，直奔刘营而去。

张所手下有一名大将曹荣，担任两淮节度使，与刘豫是儿女亲家。他看到张所命胡先去骗刘豫，心想："他的长子刘麟是我的女婿，父子俩的性命旦夕难保，我的女儿以后怎么办？"于是悄悄地溜出大帐，派心腹家将飞马去告诉刘豫。当时刘豫正在营中焦急地等待派去报功的人回来，忽然有人来禀报说："两淮节度使曹荣派人来了，有紧急的事求见。"刘豫立即将来人叫进营帐，来人慌慌张张地说："曹大人来不及写信，让小人转告老爷：大元帅已经得知老爷冒领了岳总制的功劳，派中军官来请老爷到大营议事，去了就会有性命之忧，请老爷赶快应对。"刘豫大惊失色，忙取出五十两白银，赏了来人，说道："替我谢谢曹大人，感谢他的救命之恩，日后必有重报。"来人收下银子就回去了。

刘豫想了一会儿，悄悄地来到后营，将铜先文郎放了，然后将他请进营帐坐下，说："早就听说元帅是金国的名将，遭到岳飞暗算。我看宋朝的气数已尽，金国会勃兴，所以我想放了元帅，与元帅一起投奔金国。元帅觉得怎么样？"铜先文郎道："我是一个被俘虏的人，只有一死。如果你能让我活下去，我一定会重重回报。狼主十分重贤爱才，元帅如果去金国，我一定会极力保举。"刘豫大喜，一面让人准备酒饭，一

第十八回 刘豫冒功败露降金

面下令收拾人马、粮草。正要出发时,他派出去的人回来了,说:"大元帅下令将所擒金将押往大营。"刘豫哈哈大笑,当即命令集合麾下将士,说:"新君年幼无知,张所赏罚不明。大金狼主重贤爱才,我已经和金国元帅约定,一起去投奔。你们赶紧收拾,和我一起去享受荣华富贵。"话音未落,将士们齐声说道:"我们都有父母、妻子,不愿投降金国。"说完之后,一哄而散,现场只剩下刘豫的几名亲信。刘豫目瞪口呆,只得和铜先文郎领着这几个人上马。

因为怕岳飞人马拦截,刘豫一行人只得挑小路前行。走了没一会儿,忽然后面一人骑马飞奔赶来,大声喊道:"刘老爷去哪里?"刘豫回头一看,原来是中军官胡先,便问:"你来做什么?"胡先说:"大元帅有令,请刘元帅速去大营议事。"刘豫笑着说:"我已经知道了!我本该杀了你,但没有人回去报信。现在留你一命,回去告诉张所老贼,我刘豫是堂堂的大丈夫,岂是池中之物,受你的节制?我现在要去投奔金国,暂且留着他这颗驴头,过不了多久我就来取。"胡先吓得不敢吱声,掉转马头就走。他一路快马加鞭赶回大营,将刘豫投降的事禀报了张所。张所大怒,立即写好了刘豫降金、岳飞立功的奏本。他正要派人进京奏明高宗,钦差忽然带着圣旨来了。高宗命张所防守黄河,并封岳飞为都统制①。张所立即将写好的奏章交给钦差带到金陵;同时命人通知岳飞领军赶赴黄河。

粘罕在青龙山被岳飞打败后,领着残兵败将回到河间府。兀术问:"王兄有十万人马,怎么会败给宋兵呢?"粘罕说:"宋兵有个大将,叫岳飞,真是厉害!"接着就把岳飞设下水火埋伏、单骑踏营的经过,详细说了一遍。兀术说:"我从没听说过中原有个什么岳飞,不信他能有这么厉害。"粘罕说:"如果没有铜先文郎假扮我,我的命早已丢在了夹山道上!"兀术听罢大怒,说:"王兄,你放心,我要亲自带兵渡过黄河,捉住岳飞,给王兄报仇。然后直捣金陵,踏平宋室,以发泄我的怒

① [都统制]
统辖诸将的高级军官。

气!"兀术正在怒气冲冲地说要捉岳飞,一名士兵前来禀报说:"铜先文郎回来了。"兀术十分不解。

　　铜先文郎与刘豫走小路赶到金营,对刘豫说:"元帅在营门外等一会儿,我先进去禀明,再请你进去。"说罢,铜先文郎下马走进大营,一直来到兀术帐中。兀术问:"你被宋兵抓走,怎么能活着逃了回来?"铜先文郎将刘豫投降的事说了一遍。兀术说:"这样的奸臣,留他干什么,杀了!"哈迷蚩说:"狼主不能这么草率。让他进来,封他王位,日后一定会有用处。"兀术依言,将刘豫叫进帐中,封他为鲁王,镇守山东一带。

第十九回　张邦昌施计害岳飞

张所兵至黄河，分派众将到各处坚守，然后亲率大军赶赴汴京。张邦昌得知后心生一计，假意对太后说："兀术进军中原，过不了几天就会围困汴京。康王现在已经在金陵称帝，臣打算护卫娘娘前去。请娘娘将玉玺交给臣，献给康王。"太后听罢，涕泪交流，但没有办法，只得将玉玺交给了张邦昌。张邦昌骗到了玉玺，回家收拾好财物，带着全家人直奔金陵而去。

张所到达汴京后，太后就将张邦昌骗走玉玺、带着家眷不知去向的情况告诉了张所。张所一面派兵镇守汴梁，一面派人追查张邦昌去向。

过了几天，张邦昌到达金陵。高宗问众臣："此贼来了，你们有什么看法？"李纲说："张邦昌来献玉玺，功劳不小，暂且封他为右丞相。但是他心地不好，主公要疏远他，他就无计可施了。"高宗非常高兴，当即封张邦昌为右丞相。张邦昌建议重用岳飞，但高宗没理睬。

张邦昌闷闷不乐地回至家中，忽然想起侍女荷香长得很漂亮，第二天就将她献给了高宗。高宗大喜，命太监将她送回宫。张邦昌乘机又建议将岳飞召回金陵。高宗当即命张邦昌带着圣旨去召岳飞。李纲十分生气，但也没办法阻止。回去后，他写了一封信，将自己的家丁①张保推荐给了岳飞。

张邦昌并没有去黄河边见岳飞，而是将圣旨放在家里。他

① [家丁]
权贵、富户等雇用的办事或护卫人员。

算好往返黄河所需的天数，回奏高宗说："因为金兵来犯，岳飞要镇守要地，所以不肯回金陵。"高宗说："他不回来就算了。"

张邦昌虽然没把高宗的圣旨送给岳飞，但他趁玉玺在自己身上的时候，盖了很多空白的纸，便给岳飞传了一份假的圣旨。岳飞接到圣旨后，对吉青说："愚兄奉旨回京，但担心你贪酒误事，让金兵乘机渡河，所以你不要喝酒了，等我回营再说。你如果愿意听我的话，就喝了这杯茶。"说罢，斟了一杯茶递给吉青。吉青接过茶来一饮而尽，说："谨遵大哥之命。"接着，岳飞带着张保离开营寨，奔金陵而去。

在途经一条大河时，岳飞遇到了摆渡的王横。王横得知岳飞的身份后，便说："小人挑着三四百斤的担子，一天能走三四百里路，愿在岳爷手下效力。"岳飞说："既然你这么说，那我上马先走。你和张保挑着行李，谁先追上就算谁的本事大。"张保欣然同意。岳飞立即纵马疾驰，跑了七八里才勒住马。王横、张保放开脚步，一口气追了上来。王横追到岳飞马后时，张保已经跑到马前了，两人差了十几步。岳飞哈哈大笑，说："你俩真是一对！马前张保，马后王横！"

三人一路上说说笑笑，很快就到了金陵。三人进城的时候，恰好遇到张邦昌坐着轿子也进城。张邦昌说："别记着当年武场的事了。现在我为国家着想，保举将军为帅，皇上十分挂念。将军立刻和我去见皇上。"岳飞无奈，只得跟着张邦昌进了城。到午门时，天已经黑了。张邦昌将岳飞带到分宫楼下，说："将军在这里等候圣旨，我去奏明天子。"说罢进了分宫楼，派人到宫中通知了荷香。

荷香当时正在陪高宗喝酒赏月，收到张邦昌送来的消息，立即跪下说："臣妾进宫后还没有仔细观赏过皇宫，求万岁带臣妾去看看。"高宗立即带着荷香来到分宫楼。岳飞看见高宗的宫灯，走上前跪下。有太监立即大喊："有刺客！"两旁的太监冲上去，将岳飞按在地上。高宗大吃一惊，忙问："刺客是什么人？"太监说："岳飞！"荷香乘机说："如果是岳飞，就应该斩首。之前召他进京，他抗旨不来。今天却无缘无故潜进宫中，图谋行刺。请陛下赶快下令将他斩首，以正国法。"高宗当时喝得醉醺醺的，听完荷香的话，就传旨将岳飞斩首。

第十九回　张邦昌施计害岳飞

宫中卫士领旨，将岳飞押到午门外。张保、王横一见，十分吃惊，忙走上前问道："老爷怎么会这样？"岳飞说："我不知道是怎么回事啊！"张保连忙让王横制止卫士，自己提着混铁棍一溜烟跑到李纲府门口，一棍子将门砸开，冲到李纲睡觉的书房门口。他一脚踢倒书房门，冲进去掀开纱帐，背起李纲就跑。他边跑边说："不好了！岳飞被绑在午门外了！"李纲本来在睡觉，莫名其妙地被张保背起来就跑，颠得头昏眼晕。张保一直跑到午门，才将李纲放下。李纲一见岳飞被绑着跪在地上，大惊失色，高声叫道："你什么时候来的？"岳飞连忙将自己的遭遇说了一遍。李纲听罢，立即鸣钟撞鼓，冲进午门。张邦昌已经知道李纲来了，偷偷地将一块满是钉子的木板放在午门内。李纲刚跑进午门，一脚就踩到钉子上，顿时大喊一声，倒在地上，鲜血直流。张保见状，连声大喊道："太师爷滚钉板了！"在午门的大臣们听见后，连忙跑过来将李纲救了起来。

值班太监跑进宫，禀报高宗说："大臣们聚集在午门外，李太师滚了钉板，命在旦夕！请陛下赶紧上朝。"高宗听罢，随即上朝，命太医医治李纲。李纲强忍着疼痛说："臣听说岳飞潜进京师，欲害陛下，背后一定有主使，应该将他关进监狱。等臣病好后审问清楚，再定罪。"高宗依言，下令将岳飞关进监狱。

李纲回到府中，派人将刑部尚书沙丙请来，说："岳飞一定有冤情。请大人奏明陛下，说岳飞有病，不吃不喝，要好好照顾他。等我病好后再说。"沙丙依言而行，高宗同意了。

接着，李纲将张邦昌陷害岳飞的情况写到一张纸上，悄悄地让人印了数千张，命张保、王横两人到处张贴。岳飞被陷害的消息立即传遍全城，甚至传到了太行山牛皋的耳中。牛皋顿时勃然大怒，集合了山上的七万人马，带着施全、周青、赵云、梁兴、汤怀、张显、王贵七人，一路赶到离金陵凤台门五里的地方安营。

守城大将慌忙禀报了高宗，高宗立即命张俊率三千人马出城。汤怀对张俊说："我们不是反贼。你把岳大哥送出来，我们就饶了你。如果不送，我们立即攻进金陵，杀个鸡犬不留。"张俊说："怪不得岳飞要造反！你们这一伙强盗，一定是要和他里应外合。"牛皋听罢，大喊一声，挥舞着双铜锤头就打，张俊连忙举刀架住。张俊根本不是牛皋的对手，打了不到四个回合，拨马就往城里跑。牛皋等人怕危及岳飞的性命，也没追赶。

张俊逃回城，禀报高宗说："城外来的人是岳飞的朋友汤怀、牛皋等。求陛下斩了岳飞，以绝后患。"高宗听罢，有些犹豫不决。李纲说："还是命岳飞劝退这些人，再定他的罪吧。"张邦昌说："这一伙强贼是岳飞的朋友。如果命岳飞退贼，岂不正中他们的奸计？"李纲、宗泽齐声说："臣愿保岳飞，如果有差错，就将臣满门抄斩。"高宗一听，连忙降旨让岳飞上殿，命他出城退寇。

岳飞领旨后转身就走，李纲大声呵斥道："岳飞跪下！"岳飞只得跪下。李纲："圣上爱你的才华，特地命徐仁召你进京，让你保卫黄河。你怎么敢偷偷进京行刺圣上？你有什么可说的？"岳飞忙说："太师爷，冤枉啊！小将本来在黄河边安营，但有圣旨召小将进京。在京城外，小将遇见了张太师，张太师带着小将一路来到分宫楼下。张太师进去后，就没出来。正好陛下来了，小将自然跪迎。岳飞死不足惜，只是母亲在我的后背上刺了'精忠报国'四个字，母命难忘！求太师爷做主！"张邦昌忙说："这是岳飞要报武场之仇，才这么说，求陛下做主！"李纲说："既然这样，陛下可查一查，那天值班的是谁？问问他就知道了。"高宗依言降旨。不多时，侍卫将当天值班的吴明、方茂带来了。

吴明、方茂说："那天晚上有一个童子提着灯笼，上面写着'右丞相张'。我们确实看见张太师带着一个人进宫。因为张太师经常进宫，所以我们就没上奏。"高宗听罢，勃然大怒，指着张邦昌大骂道："险些害了岳将军的性命！"说罢下令将张邦昌斩首。李纲说："他献玉玺有功，免去一死，削职为民吧。"高宗依言，限张邦昌四个时辰内必须离开京城。张邦昌回家收拾停当，灰溜溜地离开了金陵。

接着，高宗命岳飞领一千人出城退贼。汤怀、牛皋等看见岳飞，纷纷下马问候。岳飞大怒，说："谁是你们的大哥？我奉圣旨来捉拿你们！"汤怀、牛皋等八人说："不劳大哥捉拿，我们自己绑了，任凭大哥

发落!"说完纷纷将自己绑了起来。七万人马全部投降,驻扎在城外等候处置。

岳飞随即回城奏明情况。高宗说:"将那一伙人带来,朕要亲自看看。"过了一会儿,汤怀、牛皋等八人被带到高宗面前。汤怀说:"我们并非反叛。听说张太师陷害忠良,所以带兵来搭救。现在看到岳飞无事,我们就自缚请罪。请圣上赐岳飞官复原职,我们情愿被斩首。"高宗听罢,感动得流下了眼泪,说:"真是义士啊!"说罢,当即封岳飞为副元帅,封八人为副总制,八人带来的人马全部归岳飞调遣。

过了两天,岳飞与八人率七万人马离开金陵,开赴黄河。

第二十回　兀术被擒施法逃脱

　　岳飞被张邦昌假圣旨骗回金陵后不久，兀术率三十万大军抵达黄河北岸。但因为宋军守住了黄河渡口，还摆上了大炮，渡河非常困难，所以兀术十分郁闷。刘豫知道后，想到了一个渡河的办法。
　　原来，刘豫发现了自己的亲家、两淮节度使曹荣的旗号出现在黄河南岸。一天，他换上百姓的衣服，乘船到南岸拜见了曹荣。曹荣问："亲家现在在金国过得怎么样？"刘豫说："我被封为鲁王，非常荣耀。我今天来，就是劝恩兄也投奔金国，共享荣华。不知恩兄觉得怎么样？"曹荣一口答应，说："既然金国重贤，我就投降吧。"刘豫说："恩兄如果肯去，王位包在弟弟身上。"曹荣说："要投降金国，就在明天晚上吧。趁张所在汴梁、岳飞去金陵还没回来，让金军渡过黄河。"刘豫听罢，立即回到北岸见了兀术。刘豫说："臣过黄河拜见了臣的亲家、两淮节度使曹荣，说狼主宽宏仁德、敬贤礼士。曹荣听了臣的话，约定明天晚上献黄河，归顺狼主。"兀术心里暗想："这个曹荣被他一席话就说降了，也是个奸臣。"但口中却说道："你回去吧，孤家明天率军渡河。"
　　第二天黄昏时分，刘豫带着兀术的船队悄悄地向南岸靠拢。在岸边等候的曹荣一见到兀术，便跪到地上，说："臣曹荣接驾，愿狼主千岁千千岁！"哈迷蚩说："主公可封他王位。"于是兀术封曹荣为赵王。宋军听说曹荣投降了兀术，兀术已率军到达南岸，都非常害怕，纷纷逃跑了。
　　当天，吉青抓到兀术派到南岸的一个奸细。宋营统帅大喜，赏赐给吉青十坛酒、十只羊。吉青说："既然是赏赐，就喝这一次，明天就不

第二十回　兀术被擒施法逃脱

喝了。"说罢,抱起酒便喝,不一会儿就酩酊大醉。这时,有人来禀报说兀术已经过河。吉青匆忙披挂上马,提着狼牙棒出营。走了一会儿,正好遇到兀术。兀术见吉青摇摇晃晃地骑在马上,便说:"醉鬼,饶了你吧!等你酒醒了,再来打。"说罢,拨马而去。吉青追上去,举起狼牙棒就打。兀术大怒,回身就是一斧。吉青连忙举棒架住,两臂被震得又酸又麻,叫了一声"不好",把头一低,只听"当"的一声响,他的头盔被砍掉了。吉青吓得魂飞魄散,掉转马头就跑。

当时,岳飞率领大军离开金陵后,在爱华山安营扎寨。岳飞仔细观察了山势,说:"这里正好可以埋伏人马。如果能引诱金兵到这里,一定可以杀他个片甲不留。"吉青披头散发,骑着马一路狂奔,到天亮的时候,正好跑到爱华山,进了岳飞的营寨。岳飞说:"你这时候来,是黄河失守了吧?一定是因为你不听我的话,喝醉酒导致的。"吉青说:"不关我的事。是两淮节度使曹荣投降金国,献了黄河。"岳飞问:"你为什么弄成这样?"吉青说:"我与兀术交战,不料他十分厉害,一斧就砍掉了我的头盔。幸亏没砍到头,要不然命就没了。"牛皋在一旁哈哈大笑。岳飞说:"你去将兀术引到这里,将功折罪。如果引不来,就不要回来见我。"吉青领命,独自一人上马出营去找兀术。

吉青走后,岳飞命张显、汤怀带领两万人、二百名弓弩手,埋伏在东边的山上;命王贵、牛皋带领两万人、二百名弓弩手,埋伏在北边的山上,用车子装满乱石准备阻断道路;命周青、赵云领两万人、二百名弓弩手,埋伏在西边的山上;命施全、梁兴领两万人、二百名弓弩手,埋伏在南边的山上;派五千人守卫粮草。

吉青并不知道兀术在哪里,出营后一直在大路上走着。忽然,前方马嘶人喊。吉青仔细一看,大喊一声:"妙啊!"原来是兀术、哈迷蚩带着队伍迎面走了过来。吉青纵马冲上前,大叫道:"兀术,快拿头来!"兀术笑道:"你这个醉鬼,我放你走了,怎么又来了?"吉青说:"昨夜是老爷醉了,被你割断了头发。现在我已经醒了,你要赔我,怎么能就这么算了呢!"兀术大怒,抡斧就砍,吉青举棒架住。打了几个回合,吉青拨马就走。兀术追了二十余里,便勒住马。吉青见状,掉转马头说道:"你这个毛贼,为何不追了?"兀术说:"醉鬼,你不是我的对手,追你做什么?"吉青说:"我确实不是你的对手,但我前面埋伏着人马,要捉你这个毛贼,谅你也不敢来!"兀术大怒,纵马就追。

不一会儿,兀术就追到了爱华山。吉青看也不看,就冲进了谷口。哈迷蚩说:"狼主,我看他鬼头鬼脑,恐怕真有埋伏,还是回去吧。"兀术说:"那个醉鬼怕我追赶,故意说有埋伏吓唬我。这里是去金陵必经的大路,你去催大队人马上来,我带着人先追进去。"说罢,带人冲进了谷口。兀术仔细看了看周围,见四面小山环抱,根本没有出路,失声道:"坏了!如果被宋人截住退路,如何是好?不如出去吧。"他正要掉转马头,突然一声炮响,一位身披银甲、骑着白龙马的宋将指挥宋军从四面冲下山来。兀术十分害怕,只得硬着头皮问道:"你是谁?快报上名来!"岳飞说:"我认得你这个毛贼,叫金兀术。我乃大宋兵马副元帅岳飞。"兀术一听是岳飞,便挥斧直杀上去,两人随即杀成一团。

过了半天,哈迷蚩领着粘罕,率领三十万人马杀至爱华山。牛皋看见后对王贵说:"王哥,只有一个金将在谷里,大哥一个人能对付他。现在又来了这么多金兵,不如推开车子,下去杀个痛快,怎么样?"王贵一听,正中下怀,立即与牛皋率两万人冲下山去。

当时兀术与岳飞已打了七八十个回合,渐渐招架不住。忽然,岳飞用枪拨开兀术的斧子,从腰间拔出银锏朝他打去,正中他的肩膀。兀术大叫一声,拍马就逃。逃到北边谷口时,因为王贵、牛皋率军下山了,没人阻挡,兀术轻易地就冲出去了。岳飞一问,才知道金军大队人马已到,于是下令发动埋伏。宋军从山上蜂拥而下,杀得金兵尸横遍野,大败而逃。

巧的是,王贵、牛皋、吉青追击金兵到麒麟山、狮子山时,遇到了占山为王的梁山好汉"菜园子"张青之子张国祥和双枪将董平①之子董芳。二人杀了一会儿金兵,见王贵、牛皋、吉

① [张青、董平]
施耐庵(约1296—约1370)所著小说《水浒传》中的人物。

第二十回　兀术被擒施法逃脱

青长得十分凶恶，以为是金将，就与他们厮杀起来。不一会儿，岳飞赶到。张国祥、董芳见了岳飞的旗号，才知道认错了人，慌忙跳下马跪在地上，将两人的姓名、来历详细说了一遍，并表示愿意跟随岳飞。岳飞大喜，一边让二人回去收拾好再来找自己，一边指挥大军继续追赶金兵。

兀术率领残兵败将一路狂奔，来到黄河边。但附近一条船也没有，眼看岳飞就要追上来，众将士急得哭了起来。兀术长叹一声，说："这次真没命了！"过了一会儿，哈迷蚩用手指着河面，说："恭喜狼主，河里有五六十只战船，都是狼主的旗号。"兀术定睛一看，果然是自己的旗号。原来这些都是鲁王刘豫与曹荣的战船。虽然金兵看到了希望，但河面上吹起了横风，战船一时靠不了岸。

正在兀术着急的时候，芦苇中忽然驶出一只小船。一个渔翁站在船头，独自摇着橹。兀术对着渔翁喊道："快把船划过来，救我过河，要多少银子都没问题！"渔翁答应一声，将小船摇到岸边，说："我的船只能渡一个人。"兀术问："可以将我的马一起渡过河吗？"渔翁说："赶快上来，我还要赶别的生意。"兀术慌慌张张地牵着马上了船，渔翁用篙（gāo）往岸上一撑，小船迅速驶离了岸边。兀术平静了一会儿，回头一看，只见战船一靠岸，众将士争抢着上船，一些人被挤得掉进水里，淹死的不计其数。五六十只战船不一会儿就装得满满的，其中一条船因为人马、装备太多，竟被一阵风吹翻了。岸上上不了船的金军将士，全都被追来的宋兵杀死了，尸骸堆积如山。

兀术见状，十分悲伤。这时，张保、王横在岸上大喊道："渔翁，你船上的人是朝廷的敌人，赶快划回来！"兀术忙对渔翁说："你不要听他的话。我是金国四太子兀术。你如果救了我，我一回国，就封你为王，绝不失言。"渔翁说："你说的不错，但我是中原人，怎么能享受你的富贵！"兀术说："既然这样，那你送我到北岸，要多少银子都没问题。"渔翁说："好是好，但你还不知道我的姓名。我的父亲、叔叔们名震天

① [阮氏三雄]

　　指阮小二、阮小五、阮小七，系小说《水浒传》中的人物。

下，是梁山泊有名的阮氏三雄①。我是'短命二郎'阮小二的儿子，叫阮良。你想想，这里有这么多军队，为什么我没躲藏，反而要救你？因为新君在金陵登基，我要把你当成见面礼。"兀术大怒，吼了一声："不是你死，就是我亡！"说罢提斧就砍。阮良一个筋斗跳下了水。

　　兀术本来只擅长骑马，既不会摇橹，也不识水性，一个人在船上不知所措。阮良潜到船底，双手将船推向南岸。兀术十分慌张，大声对哈迷蚩叫道："军师！快来救我！"哈迷蚩忙命战船驶向兀术的小船。

　　阮良听见有船来救兀术，将头露出水面，双手扳着船帮，身体朝上一跃，又往下一坠，小船立刻就来了个底朝天。阮良连人带斧抱住掉进水里的兀术，朝南岸游去。岳飞看见阮良捉住了兀术，心中非常高兴，众将士也纷纷欢呼雀跃。

　　兀术被阮良拖着快靠近南岸时，突然睁开双眼，大吼一声，一条金色火龙从他的头里冲出来，张牙舞爪朝阮良的脸上扑过去。阮良叫道："不好！"立即丢下兀术，往水里一钻。金兵战船及时赶到，救起了兀术和他的马。

　　过了一会儿，阮良将头露出水面。牛皋大声叫道："水鬼朋友，元帅想见你，赶快上岸！"阮良听见，迅速游到到南岸，来到岳飞马前跪下。岳飞忙下马扶起阮良，问道："好汉，尊姓大名？"阮良说："小人姓阮名良，是水泊梁山阮小二之子。今天原本想擒住金贼，不料他放出一个妖怪。小人一时惊慌，让他逃走了。"岳飞说："这不怪你。我看你一表人物，不如在我麾下建功立业，也不枉是条好汉。"阮良大喜，当即就答应了。转天，张国祥、董芳带着人马、粮草赶到。岳飞让阮良与张国祥、董芳结拜为兄弟。

　　兀术回到河间府，一面派兵守住黄河口，一面派人回金国调集人马，准备与岳飞决战。

第二十一回　牛皋醉酒大意被擒

一天，岳飞正在营中与弟兄们商量渡黄河，钦差忽然送来圣旨，封岳飞为五省大元帅，立即领兵去太湖剿寇。岳飞一面派人通知张所，让他调派大将把守黄河；一面命牛皋、王贵、汤怀、张显四人领一万人马先行，自己整顿好粮草，随后出发。

数天后，牛皋、王贵、汤怀、张显率军到达平江府①，在离城十里之处安营。第二天，牛皋独自一人骑着马来到城下，对着城头高声叫道："岳元帅奉旨领兵到此剿贼，地方官为何胆大包天，不出来迎接？"守城士兵连忙禀报了知府陆章，陆章慌忙出了城。牛皋说："我是统制牛皋，和三个弟兄领一万人马，在离城十里之处安营，岳元帅很快就到。我们辛辛苦苦保你这个地方平安，怎么还不送些酒肉来？"陆章连忙答应下来。

牛皋回营后，汤怀问他去了哪里，牛皋说："你们坐在营中有什么用！我刚才去找了平江府陆章，一会儿他就送酒肉来。你们见到他，要让他叩头！"汤怀说："牛兄弟，你下次不能这样了。你这个统制才是多大的官，不怕人笑话吗？"

正在这时，陆章将酒肉送到营外。汤怀与牛皋、王贵、张显一起将陆章接进营帐。汤怀命人收下酒肉，对陆章说："难为贵府了。请问贼巢在哪里？贼又在哪里？"陆章说："这里是太湖，水面有三万六千顷，湖边有七十二座山峰。其中两座山最高：东边的叫东洞庭山，西边的叫西洞庭山。东山是贼寇的

① ［平江府］
治所在今江苏苏州。

营寨，西山是贼寇囤积粮草的地方。首领叫杨虎，元帅叫花普方，手下有五六千士兵、四五百条船。不瞒将军，平江府原来有个兵马都监①叫吴能，手下有五千人马，但被贼寇诈败引到太湖边杀了，五千人马损失了一大半。因此下官向朝廷告急，请求派兵征剿。现在岳元帅与将军们来了，真是万幸啊！"汤怀说："贵府只管放心。金兀术五六十万人马，也被我们杀得抱头鼠窜，何况这样的小寇？但是，在水上剿匪要用船只和水手，烦请贵府准备。我们明天就移营到太湖边。等岳元帅一到，就直捣贼寇的巢穴。"陆章依言，回城准备船只和水手。

第二天，汤怀与牛皋、王贵、张显将营寨移到湖边。傍晚时分，汤怀说："兄弟们，不能麻痹大意，小瞧这些强盗。我们四个人分成四路，每人领十只小船在太湖边巡逻，防止贼寇劫营。"牛皋、王贵、张显依言而行。

当晚是中秋节前一天，牛皋喝了一些酒，坐在船头看月色。看了一会儿，他问水手道："你们为什么把船泊住，不摇到湖中间去巡逻呢？"水手们说："小的们怕强盗突然出现，在湖中间来不及撤退。"牛皋呵斥道："放屁！我就是为捉拿贼寇来的，怎么还怕他们？现在你们就摇船前进。违令者斩！"众水手只得答应，摇着十条船，往湖心驶去。牛皋坐在船头，见皓月当空，水天一色，顿时酒兴大发，倒了酒就喝。

忽然，一条有三道篷的大战船顺风驶了过来，一下子撞到牛皋的船头。牛皋坐不稳，"扑通"一声响，摔到湖里去了。花普方在船头上看见后，纵身跳下水，将牛皋活捉了。小船上的水手们慌忙掉转船头驶回岸边，将牛皋被捉的经过对汤怀说了一遍。汤怀顿时大哭起来，张显、王贵在一旁除了劝慰，也没有办法。弟兄三人只得等岳飞来了再想办法。

第二天，花普方带着酒菜，到监狱里看望。他下令卸了牛皋身上的刑具，说："小弟久仰兄长大名，今天想和兄长结拜为兄弟，行不行？"牛皋说："本来不该收你，但我也是响马②

① [兵马都监] 地方军事主官。

② [响马] 拦路抢劫的强盗。因抢劫时放响箭而得名。

第二十一回　牛皋醉酒大意被擒

出身，就收你做个兄弟吧。"花普方当即拜牛皋为兄。两人随即坐下喝酒。三杯酒下肚之后，牛皋开口说："花兄弟，你既然和我做了兄弟，我就要对你说些正经话。现在康王在金陵称帝，是个好皇帝。我的大哥岳飞是天下无双的好汉，我们这一班弟兄都是英雄。不久之后我们就要杀到黄龙府，迎请二帝还朝。那个杨虎不过是个无名草寇，能成什么大事？你不如弃暗投明，归降宋朝，我们一起建功立业，比在这里摸鸡偷狗强得多。你跟着杨虎，一旦有失，还会落个千古骂名，哪里对得起你的英雄名声！"花普方本想劝牛皋归顺，不料反被牛皋先说了。他听完牛皋的话，只得说："今天我们只喝酒，不说别的事。"

　　喝了一会儿，花普方想探探岳飞的实力，便问牛皋道："大哥说的岳飞有什么了不起的本事？手下像大哥这样的战将有几个？"牛皋暗想："他不敢直接劝说我投降，现在要试探岳大哥的虚实，我吓一吓他。"于是说："兄弟，我的岳大哥长得貌似天神、身材魁伟，现在还养起了胡须。他在汴京枪挑了小梁王，天下闻名，人人皆知。新天子高宗拜他为大元帅，马上就要来扫荡你们的山寨。贤弟要小心！他麾下的副将有汤怀，爱穿白衣，也用枪，与岳大哥的本事差不多，只是少几根胡须；有张显，身高力大，把一杆钩镰枪使得神出鬼没；有王贵，骑红马、使金刀，曾刀劈太行山王善，谁不知道？其余的还有施全、周兴、赵云、梁兴、吉青，和梁山泊好汉的子孙张国祥、董芳、阮良等，个个本事了得！岳大哥手下还有一支八百人的队伍，叫作'长胜军'，从没打过败仗。像愚兄这样的本事，还不如岳大哥手下的'马前张保''马后王横'呢！"花普方半信半疑，随口赞扬了几句，便起身告辞。

　　几天后，岳飞率大军到达太湖边。安营后，岳飞问牛皋在哪里，汤怀就将他坐船喝酒被活捉的经过说了一遍。岳飞闷闷不乐地来到后营，想了一会儿，叫张保将汤怀请来。岳飞说："愚兄明天要假冒老弟，亲自去贼营探听敌情和牛兄弟的消息。贤弟替愚兄保护好帅印，就说我身体不舒服，需要休息。"汤怀说："哥哥是国家栋梁、大军统帅，怎么能身入贼营？"岳飞说："贤弟放心。我有办法，不会有事。"汤怀无奈，只得应承下来。

① [喽啰]
　　指强盗头目的部下。

　　第二天，岳飞写好战书，带张保、王横坐船来到杨虎的水寨。张保站在船头说："岳元帅派统制汤怀老爷来下战书，开门放我们进去。"守门喽啰①禀报过杨虎，将岳飞的船放进了水寨。岳飞命王横看船，自己带着张保上了岸，一路走一路观察。东洞庭山的山势非常险峻，上面还有用大石头堆砌的三道关卡。传令官将岳飞带到杨虎的大殿，让张保在殿门外等着。岳飞将战书呈给杨虎，杨虎看了一遍，在信后写道："五天后交兵。"将战书交还岳飞时，他又看了岳飞一眼，觉得好像在哪里见过，但一时又想不起来。过了一会儿，他忽然想起来，眼前的这个人好像是枪挑梁王的岳飞，但长了胡须。于是他一边盘问岳飞，一边暗中派人到监狱中将牛皋带来。

　　没一会儿，牛皋被带到殿门口。张保大惊，慌忙跪下。牛皋问："你怎么在这里？"张保说："小人跟随汤怀老爷到这里下战书。"牛皋没说话，走进了大殿，看到岳飞在座，心里暗暗叫苦。杨虎说："叫你出来，是因为你的营中有人在这里，你捎个信去，让他们早早投降，免得死伤。"岳飞听罢，吓得魂不附体，暗暗叫苦不迭："完了！完了！"牛皋看了看岳飞，叫道："原来是汤怀哥！你回营后告诉岳大哥，说我牛皋误被草寇生擒，死了也会扬名后世。他如果抓住了这些逆贼，一定要给我报仇！"说罢，转身指着杨虎骂道："毛贼！我的口信说了，你快把我杀了！"杨虎一面吩咐仍将牛皋押回监狱，一面对岳飞说："汤将军，你回去后告诉岳元帅，牛皋虽然被擒，但未杀害。岳元帅如果肯归顺孤家，一定会被封侯，享受荣华富贵。如果交战，有可能会断送一世的英名，岂不是可惜？让他早早拿主意，不要后悔。"等杨虎一说完，岳飞立即起身告辞，带着张保坐船往营寨而去。

　　岳飞刚走不久，花普方去西洞庭山送粮归来，杨虎说了汤怀送战书的事。花普方问："汤怀长得什么样？"杨虎便将岳飞的相貌、身材说了一遍。花普方说："恐怕他是岳飞，扮成汤怀来打探我们的虚实。"杨虎说："我也有些怀疑，所以叫牛皋出来问过。"花普方说："他刚离开不久，应该走了不远，我去把他抓回来。"说罢，匆忙走出大殿，上了一只三道桅的大船，扯满船帆紧追。不一会儿，就靠近了岳飞的船。花普方站在船头上，大声喊道："岳飞你往哪里跑！俺花普方来了！"岳飞让张保取过弹弓，叫道："花普方，看本帅的神弹！"说着，举起弹弓将花普方的船上挂帆的绳子打断，船帆"哗啦"一声掉了下来，船顿时横在湖面上。岳飞见状，让王横取过弓，连射了三支火箭，船篷立刻烧了起来。岳飞又叫道："花普方，本帅这一弹要打你的左眼珠！"花普方吓得魂飞魄散，慌忙往船后跑，让士兵们砍倒桅杆救火，根本不敢再追岳飞。

岳飞平安回到营寨，将闯杨虎水寨的经过对众将说了一遍。众人纷纷说："请元帅早早出兵，救出牛兄弟。"

第二十二回　太湖杨虎兵败归降

过了两天，太湖上的两个渔夫来投奔岳飞。岳飞见二人眉粗眼大、膀阔身高，便问："二位叫什么？为什么到这里来？"其中一人说："小人叫耿明初，这是兄弟耿明达。我们原来住在太湖边，靠打鱼为生。有一年，杨虎带着人霸占了洞庭山，就不允许其他人在湖内打鱼。因此我们和他打过几仗。但杨虎本领高强，我们都赢不了对方，他就与我们结为兄弟，只允许我们在湖内捉鱼。他几次派人来邀请我们入伙，但老母在家，不能受惊吓，所以我们就拒绝了。现在听说岳元帅来征剿太湖，我们想捉鱼能有什么出息，所以特地来投奔元帅。"岳飞当即答应，说："两边的大将都是我的结义兄弟，今天二位也和我们结拜为兄弟吧。"说罢，与耿明初、耿明达对拜了几拜，并下令设宴庆贺。

酒至半酣，岳飞问耿明初："二位贤弟与杨虎相熟，一定很了解他。他有什么本领霸占太湖，官兵却拿他没有办法？"耿明初说："杨虎水里的本领非常好，但在陆地上却没法施展。他的手下只有元帅花普方、先锋许宾厉害一些，其余的人都很平常。他有四队兵船十分厉害，所以官兵不能胜他。第一队有五十条船，名为炮火船。船上四面架着炮火，交战时把火点着，一起施放，难以抵挡。第二队名为弩楼船，也有五十条船。船头船尾都装着水车，四面用竹笆围着，士兵们踩动水车，船就如飞一般行驶。船上的弩楼都用生牛皮做成的挡牌防护，士兵们在楼上放箭。楼下的士兵也用挡牌护体，手拿长刀砍人。第三队也有五十条船，叫作水鬼船。船内的水鬼，都是从漳州、泉州等靠近大海的地方聘请来

第二十二回 太湖杨虎兵败归降

的。他们在水底下可以潜伏七日七夜，就吃捉的活鱼。交战的时候，那些水鬼跳下水，将敌船船底凿穿，敌船岂不沉了？第四队是杨虎亲率的船队。如果能破了前三队兵船，第四队就不足为虑了。"岳飞高兴地说："如果不是二位贤弟到这里，我哪能知道这些内情？"众人说说笑笑，尽欢而散。

当天夜里，岳飞躺在床上想出了一条计策。次日清早，他悄悄来到后营找到耿氏兄弟，说："我有一件机密的事，二位贤弟愿不愿意去一趟？"耿氏兄弟说："我们就是赴汤蹈火，也在所不辞。请元帅下令。"岳飞凑近耿氏弟兄，悄悄地说："你们打扮成以前的样子，假装投降杨虎，杨虎一定不会怀疑。等双方交战时，你们要求替他看守营寨。等他一出兵，你们就放了牛皋，和牛皋一起擒住杨虎的家眷，但不能伤害他们。然后你们将杨虎的财产都收拾起来，放火烧了他的营寨。这就是二位贤弟的大功劳！"二人领命而去。

耿氏兄弟见到杨虎后，说："我们能以湖为生，生活丰足，都是仰仗大王的恩情。听说岳飞领兵来到这里，要和大王作对，所以母亲命我们来助大王一臂之力。"杨虎非常高兴地说："我几次劝二位一起共图大业，你们都说不能违背母亲的意愿，所以不答应。今天你们来了，真是上天助我啊！"

耿氏兄弟诈降后，岳飞立即命平江知府准备竹子、麻绳；命工匠编造木排，用生牛皮做棚子、遮箭牌等；命将士从城内的大户乡绅家借出数千床棉被，放在船上，以防弓箭、火炮；命铁匠按照画好的图样打造倒须钩和三尖刀。接着，他又命汤怀、张显训练"笆斗兵"，即将短板捆绑在笆斗上，放到浅水中，让士兵们站在上边操练；命施全带领船匠，在船底钉满毛竹片，再装上倒须钩、三尖刀。众人领命而去。

过了四五天，杨虎派小喽啰给岳飞送战书催战。岳飞借口有病，将交战日期推迟了。半个多月后，众将陆续禀报说已经完成了任务。岳飞说："将士们都穿上软底鞋，看到我的红旗摇动，就钻到船篷下藏起来。等贼寇的火炮打过之后，再出来交战。"随即命王贵带领几十条装满水草的小船，躲在两旁；等弩楼船来后，把船上的水草推到水中，塞住水车，

99

然后趁弩楼船不能行驶时上船厮杀；命周青、赵云、梁兴、吉青带领五千人马，埋伏在无锡大桥附近，截住杨虎逃往九江的退路；命工匠将木排与船队隔着排开，前面竖起用绳索串起的竹城。如果将绳子一扯，竹城就躺倒；再将绳子一放，竹城又重新竖起来。

准备妥当后，岳飞命众将士登上木排，呐喊着冲向杨虎水寨。杨虎接到禀报，立即命先锋许宾率炮火船、元帅花普方率弩楼船、水军头领何进率水鬼船进攻，自己亲率大战船紧随其后督阵。耿氏兄弟乘机说："岳飞诡计多端，恐怕沿湖有埋伏，等交战之后偷袭。我们两个留在山上守卫，以免大王有后顾之忧。"杨虎高兴地说："如果二位贤弟能在山上守卫，我就能放心出战。这一仗，一定杀得岳飞片甲不留。"说罢登船，发起冲锋。

许宾一看见岳飞的船只，就下令炮火船放炮。岳飞立即摇动红旗，将士们躲进船篷里，将竹城放倒，护住木排与船只。炮子①打在竹城上发出阵阵响声，都被弹进了水里。过了一会儿，炮火船停止放炮，将士们竖起竹城，呐喊着杀向杨虎船队中。许宾立即指挥第一队炮火船闪到两边，第二队弩楼船冲了上来，花普方下令万弩齐发。岳飞又摇动红旗，将士们躲进了船篷里。这时，王贵指挥草船冲出来，将水草推下湖。弩楼船水车的轮子先后被水草塞住，根本踩不动。弩楼船就像钉住了一般，在湖面上无法动弹。王贵大喊一声，率领士兵们跳上弩楼船，逢人就砍。杨虎的喽啰们抵挡不住，被杀的被杀，跳水的跳水，连船上的架子都被推到湖里去了。袭击成功后，王贵指挥士兵们迅速回到草船上，与岳飞合兵一处。何进在第三队水鬼船上见炮火船、弩楼船都没成功，便下令敲响梆子，众水鬼一起跳入水中。但岳飞的船底下都用竹片钉着，根本凿不通。水鬼们有的被倒须钩钩住，有的碰着三尖刀，受伤的非常多。岳飞见状，连忙摇动红旗，阮良手提两把泼风刀②，带着几个水

① ［炮子］
较小的炮弹。

② ［泼风刀］
利刃。泼风形容锋利。

第二十二回 太湖杨虎兵败归降

性好的士兵跳下水,见一个杀一个。那些水鬼虽然水性很好,但不会厮杀,所以死伤众多。杨虎在大船上看见水面上不停地冒出鲜血,知道大事不好,连忙指挥战船冲向岳飞。

岳飞站在船头上,冲杨虎高声喊道:"杨将军!现在你大势已去,赶紧投降吧!"杨虎说:"岳飞,你不要得意!别说我兵强将勇,就是靠着这太湖水,我进可攻、退可守,你能把我怎么样?"岳飞哈哈大笑,说道:"杨虎,你不要说梦话了。你回头看看,你的巢穴已经被我占领了!"杨虎回头一看,只见满山红焰,火光冲天。这时,有喽啰乘船来禀报说:"大王不好了!耿家兄弟放出牛皋,劫了营寨,到处放火,我们回不去了!"杨虎大叫一声:"岳飞!我怎么能轻饶你!"说罢,指挥战船发动攻击。岳飞忙命挠钩手搭住四个船队,众将士纷纷跳上船厮杀起来。王贵跳上炮火船,手起刀落,将许宾砍下水。汤怀、张显在弩楼船与花普方战在一处。花普方不敌,潜水逃到岸上,投奔湖广杨幺而去。何进提刀跳下水,冲到岳飞船边,准备偷袭,被王横一铜棍打死在湖中。杨虎见势不好,匆忙跳下水逃命。岳飞见杨虎兵败,下令招抚贼兵、扑灭大火,并将杨虎的家眷送到岸上营寨中。

杨虎逃上岸后,纠集了数百个逃脱的喽啰,一起逃往九江。一行人跑了一夜,天亮时到达无锡大桥边。突然一声炮响,周青、吉青、赵云、梁兴一起杀了出来,杨虎只得举刀迎战四将。但是他战了一天,跑了一夜,人困马乏,根本打不过四人。两三个回合之后,他虚晃一刀,拨马就跑,周青、吉青、赵云、梁兴紧追不舍。跑了一会儿,前面又响起炮声,杨虎大喊一声:"前后夹击,我命休矣!"喊罢举刀就要自刎。正在这时,前面河内有人喊道:"杨将军,你的母亲来了。还不赶快投降?"杨虎仔细一看,只见水面上驶来一二十条小船和三条大船,岳飞站在中间大船的船头,左边是张保,右边是王横,威风凛凛,就像天神一样。杨虎说:"岳飞,你不要骗我。"话音未落,他的母亲从船舱里走出来,呵斥道:"逆子!承蒙岳元帅之恩,我们一家人性命无忧。你还不下马投降,要等到什么时候?"杨虎听罢,连忙跳下马跪在岸边,说道:"感谢岳元帅大恩,杨虎情愿归降。只是我屡次与官兵对战,恐怕朝廷不会赦免我，怎么办？"岳飞上得岸来，双手扶起杨虎，说："因为奸臣当道，天下英雄做错事的不在少数。我当年在校场遭受过冤屈，所以兄弟们也做了不肖的事。当今天子敬贤爱才，将军既能改邪归正，我一定保举将军建功立业。"杨虎连声称谢，忙上船问候母亲。

转天，岳飞与耿氏兄弟、牛皋会合，随即班师回金陵。

第二十三回　余化龙三战终归降

数天后，岳飞率大军回到金陵，将平定太湖、杨虎归降的过程奏明了高宗。高宗大喜，对出征将士进行记功、升赏，并命岳飞征剿鄱(pó)阳湖水寇。岳飞任命牛皋为先锋，带领五千人马立即出发；命王贵、汤怀带领五千人马接应，自己与众将率大军随后进发。

牛皋对自己做了先锋非常得意，一路耀武扬威地来到湖口①。总兵谢昆忙出城迎接，对牛皋说："鄱阳湖中有座康郎山，山上有两个大王，大头领叫罗辉，二头领叫万汝威。手下雄兵猛将不少。其中有个元帅姓余名化龙，十分厉害，所以官兵奈何不了他们。"牛皋问："康郎山离这里有多远？有旱路吗？"谢昆说："离这里不远，走水路有三十里，走旱路有五十里。"牛皋说："我们现在去攻山，你派个士兵引路，然后带着粮草来接应。"说罢，指挥人马向康郎山进发。谢昆暗想："这个鲁莽的匹夫不知深浅，他自己要去，丢了命可与我无关。"

牛皋领兵到达康郎山脚下，吩咐道："占了山再吃饭！"随即下令攻山。罗辉、万汝威得报，命余化龙率兵下山迎战。牛皋见来将头戴烂银盔，座下白龙马，手执虎头枪，竟然和岳飞很像，心里有些惊讶，但并未说话，举锏就打。余化龙笑着说："原来是个村夫！算了，我赏你一枪吧。"说罢连刺了几枪，牛皋累得气喘吁吁，招架不住，拨马便跑。他手下的士兵们一点

① [湖口]
即今江西九江湖口县。

103

儿也不慌乱，稳稳地站定，开弓射箭。余化龙见阵脚不乱、箭似飞蝗，由衷地感叹道："果然名不虚传，岳家军真厉害！"说罢，下令鸣金收兵。士兵们见余化龙退走，纷纷走上去拾箭。

牛皋只顾自己逃跑，纵马跑了十几里，回头一看，竟没有一个士兵跟在自己后面，连忙又掉转马头回到山下。见士兵们在草地上拾箭，牛皋疑惑地问："那个强盗到哪里去了？"士兵们说："我们放箭射他，他收兵回去了。"牛皋高兴地说："妙啊！如果我下次吃了败仗，你们就这样做。"士兵们听罢，纷纷笑了起来。牛皋也不好意思回去见谢昆，只好后退了三十里安营。

转天，王贵、汤怀率军赶到，在湖口安营。两天后，岳飞率大队人马赶到。岳飞看到谢昆与汤怀、王贵，便问："牛皋怎么不见了？到哪里去了？"谢昆说："他一到，就赶到康郎山交战去了。"岳飞听罢，一面命谢昆去催粮，一面吩咐众将士从旱路直奔康郎山。大军走了二十里，牛皋出营来迎接。岳飞见牛皋的营寨扎在路旁，料到他打了败仗，于是就询问贼兵的消息。牛皋便将余化龙如何厉害的情况说了一遍。接着，岳飞下令安营。

过了一会儿，余化龙率兵下山讨战。岳飞命众将士放箭，不得出去交战。余化龙带着喽啰骂了一会儿，见岳飞按兵不动，只得收兵回山。随即岳飞悄悄地下令："众将到营寨四面安歇，以防余化龙今夜来劫寨。以炮响为信号，众将士齐声呐喊，但不能出战。"众将依令而行。

余化龙回到山上，禀报罗辉、万汝威说："岳飞今天不肯出战，今晚必定从水路来攻山，营寨必然空虚。我们将计就计，二位大王镇守水寨，我领兵去劫他的营寨，必定会成功。"罗辉、万汝威大喜，依计而行。二更时分，余化龙领兵悄悄地下了山，呐喊着冲进岳飞大营，但里面却空无一人。余化龙知道中计，拨马便往回跑。突然，轰隆一声炮响，四周发出呐喊声。喽啰们吓得魂不附体，立即四散逃跑。

第二天天亮后，余化龙又率兵下山讨战。岳飞仍然下令坚守不出，余化龙只得收兵回山。黄昏的时候，岳飞换了一身便装，悄悄地带着张保来到康郎山附近，仔细地观察了山势。回营后，他对弟兄们说："康

第二十三回 余化龙三战终归降

郎山的前面靠着鄱阳湖,山势险峻。即使有百万之众,一时间也难以攻破。余化龙武艺高强,我明天与他交战的时候,贤弟们只能旁观,不要助战。等我收服他之后,方能攻下此山,否则就是白费钱粮。即使长期在这里驻扎,也没有用。"

第二天,岳飞与众将带领大军来到康郎山下。余化龙闻报,立即率众喽啰下山迎战。两边军士射住阵脚。余化龙笑着说:"岳飞,我早就听说你是个英雄好汉,可惜你不知天命。宋朝臣奸君昏,气数已尽;二帝被掳,中原无主。你不如归顺我们,开创一番事业,岂不是更好?如果你想依仗一己之力挽回天意,恐怕会遭遇丧身辱名,岂不是让天下人耻笑?"岳飞说:"将军说得不对。宋朝自太祖以来,至今已有一百六七十年。偶然出现奸臣误国,才导致金人扰乱中原。现在人们仍然没有忘记故主,哪有这样的天意?高宗天子泥马渡江,用贤任能,宋朝中兴指日可待。我看将军一表人才,不做国家栋梁,却甘愿成为绿林草寇,是不忠;不能功成名就,反而名声不清白,是不孝;荼毒生灵,残害百姓,是不仁;你虽然是康郎山的英雄,但天下很大,难道没有比你强的吗?一旦失手,身败名裂,是不智。将军有一身本事,却无忠、孝、仁、智,真是一个庸人,怎么能说我不知天命呢!"岳飞这一番话,说得余化龙满面羞愧,无言以对,过了一会儿,才勉强说:"岳飞,我不和你斗嘴。如果你能胜得了我手中的枪,我就投降你;如果你胜不了我,就要投降我们。"岳飞说:"一言既出,驷马难追。如果有一个人助战,就算我输。我们要刀对刀、枪对枪,如果暗中陷害、放冷箭,就不是好汉。"余化龙连声答应,举起虎头枪刺向岳飞。岳飞把沥泉枪一摇,与余化龙战在一起。

两人你来我往,战了四十个回合,仍不分胜负。余化龙架住岳飞的枪,说道:"岳飞,你果然好本事。今天不能胜你,明天再战!"两人随即鸣金收军。岳飞回到营中,对众弟兄说:"余化龙的枪法果然好。如果此人归降,何愁赶不走金人?"众人赞不绝口。

次日,余化龙、岳元帅举枪再战。两个一直打到黄昏时分,仍没分出胜负。岳飞架住余化龙的枪,说道:"余化龙,天色已经晚了。如果要夜战,我就命军士掌灯;如果你不喜欢夜战,我们明天再打。"余化龙点头同意。两人各自鸣金收军。

第三天,两人又战。打到下午,还没有分出高下。余化龙暗想:"岳飞本领高强,我必须用金镖,才能赢他。但现在打倒他,众人都会说我暗算,这有损我的威名。不如将他引诱到山后无人的地方,打倒他。"想到这里,余化龙虚晃一枪,拨马便往山后跑去。岳飞心想:"他枪法未乱,怎么会败呢?其中一定有原因。"便大喝一声:"余化龙,我岂怕了你的诡计?"当即拍马紧追。余化龙边战边跑,暗暗取出金镖,转身喝道:"着!"一镖朝岳飞打去。岳飞哈哈大笑,说:"原来你的武艺不过如此而已。"把头往左边一偏,金镖掉到了地上。紧接着余化龙又打出一镖,岳飞往右边一闪,金镖又掉到了地上。两镖都没打中,余化龙心中发慌,又掏出一支金镖朝岳飞的心窝打去。岳飞伸手一绰(chāo),接住了金镖,说:"余化龙,你还有多少金镖?一起打过来。"余化龙说:"岳飞,你虽然能接住我的镖,但也奈何不了我。"岳飞道:"算了,我虽然没有用过这种暗器,今天就借你的试试看。"说着,将手中镖朝余化龙头上打去。

余化龙伸手接住,朝岳飞打去。两个人打来打去,就像织女用梭子织布一样。打了一会儿,岳飞接住镖,说道:"余化龙,你自命为英雄,能识天命,但你用平生的本事尚不能胜我一个人。天下人之多,怎么会没有超过我的呢?为什么不下马投降,改邪归正,以图荣华富贵呢?"余化龙道:"岳飞,你不要说大话让我下马。如果你能将我打下马,我就投降你;如果不能,我怎么会服你呢?"岳飞大喝一声:"我好意劝你,你却不听,快下马吧!"随即打出手中的金镖。余化龙护住自己的身体,却没料到岳飞一镖将自己马脖子下的挂铃打断。马一惊,立即跳了起来,把余化龙掀翻到地上。岳飞忙跳下马,双手扶起余化龙,说道:"余将军,这匹马没有见过大阵仗,换了后我们再决战。"余化龙满面羞愧,当即跪下,说:"元帅真是天神!小将情愿归降。"岳飞说:"将军如果不嫌弃,我和你结为兄弟。"说罢撮土为香,与余化龙对天立誓。余化龙因为年龄小,尊称岳飞为兄长。

第二十四回　岳飞杨虎施苦肉计

岳飞对余化龙说道："贤弟，我假装中了你的镖逃回去，在众人面前和你再战几个回合，防止他人怀疑。"余化龙点头答应。岳飞上马跑在前面，余化龙随后紧追。回到众人面前，岳飞大喊道："各位兄弟，我中了奸贼一镖，你们快来助战！"汤怀、张显、王贵、牛皋等听罢，一起冲上前。余化龙打了几个回合，假装寡不敌众，败回山上。

余化龙对罗辉、万汝威说："我诈败哄骗岳飞追赶，用金镖打伤了他。正要擒他时，他手下的大将一起冲过来助战，我只能撤回来。大王明天要亲自出马，必然大获全胜。"罗辉对万汝威说："不要怪元帅，他一个人怎能敌得住众手？明天我和你一起出马。"

岳元帅收兵回营，假意对众将说："我被余化龙暗算，几乎失手。幸亏只是打中了手指，没有受伤。"正在这时，探马来禀报说："金兀术派元帅斩着摩利率十万人马攻打藕塘关①，派驸马张从龙率五万人马攻打汜（sì）水关②。情况十分危急，请元帅定夺。"岳飞听罢，一筹莫展，对众将说："鄱阳湖水寇未平定，金兵又来了，怎么办呢？"众将你看我我看你，都束手无策。杨虎忽然说："末将曾与万汝威有一拜之交，他以前常常邀请我一起夺取宋朝天下。不如末将去说服他归降，元帅觉得怎么样？"岳飞大喜，说："将军能为国家出力，真是幸事。去

① ［藕塘关］
位于今安徽定远藕塘镇。

② ［汜水关］
位于今河南荥阳汜水镇。也称虎牢关。

的时候一定要小心，我等着你的佳音。"杨虎随即出营。

杨虎没有走旱路，而是带着十二名水手，驾着一条小船来到康郎山。万汝威问杨虎："贤弟一身本事，而且还有太湖之险，怎么投降了岳飞？今天来见我，要说什么话？"杨虎说："不瞒兄长，小弟在太湖有大炮无敌、水鬼成群、勇将无数，而且粮草充足，但被岳飞打得大败。承蒙他爱才重义，将我收在麾下，并奏明天子，封我为统制。所以今天我来劝二位大哥，不如归顺宋朝，一定能封妻荫子。二位大哥觉得怎么样？"万汝威听罢，顿时勃然大怒，呵斥道："推去砍了！"余化龙慌忙跪下，说："大王刀下留人。"万汝威说："这种没有志气的匹夫，自己无能，屈膝于人，却到这里来胡言乱语，惑乱我的军心，留他干什么？"余化龙说："大王以前有恩于杨虎，今天斩了他，往日之情岂不是化为乌有？"万汝威说："既然这样，那就把他赶下山。如果交战时抓住他，一定不会轻饶。"

杨虎慌忙下山，但来到岸边时，却发现来的时候坐的小船空无一人。原来万汝威要斩杨虎，那十二名水手急忙从旱路逃回去，将情况禀报给了岳飞。杨虎只得央求山上的几个喽啰，帮自己将船摇回去。上岸后，他让几个喽啰在营门外等候，自己进营见岳飞。岳飞说："刚才逃回的水手说你被贼寇斩首，现在你却平安归来，一定是归顺了贼寇，合谋欺骗我。来人，把这个匹夫绑出去砍了！"杨虎大叫道："小将担心元帅猜疑，所以将送我来的喽啰留在营外。请元帅把他们叫进来问问，就知道是怎么回事了。"岳飞便下令将喽啰们叫了进来，问道："你们是鄱阳湖的贼寇，还是被贼寇掳去的乡间百姓？"喽啰们为了活命，都说自己是老百姓，被杨虎掳去的。岳飞微微一笑，说："杨虎，你还有什么话说？给我推出去斩了！这些人既然是乡下老百姓，放他们走吧。"喽啰们听罢，连忙跑回山上报信。

众将见岳飞要杀杨虎，都不敢说话。只有牛皋一边大声喊道"刀下留人！"，一边走到岳飞面前跪下，说："杨虎私通贼寇，虽然该斩，但无实证，不能确定是真是假。求元帅开恩，饶了他的性命。"岳飞说："既然是牛将军求情，饶了死罪，打一百棍吧。"牛皋听岳飞说"饶了"，

第二十四回 岳飞杨虎施苦肉计

还挺高兴。等听说要"打一百棍",他的心一下子沉了下去,想道:"我倒是害了他!如果杀头,痛过就没了。一百棍,岂不活活把人打死?得受多少疼痛!"就想再求情,但又怕岳飞动怒。看着打到二十棍,牛皋实在忍不住,又跪下说道:"做武将的人全靠两条腿,如果打坏了,以后怎么骑马?牛皋情愿替杨将军挨八十棍。"岳飞说:"既然如此,饶了他吧。如果他逃走了,岂不是放虎归山?谁敢担保他?"众将并无人答应。还是牛皋说:"小将愿保杨将军。"岳飞说:"既然你肯担保,写一份保状。"牛皋说:"我哪会写?汤二哥,烦你替我写吧!"汤怀随即写了一份保状,让牛皋画了押,交给岳飞。

接着,杨虎回到自己的营帐,在伤口上涂了药。他心中十分不解:"元帅打我几下倒没什么,但也应该问个明白才是。怎么不明不白地说我私通贼寇?"忽然,家将悄悄地进帐禀报说:"元帅派人来了。"杨虎随即让家将把来人带进帐。来人见到杨虎,递上了一封密信。杨虎拆开看后,立即将信烧了,对来人说:"我知道了。"来人迅速离开了。

睡到半夜,杨虎悄悄地起床,对家将说:"我要去外面走走,得两天才能回来。你们不要声张,就说我在后营养伤,任何事都不要通报。"说罢,偷偷地骑马出了营门,独自奔康郎山而去。天亮后,杨虎上了山,见到万汝威后立即哭着说:"我不听大王的话,差点儿丢了性命!岳飞叫我来说服大王归顺,回去却要斩我,幸亏牛皋保下了我。我被打了数十棍,实在不甘心,就逃到这里。请大王念及我们之间过去的交情,替杨虎报仇,我就是死了,也不会怨恨。"万汝威命士兵看了看杨虎身上的伤口,果然打得非常凶狠。万汝威突然大喝一声:"杨虎,你竟敢效仿当年黄盖用苦肉计①?"杨虎大喊道:"我来错了!"立即从腰间拔出剑,就要自刎。万汝威慌忙起身,双手扶住杨虎的手臂,说:"孤家和你开玩笑,你怎么当真了?你如果早听孤家的话,也不至于现在受苦。"说着吩咐余化龙:"你

① [黄盖用苦肉计] 赤壁之战(208)时,黄盖自告奋勇用苦肉计诈降,使曹操上当,周瑜成功火烧曹营,最终孙权、刘备获得胜利。

带御弟到营中治疗棒伤,设酒款待。"余化龙依令,将杨虎带到自己的营帐。

余化龙边喝酒边想:"杨虎朝秦暮楚,是一个反复无常的小人。"想到这里,便嘲笑杨虎说:"将军前天来劝我的主公降宋,怎么今天反而投降了我的主公?看来凡事不可预料啊!"杨虎说:"将军有所不知,杨虎这一次来,只是为顺天时、结好汉、镖打义弟兄!"余化龙听罢,不禁大惊失色,忙让手下人离开,悄悄地问杨虎:"将军说这句话,是什么意思?"杨虎四下看了看,见没有人,便说:"实不相瞒,现在金兵正在攻打氾水关、藕塘关,元帅不能分兵,心中忧闷,所以派小弟用苦肉计,前来助将军一臂之力。"余化龙大喜,说:"将军真是英雄!我有眼不识,真是惭愧。"两人越说越投机,喝得酩酊大醉。

杨虎逃走后,牛皋非常懊恼,只得硬着头皮去见岳飞,说:"杨虎夜里跑了,不知去向,特来领罪。"岳飞说:"那你就去把他抓来赎罪!"牛皋当即带领五千人马来到康郎山下,大声叫喊:"杨虎狗头,快出来见我!"万汝威得报,命杨虎下山迎战。杨虎说:"小将幸亏牛皋担保才能逃了出来,不好下手,请大王派其他人下山吧。"余化龙自告奋勇请战,带着喽啰冲下山。牛皋大怒,举锏就朝余化龙脑门上打去,余化龙忙举枪架住。二人战了五六个回合,牛皋招架不住,拨马回阵。余化龙也不追赶,鸣金收军。

第二天,岳飞与众将率领大军来到康郎山下,列成阵势。罗辉、万汝威率余化成、杨虎与众喽啰下山迎战。牛皋用手指着杨虎骂道:"你这个无义的匹夫,今天我必杀你!"万汝威拍马上前,大声说道:"岳飞,你空有一身本事,居然不识天时!宋朝气运已尽,你何苦白费力气保昏君?如果不归顺孤家,今天一定活捉你。"岳飞说:"你们还是趁早归降,以保性命。如果执迷不悟,性命就在顷刻之间!"罗辉大怒,喊道:"谁给我拿下岳飞?"余化龙说:"我去拿下他!"说罢,举枪就将万汝威刺死。杨虎随即手起刀落,将罗辉砍成两段。岳飞立即指挥大军冲杀。喽啰们死的死,逃的逃,其余的都投降了。

直到这时,众将才知道岳飞与杨虎用的是苦肉计。牛皋说:"这样的事也不提前通知我一声,只拿我当呆子。下回打死他,我也不管闲事了。"

第二十五回　牛皋醉酒劈死金将

平定鄱阳湖转天，岳飞一面命牛皋带领五千人马星夜救援氾水关，余化龙、杨虎领五千人马救应；一面写文书进京报捷，举荐余化龙为统制，然后率大军向氾水关进发。

牛皋兵至氾水关时，金兵已经占领该关。牛皋挥师至关下讨战，一名金将出关迎战。牛皋询问对方的姓名，金将说："俺是金邦老狼主的驸马张从龙。你这个南蛮既然来找死，报上姓名。"牛皋说："爷爷是总督兵马扫金大元帅岳飞部下正印先锋牛皋老爷。先试试老爷的锏。"说罢"唰"的一锏，直接打向张从龙，张从龙举起两把八棱紫金锤架住。战了十几个回合，牛皋力怯，招架不住张化龙的重锤，拨马往回就跑，大喊道："照旧放箭！"士兵们齐声答应，乱箭齐发。张从龙不敢追击，只得鸣金收兵。

次日，余化龙、杨虎率兵到达。牛皋对杨虎骂道："你这厮，自己要功劳，却鬼头鬼脑地骗我。我以前每次出兵，都能打胜仗。自从被花普方在水上淹了一次，出门就打败仗。"杨虎悄悄地对余化龙说："他自己打了败仗，反倒抱怨我们。"余化龙说："我们攻下氾水关，将功劳送给他，算是和他和解，也省得烦恼。怎么样？"杨虎点头同意。二人随即回到营中，集合队伍来到氾水关下。

张从龙见宋军杀到，立即率金兵开关迎战。余化龙奋勇当先，与张从龙打了起来。二人枪来锤去，战了二十回合，没分出胜负。余化龙自言自语地说："怪不得牛皋败了，这厮果然厉害！"随即虚晃一枪，诈败

第二十五回　牛皋醉酒劈死金将

而走，张从龙拍马紧追。余化龙悄悄地取出金镖，突然回身甩出一镖。张从龙前心中镖，翻身落马。杨虎冲上去就是一刀，砍下了首级。金兵见主将阵亡，立即四散逃走。余化龙、杨虎率军顺利地夺回了汜水关。

转天，余化龙、杨虎一起去见牛皋。余化龙说："我们拿下汜水关了。"牛皋说："你们立功，告诉我干什么？"余化龙说："昨天听说将军抱恨杨虎，我们攻下汜水关送给将军。一则让将军重起运气，二则作为小将初次见将军的见面礼。将军以后不要骂杨将军了。"牛皋问："元帅来了怎么说？"余化龙说："让牛兄去报功，小弟们不报。"牛皋说："这样说，倒麻烦你们了。"

数天后，岳飞率大兵赶到，牛皋、余化龙、杨虎一起出关迎接。岳飞问："攻下汜水关是谁的功劳？"三人都没说话。岳飞又问："为什么不报功？"牛皋忍不住，开口说道："我不会说谎，关是他俩攻下来的，说把功劳让给我，我也不要，还是算他们的吧！"岳飞说："既然这样，你去救藕塘关，我随后就到。"牛皋领兵而去。岳飞给余化龙、杨虎记下功劳，随即率兵朝藕塘关进发。

过了几天，牛皋来到藕塘关。守关士兵连忙禀报总兵金节，说岳元帅领兵已到关下。金节忙出关跪下迎接，说："藕塘关总兵金节，迎接大老爷。"牛皋说："不要叩头了，我是统制牛皋，元帅还在后面。"金节一听，立即站起来，心里十分生气，暗想："统制见了我应该叩头，怎么反叫我不要叩头？"于是下令将报信的士兵斩首。牛皋大怒，说："不要杀他！你既然本事高强，用不着我们，我们还是回去吧。"说罢下令撤回。金节想："这个匹夫是岳元帅的爱将，得罪了他，将来会有很多麻烦。"于是忍气吞声走上前，好言说道："牛将军，请息怒。我是责怪他报信不清楚。既然将军说话，就算了吧！"牛皋说："这就对了！你如果难为他，我就没面子了。"金节忙将牛皋请进关内。

二人来到总兵衙门大堂。金节一面请牛皋喝茶，一面摆出酒席。牛皋说："幸好你摆这酒席请我，我还领你的情。如果请元帅，就有罪了。"金节忙问为什么，牛皋说："元帅每顿饭前，总是向着北方流泪。因为二帝还在金国，做大臣的就是吃一餐素饭，都是过分。我们常劝元

113

帅，为国为民劳心费力，吃些荤菜也不算罪过。在我们的再三劝解下，元帅现在才吃一些鱼肉。如果他看到这样丰盛的酒席，岂不要怪罪你？"金节听了，连声道谢。牛皋说："索性都告诉你得了。元帅最喜欢的菜是豆腐，因为在大名府内黄县考试时，他就是吃豆腐起身的。他说：'君子不忘其本。'所以最爱豆腐。"金节说："原来如此。非常感谢将军的指教。"牛皋说："金总兵，你这顿酒席，真是诚心请我的吗？"金节说："当然是诚心请将军的。"牛皋说："既然这样，那就取大碗来。"金节忙叫手下取出大碗。牛皋一连吃了二三十碗。金节暗想："这样一个好元帅，怎么用这种蠢匹夫为先锋？"

这时，守关士兵来禀报说金兵已至，金节看牛皋有八九分醉意，就悄悄下令各门加兵防守。牛皋问："金爷，你鬼头鬼脑，不像待客，有什么话尽管说。"金节说："我见将军醉了，所以不敢说。金兵来了！"牛皋说："妙啊！金兵来了，为什么不早说？快拿酒来，喝了好去杀金兵。"金节不情愿地说："这里有酒了。"牛皋说："人们常说：喝了十分酒，才有十分气力。快拿酒来！"金节无奈，只得让人拿来一坛陈酒。牛皋双手捧起来，一口气喝了半坛，说："剩下的半坛酒，一会儿拿上来给我喝。"说罢站起身，跟跟跄跄地走出衙门，众人只得扶他上马。他晃晃悠悠地率一队士兵出了城。

金军首领是元帅斩着摩利之。他是一员步将，身高一丈，使一根浑铁棍，足有一百多斤。见牛皋喝得烂醉，在马上东倒西斜，斩着摩利之把铁棍一头竖在地下，一头贴在胸前，就像公堂上的差役一样。牛皋也不理他，叫道："快把酒拿上来。"士兵忙将剩下的半坛酒送到牛皋面前，牛皋双手捧起来就喝。这时，一阵风吹来，酒劲上涌，牛皋张口就吐，全喷在斩着摩利之的脸上。斩着摩利之连忙用手一抹。牛皋吐了后，变得有些清醒，睁开眼一看，只见一个金将在自己面前抹脸，当即举锏就劈，正中斩着摩利之的天灵盖，斩着摩利之当场毙命。牛皋大喜，指挥队伍发起进攻，将金兵杀得尸横遍野、血流成河。

第二天，金节与夫人戚氏一起吃早饭。戚氏说："我昨夜梦见一只黑虎走入后堂，妹妹戚赛玉也梦见被黑虎抱住，不知道是吉是凶？"金节

第二十五回　牛皋醉酒劈死金将

说："真是奇事！我昨晚也梦见黑虎进屋。莫非令妹的终身大事，和此人有关吗？"戚氏问："'此人'是谁？"金节说："就是岳元帅的先锋牛皋。他面黑短须，身穿皂袍，分明就是个黑虎。我看他虽然鲁莽，但将来必定能做大官，不如将令妹许配给他。不知道夫人觉得怎么样？"戚氏点头同意。金节说："我去问问他的家将，如果他没娶亲，今天是吉日，就让他与令妹完婚吧。"戚氏大喜，转身进房告诉了妹妹。

金节走出衙门，叫来牛皋的家将询问。得知牛皋还未娶妻，金节大喜，立即命人张灯结彩、准备花烛，并派人给牛皋送去一套新衣服，嘱咐说："不要说什么，就说请他喝酒。"不一会儿，牛皋穿着新衣来了。

走进大堂，牛皋看到一片娶亲的喜庆场景，心想："原来是请我来喝喜酒。"见到金节，牛皋便问："是谁成亲？我也没准备贺礼，只得后补了。"金节说："今天是吉日，我将妻妹送给将军成亲。"随即大声喊道："请新人出来！"牛皋听见这番话，脸涨得和猪肝的颜色一样，转身就跑了。戚氏着急地说："他跑了，岂不误了我妹妹的终身大事！"金节说："夫人不必担心。等元帅来后，我去禀明，他一定会成全这门亲事。"

过了一会儿，有人来禀报说岳元帅大军已至。金节来不及换衣服，直接上马出关迎接。岳飞没看见牛皋，暗想："牛皋怎么没来？难道又打败仗了？"这时，金节将牛皋醉酒杀金将的过程叙述了一遍，并说："我的妻子戚氏有一个妹妹，年方十七，还没有嫁人，就想许配给牛先锋。今天恰好是吉日，便请牛先锋到府内完婚，不料他竟然跑了。请元帅成全。"岳飞说："你先回去，一会儿我把他送去完婚。"金节立即回衙告诉了夫人。

安营之后，岳飞便让汤怀将牛皋叫来。牛皋打算换衣服，却被汤怀一把扯住。两人一起上马，来到岳飞帐中。岳飞说："结婚是人伦大事，你怎么跑了？岂不是害了人家？现在为兄的送你去成亲。"说罢换了袍服，带着牛皋一起来到总兵衙门，与戚赛玉拜了天地。

完事后，岳飞回到帐中坐下，对众将说："各位贤弟，从今天起，把军令中'临阵招亲'这一条款删去。如果贤弟们遇到婚姻大事，不用禀明，就可成亲。"众将纷纷表示感谢。

第二十六回 岳飞离间计杀刘豫

① [七月十五]
中元节,也称鬼节。

② [羹饭]
指用新收的米或谷与新收的瓜、果一起煮成粥。是祭祀供品之一。

　　转眼就到了七月十五①,岳飞让众将士在营中做羹(gēng)饭②。牛皋和吉青偷偷找到一处幽僻的地方,边喝酒边聊天。喝了一会儿,牛皋起身上厕所,在草丛中发现一名奸细。二人连忙将奸细绑了起来,带到岳飞营帐。岳飞一见他的穿衣打扮,就知道他是金国的奸细,于是假装喝醉了,大声说道:"快松绑!张保,我派你去山东送信,怎么躲在山中,被牛老爷抓住了?信在哪里?估计你丢失了,所以不敢回来见我。"那人无奈,只得回答道:"小人该死!"岳飞说:"没用的狗才!我再写一封信,如果你又丢了,回来一定斩了你!"说罢,写好信并做成蜡丸,然后让人把他的腿肚子割开,用油纸包好蜡丸放了进去,再将伤口裹好。那人爬起来,慌忙离开了。

　　牛皋十分不解,呆呆地看着那人走了,才回过神问岳飞是怎么回事。岳飞笑着说:"你哪里知道?兵行诡道。你把这个奸细杀了,也无济于事。我早就想领兵去取山东,但又担心金兵攻打藕塘关,所以将计就计放他走。"牛皋这才恍然大悟。接着,岳飞命探马前往山东探听刘豫的消息。

　　被牛皋抓住的人是兀术手下的一个参谋,叫忽耳迷。兀术派他到藕塘关探听岳飞的消息,不料被牛皋抓住。他忍着疼痛回到河间府,立即禀报兀术说:"臣在藕塘关被牛皋抓住,带去见岳飞。谁知岳飞喝醉了,把臣错认为张保,让臣送一封信

第二十六回 岳飞离间计杀刘豫

到山东。信在臣的腿肚子里。"兀术遂命人取出蜡丸。他打开信一看,原来是刘豫暗约岳飞领兵取山东的回信。兀术勃然大怒,当即命元帅金眼蹈魔、善字魔里之领三千人马前往山东,将刘豫全家斩首。军师哈迷蚩担心是岳飞的反间计,劝阻兀术不要草率行事,但是兀术没听。

过了几天,在山东卧牛山占山为王的岳真、孟邦杰、呼天保、呼天庆、徐庆、金彪,带着一万多喽啰来投奔岳飞。原来,孟邦杰全家被刘豫的次子刘猊杀死。他逃走后遇到岳真等五人,劝他们投奔岳飞,请岳飞派兵去山东捉拿刘猊报仇。岳飞非常高兴,设宴款待了六人。

又过了几天,派往山东的探马回来禀报说:"刘豫长子刘麟因为弟弟杀了孟邦杰全家,坠城而死。兀术派元帅金眼蹈魔、善字魔里之领三千士兵,将刘豫全家都杀了。只有刘猊在外打猎才逃脱,但不知去向。"众将听罢,纷纷赞叹岳飞计谋高明。

兀术派人杀了刘豫一家之后,又命粘罕带领十万人马攻打藕塘关。岳飞得报,随即调兵遣将,命周青率五千人在藕塘关南边安营,命赵云率五千人在西边安营,命梁兴率五千人在东边安营,命吉青率五千人在北边安营。

数天后,粘罕率大军在离藕塘关十里之处安营。粘罕独自坐在帐中,暗想:"以前在青龙山有十万人马,没有提防,谁知在二更时分被岳飞单人独马踹了大营。今天如果他再冲进来,岂不又要遭殃?"想了一会儿,他悄悄地命士兵们在帐前挖好陷坑,两边埋伏了挠钩手,以防岳飞劫营。接着,粘罕又挑选一名士兵假扮成自己,坐在帐中,点着两根蜡烛看书。

当天夜里,吉青对家将说:"上一次在青龙山时,我中了粘罕的调虎离山计,让他逃走了,被大哥埋怨。现在他又来了,我不去把他捉来,要等到什么时候?"说罢,上马来到粘罕营寨门口,举起狼牙棒呐喊一声,冲了进去。金兵被杀得措手不及,纷纷逃跑。吉青一直冲到中军帐前,看见里面坐着一个人,身材高大,面如黄土,头戴双龙闹珠皮冠,

117

① [大红猩猩毡]
一种红色的御寒衣料。传说用猩猩血染的布料永不褪色，故而得名。

身穿一件大红猩猩毡①战袍。吉青以为他就是粘罕，心中顿时大喜，拍马就往帐里冲。忽然"轰隆"一声巨响，吉青连人带马掉进了陷坑。金兵齐声呐喊，用挠钩把吉青拉了上来，五花大绑押着去见粘罕。粘罕见是吉青，立即下令推出去斩首。一位名叫铁先文郎的元帅在一旁喊道："刀下留人！"粘罕说："这个吉青，留他干什么？那天我差点儿死在他手里。今天抓住他，哪有不杀的道理？"铁先文郎说，"临走之前，四狼主曾说：'如果抓住吉青，必须把他押往河间府，我要报爱华山之仇。'"粘罕恍然大悟，遂命大将金眼郎郎、银眼郎郎率一千士兵将吉青押往河间府。

　　第二天天一亮，吉青家将发现吉青没回来，连忙报告了岳飞。岳飞立即披挂整齐，命汤怀、张显、牛皋、王贵、施全、张国祥、董芳、杨虎、阮良、耿明初、耿明达、余化龙、岳真、孟邦杰、呼天保、呼天庆、徐庆、金彪，与在关外驻扎的梁兴、赵云、周青等，率军一起杀进粘罕营寨。金兵也不抵挡，四下散开，让出了大路。岳飞心想："金兵让路，一定有诡计。"于是命众将分成四路，从左右两边包抄到后营冲杀。金兵抵挡不住，纷纷往前营败退。慌乱中，很多人掉进陷坑，竟将陷坑填满了。粘罕带领众将士从左右两边迎战，但根本抵挡不住宋兵的进攻。杀了一会儿，金兵尸横遍野，血流成河。粘罕无奈，只得与众将各自夺路而逃。岳飞随即率军追赶。

② [官塘]
即官道。旧时官府为了让官员顺利办事而修建的道路。

　　金眼郎郎、银眼郎郎押着吉青星夜向北赶路。一天夜里，在一处官塘②上，一个大汉突然冲出来拦住了他们的去路。原来这个大汉是河间府节度张叔夜的长子张立。他与兄弟张用在外避难时失散，自己一个人四处漂泊。听说岳飞驻扎在藕塘关，就赶去投奔，不料偶遇给岳飞送粮草的河口总兵谢昆，二人起了冲突。发现谢昆是岳飞的手下后，张立急急忙忙逃走了。他发现一队金兵押着一辆囚车向北而行，就想："他们向北走，囚车里一定是宋将。我救下这员宋将，带着他去见岳元帅，正

第二十六回 岳飞离间计杀刘豫

好将功折罪。"于是冲上前举棍就打。金眼郎郎、银眼郎郎大怒，赶上前与张立战在一处。没过几个回合，二人先后被打死。吉青见状，猛地将双臂一挣，两脚一蹬，踹散了囚车，冲下车从一名金兵手里夺下一根狼牙棒，跳上马就追金兵而去，竟没有理睬衣衫褴褛的张立。张立十分生气，但也没有办法，只得继续向前走去。

这里有座山，叫猿鹤山。一个名叫诸葛英的好汉与公孙郎、刘国绅、陈君佑在此占山为王，手下有四千多人。四人得知山下来了一队金兵，于是率众喽啰下山拦住金兵厮杀起来。过了一会儿，吉青赶到。四人看见吉青蓬头垢面，以为吉青也是金将，于是将他围住。这时，恰好张立走了过来。他看见吉青与四人交战，渐渐不敌，便冲上前加入战团。

六人正杀得难解难分时，粘罕带着残兵败将逃了过来。他发现前方有宋人，慌忙下令走小路，上山逃命。

岳飞追到猿鹤山下，发现粘罕与金兵都不见了，只有吉青和一个衣衫褴褛的大汉与四人战在一处。岳飞看了一会儿，见吉青之外的五个人都十分骁勇，心里非常喜欢，遂高声喊道："你们是什么人，竟敢阻拦我的人马，放走金兵？"六人一听，连忙住手。诸葛英问："你们是哪里的兵马？是来与我们交战的吗？"牛皋说："你眼睛又不瞎，没看见岳元帅的旗号吗？"诸葛英一听，慌忙带着公孙郎、刘国绅、陈君佑下马，走到岳飞马前跪下，说："小将诸葛英，与兄弟公孙郎、刘国绅、陈君佑在猿鹤山占山为王。因看见金兵，所以拦住截杀。不料遇到这位将军，误认他是金将。"岳飞忙下马将四人扶了起来，说："现在朝廷正在用人之际，你们何不归顺？"四人大喜，当即就答应了。

岳飞见张立呆呆地站在路旁，便问："你是什么人？为什么帮吉青与他们交战？"张立顿时泪流满面，将自己的姓名和经历说了一遍。岳飞听完张立的讲述，便说："原来是张节度使的儿子，而且立了功。我会写奏本送进京，奏明皇上授予你官职。"张立十分高兴，拜谢了岳飞。

接着，岳飞让吉青谢过张立的救命之恩，率诸葛英等人回到藕塘关。

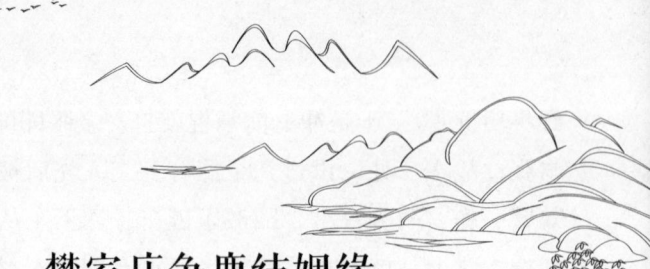

第二十七回　樊家庄争鹿结姻缘

① [汝南]
即今河南驻马店汝南县。

一天，岳飞在帐中与众将议事。忽然钦差送来圣旨，命岳飞征讨汝南①曹成、曹亮。岳飞随即命牛皋率所部人马前往茶陵关，等自己到达后再进军；命汤怀、孟邦杰押送粮草到军前；命谢昆催粮并护送至茶陵关；命金节镇守藕塘关。过了两天，岳飞率大军离开藕塘关，奔茶陵关而去。

牛皋兵至茶陵关，立即下令到关前讨战。一名身高一丈二、使一条铁棍的步将，率五百人冲了出来。牛皋见他满脸乌黑，哈哈大笑着说："你这个人，真像我的儿子。"那名步将大怒，提棍就打。打了十几个回合，牛皋招架不住，拨马便往回跑走，大声叫道："照旧射箭！"士兵们呐喊一声，乱箭齐发。那名步将也不追赶，就率兵进关。牛皋忙下令在路旁安营。

过了两天，岳飞率大军赶到。牛皋说了交战经过和对手情况，岳飞问："哪位将军前去攻关？"张立从一旁走上前，说道："牛将军说的那员步将，好像末将的兄弟。末将出去会会他。"说罢领兵来到关前讨战。等那员步将出关，张立仔细一看，果然是自己的兄弟张用。两人假装着战了三四个回合，跑到一个僻静的地方。张立站定，转身说道："兄弟，你怎么会在这里？"张用说："哥哥，我自从与你失散之后，无处栖身，在这里投靠了曹成，他封我为茶陵关总兵。哥哥要是也归降，我们兄弟团聚，同享富贵，岂不是好？"张立说："兄弟，曹

成、曹亮不过是个叛国草寇。现在康王在金陵即位,是名正言顺的宋帝。况且岳元帅足智多谋、兵精将勇,茶陵关哪能保得住?一旦失守,后悔就晚了!"张用说:"既然这样,那明天我诈败,献关给哥哥。"两人随即跑回关前,又假装战了三四个回合,各自收兵。第二天,张用诈败,将茶陵关献给了张立。岳飞大喜,给二人记了首功,立即派人送奏本去金陵,保举二人为统制;同时派人催运粮草,准备攻打栖梧山。

谢昆护送粮草,沿大路朝茶陵关进发。走了两天,队伍来到九宫山下。一位叫董先的大王,带着陶进、贾俊、王信、王义四个兄弟和五千多人马,在这里占山为王、打家劫舍。董先得知岳飞的粮草从山下经过,不觉哈哈大笑,对四个兄弟说:"我正想着夺取宋朝天下比在这里占山为王强很多。宋朝现在只靠岳飞一个人,如果能抓住岳飞,还担心什么大事干不成?现在他的粮草从此经过,怎么能轻易放过去!"说罢点起一千喽啰,埋伏在半山中。等谢昆运粮队伍走到近前,董先率喽啰冲下山,一字摆开,大喝一声:"咄!你是什么人,竟敢从这里经过?快把粮草送上山,饶你狗命!"谢昆被吓得魂飞魄散,只得躬身说:"大王不用生气!小官是湖口总兵谢昆,奉岳元帅命令,护送粮草经过这里。小官年老体衰,不是大王的对手。如果大王抢走了粮草,元帅必然会斩我和全家。希望大王可怜可怜我,放我过去,万分感激!"董先听罢,仔细看了看谢昆,见他的胡须果然白了,便说:"谢昆,你倒是个老实人,我不抢你的粮草。你在这里安营,赶快派人去报告你的元帅,就说九宫山铁面董先大王拦住了粮草,要岳飞亲自来交战。如果迟了,别怪我抢走粮草。"谢昆无奈,只得就地安营,急忙写好文书,派人星夜送往茶陵关。

岳飞看到谢昆的文书,当场勃然大怒,命施全带领五百人马赶往九宫山。谢昆见只有施全一名大将来了,十分担心赢不了董先。但施全满不在乎,立即提戟上马,到山下叫战。董先迅速集合好喽啰,拿起虎头月牙铲纵马下山。两人一照面,董先举起月牙铲便打,施全举戟挡住。只听"当"的一声,月牙铲打在戟杆上,震得施全两臂麻木。董先一连几铲,施全招架不住,拨马就跑。董先追了四五里没有追上,只得收兵回山。

施全一口气跑了二十多里，回头看董先没有追上来，才勒住马喘息。忽然，一位头戴虎头三叉金冠、身穿大红团花战袄、座下一匹红马的少年，带着十四五个手执器械、骑马的家将，从施全身边驰过。施全大声喊道："前边有个强盗十分厉害，你们别白送了性命，赶紧往回走。"少年说："将军怎么知道前边有强盗？"施全说："我是岳元帅麾下统制施全，奉命前来解救被九宫山强盗拦住的护粮总兵谢昆。谁知强盗本领高强，我被打败了。我让你们回去，是为你们好。"少年一边感谢施全，一边吩咐家将取出自己的铠甲。接着，两个家将抬出一杆虎头錾金枪。少年披挂整齐，将枪绰在手中，说道："施将军，带我去捉拿这个强盗。"施全看他的装束，估计他有些本事，便说："小将军，你尊姓大名？这个强盗确实厉害，你不要小看他！"少年说："我去会会这个强盗。如果赢了，就告诉你我的姓名；如果输了，你也不用知道我的姓名。"施全无奈，只得带着少年奔九宫山而走。

不一会儿，一行人来到九宫山下。少年高声喊道："快叫董先下来，领教领教我的手段！"董先得报，立即飞马下山。少年说："我看你的样子也像是好汉。我要去投奔岳元帅，不如你和我一起去。如果你一味逞强，小心性命不保！"董先大怒，说："你这小毛虫有什么本领，竟敢口出狂言？"说罢一铲打过去，少年挥起虎头枪，将月牙铲拨到一旁，然后接连刺出几十枪，杀得董光手忙脚乱，浑身大汗。董先招架不住，只得往上山逃去。

陶进、贾俊、王信、王义让过董先，一起冲下山来。四人一见少年，慌忙跳下马，齐声喊道："啊呀！原来是公子！"少年也下了马，说："我的祖父叫你们去投岳元帅，你们怎么在这里落草？"原来少年叫张宪，四人是张宪祖父手下的将领，所以认识他，便说："我们投奔岳元帅途中从这里经过，被董哥抓住，结为兄弟。公子为什么在这里？"张宪说："我遵祖父之命，去投奔岳元帅。路上遇见了施将军，说你们挡住了岳元帅的粮草，所以来到这里。你们在此为盗，终无结果。不如劝董先一起与我投奔岳元帅吧。"四人依言，上山去劝董先。过了一会儿，四人下山告诉张宪，说董先佩服他是一位英雄，情愿和他一起投奔岳飞。次日，

第二十七回　樊家庄争鹿结姻缘

董先、陶进、贾俊、王信、王义收拾妥当，放火烧了山寨，率众喽啰下山与施全、张宪、谢昆一起奔茶陵关而去。

押运粮草的汤怀、孟邦杰，也遇到了麻烦。一天，队伍来到一块非常平坦的地方，汤怀下令安营做饭，并对孟邦杰说："贤弟，这几天赶路辛苦，我们一起到山里猎些野味来下酒，怎么样？"这话正中孟邦杰下怀，他当即同意了。二人出营上马，一路往山下搜去。走了一会儿，汤怀发现一只大鹿在前面吃草，于是拈弓搭箭，一箭射中鹿背。大鹿带着箭往前逃去。二人立即拍马追赶。追了有十几里，突然，两个长得十分漂亮的女将率一队女兵从树林里冲了出来。一名使双刀的女将抬手就是一箭，正中大鹿。大鹿当场滚到地上，被众女兵用绳索捆住抬走了。

汤怀、孟邦杰赶上前，高声叫道："这鹿是我们射中的，快还给我们吧，不要惹我们动手。"一名使双剑的女将呵斥道："胡说！这鹿明明是我妹妹一箭射倒的。你想要赖，只怕我手中双剑不答应。"汤怀大怒，把枪倒转，用枪杆朝那女将连刺数枪。那女将力怯，招架不住。使双刀的女将把马一拍，冲上来助战。孟邦杰也抡开双斧，加入战团。两名女将抵挡不住，拨马就跑。汤怀、孟邦杰不肯罢休，随后追赶。

跑了两三里，来到一座背靠高山的大庄院，两名女将带着女兵进庄，关上了庄门。汤怀追到庄门口，大声叫喊："快把鹿送出来，一点儿事没有。如果惹我生气，我一把火把这庄院烧成平地！"庄院里根本没有动静。孟邦杰说："哥哥，我们打进去，怕他干什么？"二人正要动手，庄门忽然开了，一位老者带着三四个挂着腰刀的家将走了出来。汤怀正要开口，孟邦杰抢先一步，在马上躬身施礼，说道："我们是岳元帅麾下护粮统制。今天从这里经过，射倒一头鹿，被你庄里的两个女将抢走了，所以上门来要。"老者听罢，说："原来是为一只鹿，大惊小怪！二位既然是护粮将军，就请进去喝茶。刚才那两个女将是小女，一会儿我把鹿要来还你们。"汤怀、孟邦杰见老者言语温和，遂下马跟随老者进了庄。

二人到大厅上坐定，介绍了自己的姓名和来历。老者说："我姓樊

① [冀镇]
即蓟镇，治所在三屯营（即今河北迁西三屯营镇）。

名瑞，以前是冀镇①总兵，现在告病休官在家。此庄叫樊家庄，庄院后面的高山叫八卦山。"随即吩咐设宴，款待汤怀、孟邦杰。二人连忙起身感谢，并准备告辞。樊瑞将二人挽留住。喝了几杯酒之后。樊瑞说："二位将军在外征战，想念家中父母、妻儿吗？"汤怀说："不瞒老伯说，我的父母都已去世。连年跟着岳元帅南征北战，一直没有娶妻，也没什么牵挂。"孟邦杰听罢潸然泪下，将刘猊杀自己全家的事说了一遍。樊瑞说："我以前任总兵，因为奸臣当道，不愿做官，所以隐居在这里。我已经快六十岁了，儿子还年幼。两个女儿喜欢抡刀舞剑，今年虽然及笄，但还没许配人家。我昨夜梦见两只猛虎追着一头鹿冲进内堂。今天二位到此，真是天缘。我想招赘二位为婿，将两个女儿许配给你们。不知道二位觉得怎么样？"二人心中大喜，当即答应了。樊瑞立即命人准备花烛、喜宴，让两个女儿和汤怀、孟邦杰拜了天地。

汤怀、孟邦杰在樊家庄住了五六天后，见过樊瑞的儿子樊成，便辞别岳父母与妻子，押送粮草赶到茶陵关，将捉鹿成亲的经过告诉了岳飞。岳飞非常高兴。

没过两天，谢昆、施全赶到，把遇见张宪、九宫山董先归顺的经过详细禀明了岳飞。岳飞大喜，下令设宴庆贺，款待新加入的六员大将。

第二十八回　岳飞两擒两纵元庆

一天,岳飞与众将在营帐中闲谈,对张用问道:"你在曹亮、曹成手下做官,知道这两个人用兵怎么样吗?"张用说:"他们水里的本领非常好,手下大将贺武、解云武艺十分了得。因为曹成好结交朋友,所以有不少英雄投奔了他。不过,这些人都是无谋之辈,不足为患。只有栖梧山上的元帅何元庆有万夫不当之勇,元帅须要防备他。"岳飞听罢,心中暗喜。

等安排好粮草之后,岳飞率大军到离栖梧山十里之处安营,第二天一早便至山下讨战。何元庆闻报,戴上烂银盔,穿上金锁甲,手拿两柄银锤,纵身跳上嘶风马,冲下山迎战。岳飞见他威风凛凛、相貌堂堂,心想:"如果此人能归顺我,何愁二圣不还?"这时,何元庆问:"来将是岳飞吗?"岳飞说:"既然知道我的姓名,为什么不投降?"何元庆说:"你是名将,我早就想投降,只是我手下有两员家将不同意,所以就断了念头。"岳飞说:"凡是做大将的,君命尚且有所不受,你怎么会被家将牵制?亏你还统率军队,真是可耻!"何元庆说:"我的这两个家将不同于别人,从小就跟随我,不曾离开半步,我也不能离开他们片刻。"岳飞当即提出要见这两个家将,何元庆把手中两柄银锤一挥,说:"岳飞,这就是我的两个家将!你问问他们肯不肯投降。"岳飞勃然大怒,"唰"的一枪,朝何元庆劈面刺去。何元庆举锤相迎。两人棋逢敌手,一直战到未牌时分,也没分出胜负。突然,何元庆用锤架住岳飞的枪,说:"明天再与你厮杀!"岳飞听罢,随即鸣金收军。何元庆回到山上,悄悄地准备夜里下山劫营。

岳飞回到营帐后，对众将说："我看何元庆忽然收兵，今晚一定来偷袭。"说罢，命汤怀带着士兵在营寨门口挖好陷坑，盖上浮土；命张显、孟邦杰率挠钩手埋伏在陷坑两边。命牛皋、董先各带一千士兵埋伏起来，截住何元庆的归路。接着，岳飞将自己的营帐移到营寨后方。

二更时分，何元庆带领一千士兵悄悄地下了山。他见宋营寂然无声、灯火不明，立即率士兵们冲进宋营。不一会儿，何元庆连人带马掉进了陷坑。张显、孟邦杰率伏兵一拥而上，用挠钩将何元庆拽出陷坑绑了起来。那些士兵见主帅被擒，立即转身就逃。董先、牛皋冲出来，拦住了他们的去路。士兵们齐刷刷地跪下，投降了董先、牛皋。

天亮后，刀斧手将何元庆押进岳飞帐中。何元庆昂首挺胸，也不下跪。岳飞赔着笑脸，站起身说："请将军归顺宋朝。"何元庆说："我因为贪功中了你的奸计。要杀就杀，我不服！"岳飞随即下令给何元庆松绑，并将马匹、双锤和一千士兵还给了他，让他回去整兵再战。何元庆领着士兵们又羞又恼地回了栖梧山。

第二天，岳飞问张用："有别的路通栖梧山吗？"张用说："后山有条小路，可以上去。不过隔着一条山溪，虽然不深，但路窄难走。"岳飞十分高兴，命张用、张显、陶进、贾竣、王信、王义率三千步兵，每人扛着一口袋沙土，在二更时分赶到山溪边，将沙袋都填进去，然后过山溪杀入寨中，以放火为信号。接着，岳飞又悄悄地写了两封密信，让杨虎、阮良与耿明初、耿明达分别按照密信行事。

这时，何元庆来到营前讨战。岳飞立即出营，与何元庆战在一处。两人一直厮杀到黄昏，也没分出输赢。岳飞说："将军，天色已晚。如果你喜欢夜战，我们就让士兵点起灯球、火把，可以战到天明。如果你觉得辛苦，就回去养好精神，明天再来。"何元庆大怒，当即命士兵们点起灯球、火把，与岳飞接着厮杀。

两人杀到将近三更时分，栖梧山上突然喊声大作、火光冲天。岳飞收起枪，说："何元庆，山上着火了！你快回去救火！"何元庆回头一看，只见满山通红，心里大吃一惊，连忙拨马往山上跑。跑了没一会儿，

遇到一群逃下山的将士。他们说："茶陵关张用带领人马从后山杀了上来,到处放火,夺了山寨。我们抵挡不住,只得往山下逃。"何元庆十分生气,咬牙切齿地大骂张用,但也没有办法,只得带领残兵败将奔汝南而去。

天亮后,何元庆来到一条河边。河上的桥已经被拆断,周围也没有船只。他长叹一声,说道:"苦啊!我要死在这里了!"话音未落,忽然一声炮响,水面上驶来一队小船,前面两条船的船头站着杨虎、阮良。二人手拿兵器,高声叫道:"何将军,我奉元帅的命令,在这里等你多时了,请将军和我们一起回去。"众人见宋兵突然出现,吓得魂飞魄散。何元庆也不答话,拨马就跑。

何元庆跑了半天,来到白龙江边。江里波浪翻滚、水流湍急,岸边一条船也没有。何元庆十分着急,就想回去与岳飞拼命。这时,几名士兵发现芦苇丛中有两只渔船。何元庆立即纵马跑过去,大声喊道:"渔翁,快来救我!我是栖梧山上的大元帅何元庆!渡我过去,重重谢你。"两名渔翁听罢,将船撑到岸边。何元庆问:"你们的船太小了,怎么能把我的马渡过江?"渔翁说:"老爷坐小人的船,把两柄锤子放在我兄弟的船中。老爷身体重,大江大水不是儿戏,哪里还顾得上马!"何元庆只得上了一条船,把锤子放在另外一条船上。

船驶离岸边后,岳飞率追兵赶到。何元庆手下将士纷纷跪下,投降了岳飞。何元庆见状,心里十分凄楚。忽然,他发现放锤子的船改变了方向,连忙喊道:"渔翁,你兄弟的船为什么摇到那边去了?"渔翁说:"哎呀,不好了!我这个兄弟好赌,看见老爷的锤子是银子打的,便起了不良之心,将锤子拐走了。"何元庆道:"你快叫他回来,我多送一些钱财给他。"渔翁说:"老爷说得不对,他放着现成的不要,反而要你后给的?"何元庆吃惊地喊道:"你和他是同谋!"渔翁说:"什么同谋!老实对你说,我不是渔翁,而是岳元帅手下的统制耿明初,那人是我的兄弟耿明达。我们奉岳元帅命令,特地来捉拿你。"话音未落,何元庆挥拳打向耿明初,耿明初一翻身,钻进江里去了。正在何元庆不知如何是好的时候,耿明初从水底下钻出头,叫道:"何元庆,你下来!"说罢耿明初两手按住船沿一使劲，船顿时底朝天。何元庆落入水中，被耿明初擒住带到岸上。

何元庆看见岳飞，说："你的这些诡计何足挂齿！要杀就杀，绝不服你！"岳飞说："既然这样，我把锤子、马匹还给你，你回去再整人马来决战。"何元庆也不答话，提锤上马而去。

众将十分不解，便问："元帅两次不杀何元庆，是为什么？"岳飞说："各位贤弟，昔日诸葛亮六纵孟获①，南方就再也没有反叛了。我不杀何元庆，是要他真心投降。"说罢对汤怀交代一番，汤怀领命而去。

何元庆一个人又羞又恼地来到江边，叹着气说："曹成不是岳飞的对手，看来我走投无路了，不如自尽了吧！"说着便拔剑想自刎。正在这时，汤怀纵马飞驰而来，说道："岳元帅挂念何将军，派我来送行。请将军稍等片刻，小将去准备船只，送将军渡江。"话音刚落，牛皋带领一群士兵，扛着食物赶到，说："元帅担心何将军辛苦、饥饿，特地准备了酒菜，请将军聊以充饥吧。"何元庆看着二人，感动得热泪盈眶，说："岳元帅这样待我，我不能不投降。"接着便与汤怀、牛皋一起来到岳飞面前，心悦诚服地投降了。岳飞大喜，遂率领大军回到茶陵关，与何元庆结为兄弟，并设宴庆贺。

过了一段时间，高宗派钦差送来圣旨，命岳飞移军剿灭洞庭湖水寇杨幺。这时，探马来禀报说曹成、曹亮领兵逃跑了，不知下落。岳飞问何元庆："曹成、曹亮逃到哪里去了？"何元庆说："曹成、曹亮兄弟胆量很小，听说末将投降，所以就跑了。他们有一些亲戚在豫章②占山为王，一定是投奔那里了。"岳飞说："那就不足为患了。"于是下令朝洞庭湖进发。

过了数天，岳飞率军到达潭州③。总兵说："杨幺连日在城外烧杀抢掠，前两天却不知去向，估计是听说元帅兵到就跑了。"岳飞一边下令安营，一边派人打探杨幺的消息。

---

① ［诸葛亮六纵孟获］
225年，诸葛亮出兵南方，将当地酋长孟获捉住七次，放了六次，使他真正服输，不再与蜀国为敌。后人用七擒孟获比喻运用策略使对方心悦诚服。《三国志》《三国演义》中均有描述。

② ［豫章］
即今江西南昌。

③ ［潭州］
即今湖南长沙。

第二十九回　高宗逃命被困山顶

兀术得知岳飞进军潭州征服水寇，就与军师哈迷蚩商议说："岳飞远离金陵，正好可以攻打。"哈迷蚩说："臣有一计，狼主可派大太子领兵十万进攻湖广①。"兀术说："岳飞正在那里，为什么派大王爷到那里去？"哈迷蚩说："大太子到那里，不用与岳飞交战，只要牵制岳飞不能离开湖广就行。再命二太子领兵十万去攻山东，命三太子领兵十万去抢山西，命五太子领兵十万去打江西，让宋朝皇帝来不及调兵防守，然后狼主亲自率大军去攻金陵，拿下金陵易如反掌！狼主觉得怎么样？"兀术闻言大喜，遂命四位兄弟各领兵十万分四路而去，自己则领二十万大军朝金陵进发。

当时镇守金陵的是宗泽。他屡次上书请高宗回汴京，但高宗没有听从。他得知兀术分五路来攻，岳飞又羁留在湖广不能回来，急得旧病发作，口吐鲜血，连叫三次"过河杀贼"而死。

过了数天，兀术兵至长江，准备渡江。长江总兵杜充见兀术来势凶猛，心想："宗留守已死，岳元帅又在湖广，朝廷的一帮佞臣谁能敌得过兀术大兵？不如将长江献给兀术，还能保留富贵。"杜充拿定主意，就吩咐手下竖起降旗，自己乘小船见兀术，说明自己的意图。兀术大喜，当即封他为长江王。杜充说："臣的儿子是金陵总兵，现在把守凤台门。臣去叫开城门，狼主就可以进城了。"兀术当即让杜充做向导，率大军渡过长

① [湖广] 即今湖南、湖北。

江，直奔凤台门。

高宗当时正在宫中与嫔妃喝酒，众大臣纷纷闯进宫，喊道："主公不好了！杜充献了长江，他的儿子打开了凤台门，金兵已经进城了！主公赶快走！"高宗大惊失色，连忙与李纲、王渊、赵鼎、沙丙、田思忠、都宽六人，一起从通济门出城而去。兀术占领金陵后，命人守城，自己则领兵追赶高宗。

高宗一行七人在路上也不敢长时间休息，一直逃到海盐①才停下来。海盐县令路金连忙出城将七人接到公堂内坐下。王渊说："现在圣上要去临安②，还有多远？"路金说："远倒是不远，但钱塘江对面有金兵安营，沿途的节度也都弃兵逃走了。圣上如果到临安，恐怕无人护驾，不如在这里暂住，等救兵来了再说。"王渊说："你这里地方太小了，怎么住得下？"路金说："地方虽然小，但还有一些人马。而且此地有一个隐居的杰士，是昔日梁山泊好汉呼延灼③。此人有万夫不当之勇，只要圣上召他来，就能保证安全。"高宗听罢，连忙命路金请来了呼延灼。

过了两天，杜充带着金兵赶到海盐城外。呼延灼率军来到阵前，对杜充大声呵斥道："呔！你就是献长江的奸贼吗？不要走，吃我一鞭！"说着"唰"的一鞭，朝杜充头上打去，杜充举刀架住。紧接着呼延灼又打了一鞭，杜充来不及招架，翻身落马而死。金兵见状，转身就跑。呼延灼首战告捷，高宗十分高兴。

兀术得知杜充被打死，亲自率兵来到城下叫战。高宗看见兀术，流着泪对众人说："他就是掳走二帝的兀术，孤与他有不共戴天之仇！"呼延灼说："陛下不用悲伤。如果臣出去交战不能取胜，陛下就出城奔临安，然后去湖广找岳飞。"说罢，就提鞭上马，冲出城去。兀术见来了一员鹤发童颜、威风凛凛的老将，十分高兴，便问呼延灼的姓名。呼延灼说："我是梁山泊五虎上将呼延灼。你赶快退兵，不然，让你死于鞭下。"兀术

---

① [海盐]
　　即今浙江嘉兴海盐县。

② [临安]
　　即今浙江杭州临安区。

③ [呼延灼]
　　小说《水浒传》中的人物，祖籍太原（今山西太原），人称"双鞭"呼延灼。与大刀关胜、豹子头林冲、霹雳火秦明、双枪将董平一起被称为梁山五虎将。

第二十九回　高宗逃命被困山顶

说:"我是大金国四太子兀术。久闻得梁山泊好汉个个都是英雄,今天见了将军,果然名不虚传。老将军如此忠勇,不如归顺我,就可以安享富贵、乐养天年。"呼延灼大怒,举鞭朝兀术头上打去,兀术举金雀斧架住。两人大战了四十多个回合,呼延灼年老力怯,招架不住,拨马就走。兀术纵马紧追。跑了一会儿,两人来到一座吊桥前。这座吊桥年久失修,木头已经朽烂了。但呼延灼根本不知道,纵马上桥。朽木猛地遭到马匹大力踩踏,当即折断。马前蹄陷下去,将呼延灼摔下马。兀术冲上前,一斧砍死了呼延灼。高宗见状,慌忙上马,带着六位大臣和路金出城,沿钱塘江岸边逃走了。

兀术率军进城,留下镇守人马,出城继续追击高宗。追了十几里,远远地能看见高宗君臣八人在前方纵马急驰。高宗回头看见兀术,吓得魂飞魄散。路金勒住马,对停在江面上的一只船喊道:"船工,快来救驾!"船工听见,连忙将船靠了岸,高宗君臣将马丢在路旁,匆忙地上了船。兀术无可奈何,只得望江兴叹。哈迷蚩说:"他们不过是逃到湖南投奔岳飞,我们也朝那里一路追去!"兀术依言,率军先行,命哈迷蚩回去押运粮草,随后赶来。

兀术沿着钱塘江一路追击,忽然发现有三个渔人在岸边钓鱼,便问道:"三位,你们看见一只船载着七八个人过去了吗?"三人暗想:"我们骗他沿岸边走,让潮汛淹死这帮奴才。"于是带着兀术和金兵,沿江追去。不一会儿,江潮涌起数丈高,霎时间巨浪滔天,发出的声响犹如山崩地裂一般。兀术被吓得魂飞魄散,大叫着纵马跑到高处。几万金军和三个渔人都被江潮卷去,葬身鱼腹。兀术大怒,等哈迷蚩率军赶到,又指挥大军继续追击。

高宗君臣八人幸得船工相救,上了岸后一路进入界牌关。走了半天,八人来到一户人家门口。李纲抬头一看,叫道:"主公不好了!这是张邦昌的家,快走吧!"沙丙、田思忠连忙扶着高宗快步往前走。看门的发现了八人,忙进去禀报张邦昌说:"刚才门口有七八个人朝东边走了,听他们说话,好像是宋朝天子。"张邦昌听罢,连忙上马追赶,不一会儿就追上了,将八人请到自己家中。高宗问张邦昌:"你知道岳飞现在在

131

哪里吗？"张邦昌说："他在潭州驻军，臣星夜前去召他来。"说罢，一面吩咐家人安排酒席款待，一面辞别高宗，只说去召岳飞。不过，张邦昌并没有去见岳飞，而是到粘罕营中告密，带着他来捉高宗。

张邦昌告密的事被他的原配蒋氏知道了。等到二更时分，她悄悄地叫醒了高宗君臣八人，让他们从后花园的围墙翻了出去，自己则解下腰带，在一棵大树上上吊自杀了。

张邦昌连夜带着粘罕赶到自己家里，但不见了高宗君臣八人。他慌忙四处寻找，却在后花园发现蒋氏吊在一棵树上，立即明白是她放走了高宗，于是将情况告诉了粘罕。粘罕听罢，一面命张邦昌领路继续追赶，一面命士兵抄了张邦昌的家，并放了一把火，将房子全部烧毁了。张邦昌心里非常后悔，但也只能带着粘罕继续追赶高宗。路上，张邦昌遇到来找自己的王铎，就带着他一起追击高宗。

追到第二天中午，张邦昌、粘罕来到一座高山下，发现高宗君臣正在半山腰往山顶爬。粘罕立即命士兵们下马爬山。高宗回头往山下看，见无数金兵爬上来，不禁长叹一声，说："老天要灭亡我啊！这次绝难逃脱了！"正在危急之际，天上忽然阴云翻滚，顷刻间就降下一场倾盆大雨。高宗君臣也顾不得大雨，拼命地往山顶爬去。金兵穿的都是皮靴，在雨水中爬山非常滑，爬一步却倒退两步。有不少人抓得不牢，就滑到山下，非死即伤。粘罕看着雨一直下，便说："估计他们也逃不到哪里去。还是在山下支起牛皮帐篷，等雨停了再上去吧。"

高宗君臣爬到山顶时，浑身上下都湿透了。他们朝四下看了看，山顶是一片非常大的平地，不远处还有一座灵官庙①，庙门大开，一个人也没有。八人忙跑进了庙里。

① [灵官庙]
供奉灵官的道观。灵官是道教最崇奉的护法神，其中最有名的是王灵官。灵官庙供奉的一般都是王灵官。

第三十回　牛皋闯金营收三将

一天,岳飞与众将正在议事,探马来禀报说:"兀术分五路进军江南。杜充献了长江,金陵已失,君臣八人不知去向。"岳飞听罢,急得痛哭流涕、丧魂落魄,拔出腰间的宝剑就要自刎。张宪、施全急忙冲上前,一个拦腰抱住他,一个扳住他拿剑的胳膊。诸葛英走上前,说:"元帅不必愁烦,末将与公孙郎都善于扶乩(jī)①,能知道君王逃到哪里去了,我们可以直接去保驾。"岳飞擦干眼泪,命人摆好香案,让诸葛英、公孙郎扶乩。二人祷告了一番,推知高宗在湘潭②一带的高山上。岳飞说:"湘潭的山很多,他们到底在哪一座山上?"说罢,让人请来潭州③总兵,叫他把湘潭的高山名称全部写下来。接着,岳飞将山名做成阄(jiū),放到盒内。诸葛英、公孙郎又祷告一番,抓起了写着"牛头山"④的阄。岳飞忙命牛皋带领五千人马,与潭州总兵一起赶往牛头山打探,自己率大军随后出发。

牛皋赶到牛头山的时候,正遇到倾盆大雨。有探马禀报说:"前面有金兵安营。"牛皋说:"既然有金兵,圣上必然在山上了。请问总兵,从什么地方上山?"总兵说:"从荷叶岭上去,是大路。"牛皋随即带领人马从荷叶岭一路跑上山。李纲在灵宫庙内发现了牛皋,高兴地大喊:"牛将军!快来救驾!"牛皋连忙进庙见了高宗,将身边的干粮拿出来给君臣八人充饥,然后让潭州总兵赶回去报告岳飞,并吩咐将士守住上山的要道。雨

① [扶乩]
　　民间信仰的一种占卜方法。有人扮演被神明附身的角色,写出一些字迹,以传达神明的想法。

② [湘潭]
　　指湖南、湖北一带。

③ [潭州]
　　治所在今湖南长沙。

④ [牛头山]
　　位于今湖北十堰市区。

停后,金兵正要上山,却发现有宋兵把守,粘罕立即命人通知了兀术。

岳飞在路上接到潭州总兵的禀报,立即赶到牛头山见了高宗,高宗大哭着把一路上受苦的经过详细说了一遍。接着,岳飞将高宗送到附近的玉虚宫安歇。高宗非常高兴,第二天就传旨封岳飞为"武昌开国公少保统属文武兵部尚书都督大元帅"。

过了两天,岳飞与众将商量,想派一名大将去相州催粮。牛皋自告奋勇地说:"末将愿意去!"因为山下有金兵驻扎,去相州必须穿过金兵营寨,岳飞有些担心,便问:"你的本事,怎么能冲过金营?"牛皋满不在乎地说:"元帅何必长他人的志气!这些毛贼,怕他干什么?小将如果出不了金营,愿献上我的首级。"岳飞听罢,写好一封文书,拿出一支令箭,命牛皋四日四夜到达相州。牛皋得令,提锏上马,一个人纵马下山,挥舞双锏冲进金营,逢人便打。金兵见他来势汹汹,慌忙禀报粘罕说:"山上有个黑炭团杀进来了!"粘罕大怒,拿着镏金棍上马,截住牛皋。牛皋一连打了七八锏,粘罕招架不住,拨马败走,只得任由牛皋冲出营寨而去。

粘罕一面整顿营寨,一面派人催促四位兄弟,加速赶到牛头山。过了几天,粘罕的兄弟们陆续率兵赶到。岳飞得知消息,心中十分愁闷,担心牛皋无法护送粮草上山。过了数天,兀术率大军赶到。粘罕将张邦昌的事说了一遍,兀术说:"既然高宗与岳飞都在山上,我们只需要分兵围困此山,断绝他们的粮草,还怕饿不死他们?"说罢,分派众将在山下四处安营。六七十万金军,将牛头山围困得水泄不通。岳飞闻报,心中焦急万分。

牛皋冲过金营,日夜兼行赶到相州,见到都院刘光世,将岳飞的文书交给了他。刘光世看罢文书,说:"限你四天到达,你只用了三天半,为什么这么着急?先去吃饭吧。"牛皋说:"饭自然要吃,但粮草也重要,明天早晨就要动身。"刘光世不敢怠慢,立即下令准备粮草。到二更时分,一切准备妥当。第二天天一亮,牛皋就进衙门催促刘光世。刘光世派三千人马护送粮草,并拿出一封书信,让牛皋带给岳飞。

牛皋收下书信,辞别刘光世,护送粮草出了相州城。一天,忽然下

第三十回 牛皋闯金营收三将

起大雨。牛皋指挥队伍将粮草推进一座王殿内躲雨。

这座王殿是宋朝皇帝赐给汝南王郑恩①后代郑怀的府第。郑怀身高一丈二尺，使一条有酒杯口粗的铁棍，力大无比，善于步战。家将看到牛皋一行人，忙禀报郑怀说："不知从哪里来了一支军队，推着很多粮车闯了进来。"郑怀说："先皇御赐的地方，谁敢进来糟蹋！"说罢提起铁棍走到殿前，大声喝道："哪里来的野贼，敢在这里占便宜？"牛皋见郑怀说话凶狠，以为他来抢粮，也不问情由，举锏就打，郑怀抡棍招架。打了四五个回合，郑怀一手用棍拦住牛皋的锏，一手抓起牛皋，让人将他绑了起来，问道："你是哪里的草寇，敢来糟蹋王殿？"牛皋大声说："你眼又不瞎，没看到粮车上的旗号吗？我叫牛皋，奉岳元帅命令，护送粮草上牛头山保驾，路过这里躲雨。你竟敢抓我，该凌迟处死！"郑怀听罢，慌忙给牛皋松了绑，说："原来是牛将军，你也该早说清楚。小弟是汝南王郑恩的后裔，叫郑怀。小弟早就仰慕将军的大名，愿拜将军为兄，一起上牛头山保驾立功。将军同意吗？"牛皋说："本来不该同意，但是你的本事不错，也有一些情义，就收你为弟吧。我肚子饿了，赶紧准备些饭菜给我吃，然后我们一起上路。"郑怀大喜，立即与牛皋对天结拜为弟兄。接着，他吩咐家人准备饭菜，并杀了两头牛，抬出十几坛酒，犒赏士兵们。酒足饭饱之后，牛皋带着郑怀一起继续赶路。

几天后，一行人来到一座山下。忽然一阵锣声，一位少年带着五六百喽啰冲了出来。这位少年头戴银盔，身穿白袍银甲，骑着白马，手提银枪。牛皋大怒，正要出马，郑怀说："不劳哥哥动手，小弟去对付这厮。"说罢提棍上前便打，少年也不畏惧，挺枪就刺。二人大战了三十多个回合，不分胜负。牛皋暗想："我和郑怀打了才四个五回合，就被他捉住了。他俩打了三十多个回合，还没有分出胜败，身手都不错。"想到这里，就拍马上前，大声叫道："你们住手！我有话说。"郑怀与少年各

① [郑恩]
据传为宋朝开国大将，与赵匡胤、柴荣为结拜兄弟。正史中无关于他的记载。

自收起武器，勒住马站定。牛皋对少年说："我不是别人，而是岳元帅的好友牛皋。我看你年纪虽小，但武艺很好。现在正是朝廷用人之际，不如归顺朝廷，要胜过你在这里做强盗！"少年听罢，立即弃枪下马，说："原来是牛将军，怎么不早说！将军如果不嫌弃，我愿拜将军为兄，一起在岳元帅麾下效力。"牛皋高兴地说："这样才是个好汉！你叫什么？"少年说："小弟是东正王的后代，姓张名奎。因为朝廷奸臣当道，所以不愿做官，在这里落草。"说罢，带着牛皋、郑怀上了山，三人结为兄弟。吃喝过后，众人护送粮草继续赶路。

数天后，一行人在路上被四五千人马阻住去路。不多时，一位大将来到阵前。他身高八尺，头戴金盔，身穿金甲，骑着青鬃马，手里拿着一杆碗口粗的錾金虎头枪，对牛皋大声喝道："你就是牛皋吗？"牛皋说："老爷就是！你是什么人，竟敢阻挡我护送粮草？"那人说："你不要问我，与我大战三百回合，就放你过去。"郑怀大怒，举棍冲上前便打。那人架开棍，一连刺了数枪，杀得郑怀浑身大汗、气喘吁吁。张奎挺起银枪，纵马上去助阵。三人战了二十多个回合，牛皋见郑怀、张奎招架不住，举起双锏加入战团。

但是，牛皋、郑怀、张奎三个人也不是那人的对手，被打得手忙脚乱、气喘吁吁。忽然那人收住枪，说："暂且住手！小将是开平王的后代，姓高名宠。当年小将在红桃山保母的时候，有一队金兵进犯山西，小将枪挑了金将，杀退了金兵，夺下了几车金盔金甲、金银财帛，一直保留到现在。听说圣上被困在牛头山，小将奉母命前去保驾。今天幸遇将军，特地献献武艺。"牛皋大喜，大声说道："好兄弟！你既有这样的本事，就是做我的哥哥也行，为什么不早说！"说罢就与高宠合兵一处，并结为兄弟，用一起朝牛头山进发。

数天后，牛皋护送粮草到达牛头山。高宠见金军营寨连绵十余里，便对牛皋说："小弟在前面冲开金营，兄长保护粮草随后杀入。"牛皋依言，让郑怀、张奎在左右两边保护，自己在后面压阵。高宠一马当先，挺枪冲入金营，枪挑鞭打，如同砍瓜切菜一般，杀开一条血路。张奎、郑怀的两条枪棍犹如双龙搅海，牛皋的双锏恰似猛虎搜山，金军将士根

第三十回 牛皋闯金营收三将

本抵挡不住,只得各自逃生。兀术忙派金花骨都、银花骨都、铜花骨都、铁花骨都四名元帅上前阻击,高宠一枪一个,不一会儿就将四人全部刺死。接着,一个叫金古渌(lù)的黄脸金将舞动着一条狼牙棒冲向高宠,高宠一枪戳透了金古渌,把他的尸首直抛向半空中。金军将士吓得魂飞魄散,再也不敢上前。高宠、郑怀、张奎、牛皋四个人如翻江搅海一般,冲开金军十几座营盘,往山顶而去。兀术无奈,只得下令整顿营寨。

第三十一回　高宠挑铁滑车殒命

岳飞在山上看到金营内旗幡缭乱，喊杀声震天响，还以为是引诱自己出战的计策。等探马禀报说牛皋护送粮草已到荷叶岭下，岳飞才明白原来是牛皋在金营冲杀，心中不禁大喜。

不一会儿，牛皋到达荷叶岭，把粮草安排妥当后，对郑怀、张奎、高宠说："我先去禀报元帅，一会儿来叫你们。"说着牛皋进帐见岳飞，送上了刘都爷的书信。岳飞高兴地说："幸亏你把粮草送上山，真是第一大功劳！"牛皋说："哪里是我的功劳？亏得新收了三个兄弟：一个叫高宠，一个叫郑怀，一个叫张奎。他们三个人本领高强，冲开一条血路，保护粮草上了山。现在正在荷叶岭候令。"岳飞连忙让牛皋将三人带进帐，问明三人家世，就带着他们朝见了高宗，并奏明三人前来保驾之事。高宗当场封三人为统制。

次日，岳飞召集众将商量作战事宜。他高声问道："粮草已到，但金兵困住了我们，如果有一天粮尽，就没有接济了。现在必须大战一场，杀退金兵，护送天子回京。哪位将军敢去金营下战书？"话声未绝，牛皋自告奋勇地说："小将愿往。"岳飞说："你昨天杀了许多金军兵将，是他们的仇人，怎么能去呢？"牛皋说："除了我，没有人敢去。"岳飞听罢，遂命张保替牛皋换上了官服。

牛皋出营后，岳飞暗暗伤心，担心他不能活着回来。众位兄弟将牛皋送到半山腰，说道："贤弟这一次去，一定要小心。说话必须谨慎。"牛皋说："各位哥哥，古话说：'教的言语不会说，有钱难买自主张。'

第三十一回 高宠挑铁滑车殒命

大丈夫随机应变，急什么？兄弟只有一件事托付大家：我们兄弟一场，如果我有个三长两短，要像对待我一样对待我的这三个兄弟，我就感激不尽了！"众人眼中含着泪答应下来。

牛皋独自往山下走，一边抹泪一边说："不能被金人看见，否则他们还以为我怕死。"说着又看看自己身上穿的衣服，不禁笑了起来，说："我如今这身打扮，就像城隍庙里的判官。"

金营守门大将看见牛皋纵马而来，大声喝道："咦！牛南蛮①，为什么这样打扮？"牛皋说："能文能武，才是男子汉。我今天来下战书，是宾主交接之事，自然要打扮得文绉绉的。麻烦你进去通报。"这名金将忍不住笑了起来，进帐禀报了兀术，随即出营对牛皋说："狼主叫你进去。"牛皋说："你这个狗头，不说'请'字，却'叫'我进来，真是无礼！"说着下马，一直来到兀术营帐中。里面的人见牛皋这副打扮，无不掩口而笑。

①〔南蛮〕此处指北方少数民族对中原人的蔑称。

牛皋对兀术说："请下来见礼。"兀术大怒，说："我是金朝太子，还是昌平王，你见了我应该施全礼，怎么反叫我对你见礼？"牛皋说："什么昌平王！我还做过公道大王呢。我今天奉天子圣旨和元帅命令，到你这里来下战书。古人云：'上邦卿相，即是下国诸侯；上邦士子，乃是下国大夫。'我是堂堂的天子使臣，怎么能对你屈膝？我牛皋岂是贪生怕死之徒、畏箭避刀之辈？如果怕被你杀死，也不敢来了。"兀术说："你这样说，倒是我的不对了。看不出你还是个不怕死的好汉，我就下来与你见礼。"牛皋说："这才算个英雄！下次和你在战场上见面，要多战几个回合。"兀术说："牛将军，我有礼了。"牛皋说："狼主，末将也有礼了。"兀术问："将军到这里来干什么？"牛皋说："奉元帅命令，特地来下战书。"兀术接过战书看了看，在后写了"三日后决战"，然后交给牛皋。牛皋说："我难得来一次，也该请请我！"兀术忙说："应该的，应该的！"遂命手下人带着牛皋出帐喝酒。

139

牛皋喝得酩酊大醉，谢了兀术，出金营回到牛头山。众人见牛皋平安归来，十分高兴，纷纷说道："牛兄弟辛苦了！"牛皋说："也没有什么辛苦！承蒙兀术请我，我没吃下饭，只喝了几杯酒。"岳飞见牛皋没事，也十分高兴。

第二天，岳飞命王贵、牛皋分别到金营各抓回一头猪、一头羊。二人领命而去。王贵暗想："这个差使难！金营中有猪，也不会卖给我。如果去抢，六七十万人马，谁能知道猪藏在哪里？算了，我还是捉个金兵，权当猪缴令。"想到这里，王贵纵马来到金营前，也不说话，直接冲进营中。金兵措手不及，王贵一把抓住一个，挟在腰间，拍马直奔荷叶岭。牛皋正好下山，看见王贵捉了一个金兵回来，心想："原来他拿金兵当猪，难道我就不能拿他们当羊？不能被他抢了头功，我把他的猪头割了。"于是拔出剑迎上去，说："王哥，你真快！"王贵说："是啊。"说话间，两人擦肩而过，牛皋轻轻地用剑一割，金兵的头当即落到地上，王贵竟然没有发现。诸葛英看见他，便说："王兄，你拿着一个没头的人回来干什么？"王贵回头一看，吃惊地说："哎呀！他的头被牛皋割掉了。"说着将尸体扔到地上，又纵马下山。

半路上，王贵看见牛皋也捉了一个金兵，说："世上就没有你这样狠心的人！你要先立功，怎么把我抓来的人头割掉了？"牛皋忙勒住马，闪到一旁，说："王哥请便。是小弟不对！王哥，把功劳让给我吧！"王贵没答话，拍马而去。

牛皋回到山上，对岳飞说："羊抓回来了。不过这羊会说话。"岳飞说："不必多说。"牛皋心里暗自好笑，没再说什么。过了一会儿，王贵又抓回一名金兵。岳飞命张保将人关了起来。

转天，岳飞下令将两名金兵杀了，当作猪羊祭旗。兀术得知后十分生气，也打算派人抓回两个宋兵来祭旗。哈迷蚩连忙劝阻道："不行！如果能到山上去抓人，我们早就攻下这座山了。"兀术说："军师说的有理。留着张邦昌、王铎在营中有什么用？不如用他俩祭旗吧！"遂传令将二人杀了祭旗。张邦昌、王铎当初在校场对天发誓说："如果欺君，日后在金国变作猪羊。"这句誓言后来竟变为现实。不一会儿，有金兵来

第三十一回　高宠挑铁滑车殒命

禀报说："元帅哈铁龙送铁滑车来了。"兀术遂命他带领人马到西南方安营。

第二天，兀术亲自率大队人马到山下挑战。岳飞命众将严守要道，多设檑木炮石，然后只带着马前张保、马后王横两个人下山应战。兀术说："岳飞！如今山东、山西、湖广、江西都被我占领了。你手下的军队不过十几万，被我困在这座山上，就好像瓮中之鱼。为什么不将康王献出来，归顺我？"岳飞大声呵斥道："兀术，你不懂人伦，本来在沙漠之地，却跑到湖广来追击圣上。虽然我的兵少，但是大将英勇，如果不杀尽你们，我誓不回师！"说罢大吼一声，纵马上前，举枪就刺。兀术提起金雀斧，与岳飞大战起来。二人战了十几个回合后，金兵从四面八方呐喊着向牛头山发起冲锋。岳飞担心高宗受惊，忙虚晃一枪，拨马回山上去了。

高宠心想："元帅与兀术交战，打了没几个回合，怎么就回来了？看来这个兀术武艺高强，我去试试，看看他的本领到底怎么样。"于是将手中的大旗递给张奎，提枪上马冲下山。当时兀术正往上山冲，两人迎面撞见。高宠劈面就是一枪，兀术举斧想架。不料这杆碗口粗的枪非常重，兀术没有架住，只得低头躲避，枪从他的头顶划过，顿时发断冠坠。兀术吓得魂不附体，拨马就往山下跑。高宠大喝一声，一直追进金营，舞动手中的枪，连挑带打。金兵金将被杀得人仰马翻，死伤者众多。

高宠进东营，出西营，一直杀到下午，如入无人之境。正想回山时，他忽然发现西南方有一座金营，以为是金军囤积粮草的地方，便拍马挺枪冲了进去，准备一把火将金营烧了。哈铁龙得知后，忙下令推出铁滑车，朝高宠推了过去。高宠从没见过，就用枪一挑，将一辆铁滑车挑过头。金兵接连推出十一辆铁滑车，高宠连挑了十一辆。到第十二辆车推过来时，高宠又用枪挑，但他座下的那匹马已经筋疲力尽，突然口吐鲜血，蹲下身体，把高宠掀翻在地上。铁滑车霎那间碾过高宠的身体，高宠当场毙命。

哈铁龙带着尸首来见兀术，说："这个南蛮连挑十一辆铁滑车，真是楚霸王重生，好厉害！"兀术一边吩咐他再去准备铁滑车，一边下令在营门口立起一根高竿，将高宠的尸首吊在上面。牛皋远远看见，大叫一声："不好了！"便拍马冲下山。岳飞来不及阻止他，忙命张立、张用、张保、王横先行下山，命何元庆、余化龙、董先、张宪随后接应。

牛皋带着怒气冲向高竿，金兵根本拦不住。他跑到竿前，拔出剑将绳子砍断，高宠的尸首坠了下来。牛皋一把抱住，大叫一声，跌到马下。张宪、张立等人一起杀过来击退金兵，护住牛皋。王横扶牛皋上了马，张保将高宠的尸首背到背上，转身就走。一些金兵试图追击，但被何元庆、余化龙杀退。兀术无奈，由衷地说："这些南蛮，不仅胆子大，还有义气。"

牛皋被救回山上，大哭不止，接连哭晕了好几次。众人也纷纷伤心落泪。

第三十二回 岳云杀金兵遇关铃

一天,哈迷蚩对兀术说:"臣有一计,可以很容易抓住岳飞。任他有通天的本事,生死都在我们手中。"兀术忙问:"之前要捉他手下两个小卒都不行,为什么抓他倒容易了?"哈迷蚩说:"牛头山的防守就像铁桶一样,我们怎么能上得去?所以他的小卒一个也捉不住。臣打听到岳飞非常孝顺,他的母亲姚氏、家眷和孩子现在都住在汤阴。我们出其不意,悄悄地带兵去将他的家人都抓来。到那时,不怕他不来投降,活捉他岂不是容易?如果要死的,就将他的家人都送到大金,他必然忧苦而死。他是生是死,不都在我们手中吗?"兀术大喜,随即命元帅薛礼花豹与大将张兆奴领五千人,扮作勤王①的样子,悄悄地渡过黄河,星夜前往汤阴,将岳飞的家人都活捉回来。薛礼花豹、张兆奴领命而行。

① [勤王]
臣下发兵救援处于危险中的主子。

当时,岳飞的家中有一百多人。长子岳云已十二岁,出落得一表人才。他天资聪敏,李氏一连请了几个老师教他,都被他难倒了,所以也没人敢教他读书。从此以后,岳云经常独自在书房中翻看岳飞的书籍,将那些兵书都牢牢记住了。他膂力过人,终日使枪弄棍,叫家将置办了一副盔甲,常常带着家将到郊外打猎,有时还到校场中看官兵操练。姚氏把他当作珍宝一样,李氏也拿他没办法。

一天,天气非常炎热,岳云偷偷带着两个家将,骑马到城外河边柳林玩耍。忽然乌云密布、雷电交加,大雨倾盆而下。岳云只得冒着雨骑了两里,进了一座破败的古庙躲雨。岳云坐到拜台上,不一会儿,就迷迷糊糊地睡着了。忽然,岳云听到庙后传来阵阵喊杀声,就起身走到庙后。原来是一位青脸红须、十分威武的将军在看两个人舞锤,两旁站立着十几个大将。舞到精彩处,众人齐声喝彩。岳云也看得出神,忍不住说道:"使得好!真是人间少有,天上无双!"话音未落,青脸将军呵斥道:"谁在窥探,给我抓来!"岳云慌忙走上前作揖,说道:"晚生是岳飞之子,叫岳云,在这里避雨。看到锤法高妙,忍不住赞叹,惊动了将军,请将军恕罪。"青脸将军说:"原来你是岳飞之子。既然你爱武艺,我就将这锤法传给你。"岳云连忙答应。青脸将军对一个舞锤的人说:"雷将军,将双锤招式传给岳云,让他日后建功立业。"雷将军依言,手持双锤舞了一会儿,教岳云照样舞了一回。岳云正舞得高兴,忽然有人叫道:"天晴了,公子快回城去吧!"岳云猛然惊醒,原来是一个梦。岳云起身一看,见神厨①里有一个青脸红须的神像,牌位上写着"敕封东平王睢阳张公②之位"。两旁各有一位将官的像,一边写着"雷万春③将军位",一边写着"南霁云④将军位",与梦中所见一模一样。岳云拜了两拜,与家将出了庙门,飞马回到家中。

第二天,岳云命家将打造了两柄八十二斤的银锤,天天依照梦中的招式偷偷练习。

光阴似箭,不知不觉又过了一年,岳云已是十三岁。一天,家将忽然慌慌张张地禀报姚氏说:"不好了!有无数金兵来捉我们,离这里不远了!"姚氏吓得惊慌无措,与李氏面面相觑,无计可施。众家人正乱作一团,这时,岳云走过来,大声说道:"奶奶、母亲,不要惊慌!听说金兵只有四五千人马,怕什么?我去把他们都杀死。"姚氏说:"你小小年纪,怎么说出这样的大话!"岳云也没多说,忙穿上盔甲,提锤上马,带着一百多名

①[神厨]

安置神像的立柜。由神龛及下面的柜子组成。

②[张公]

即张巡(708—757),河东(今山西永济)人。安史之乱时,起兵抵抗叛军,后遭杀害。

③[雷万春(701—757)]

唐代名将,涿州(今河北涿州)人,安史之乱时,与张巡一起遭杀害。

④[南霁云(712—757)]

唐朝名将,顿丘(今河南清丰)人。安史之乱时,与张巡一起遭杀害。

第三十二回　岳云杀金兵遇关铃

家将迎着金兵而去。

走了不到两三里，就遇到了金兵。岳云大喝一声："你们是去岳家庄吗？我是岳元帅的大公子岳云。你们为何辛辛苦苦赶到这里来送死！"薛礼花豹说："我奉狼主之命来捉你。"岳云举起双锤，照着薛礼花豹就打。薛礼花豹以为岳云只是个孩子，根本没有提防，被岳云一锤就打死了。张兆奴吃了一惊，提起宣花月斧①来砍岳云。岳云用一柄锤架开斧子，另一柄锤朝张兆奴脑袋打去。张兆奴来不及招架，头被打得粉碎，当场毙命。金兵见主帅战死，纷纷转身逃走。刘光世得知金兵来抓岳飞的家属，急忙率兵赶到，截住逃跑的金兵，将他们杀得一干二净。

转天黄昏时分，岳云给奶奶、母亲留了一封信，悄悄地开了大门，提锤上马，奔牛头山投奔岳飞而去。姚氏、李氏十分担心，忙派人带着盘缠，朝牛头山一路追去。

岳云边走边问路，走了四天四夜才到达牛头山。但是，周围都是青草、树林，没有一兵一马，岳云非常疑惑。经过询问才知道，这座牛头山在山东，父亲所在的牛头山在湖广。岳云无奈，只得抄小路奔湖广牛头山而去。

走了十几里，忽然马失前蹄。岳云心想："到湖广不知道有多少路，该怎么办？"忽然，树林中传来一阵马嘶声。岳云回头一看，只见树林中拴着一匹赤兔马，浑身像燃烧的木炭一样，而且鞍辔（pèi）齐全。岳云忍不住赞叹道："真是一匹好马！"他四下看了看，一个人也没有，便想："不如用我的马换这匹马吧。"正在这时，山冈上传来一声大喝："孽畜还不走！"岳飞抬头一看，只见一个十二三岁的少年，拖着一只老虎的尾巴。岳飞心想："这个人长大后一定是个好汉。这匹马估计是他的，我来耍耍他。"于是朝山冈上高声叫道："呔！小孩，这只老虎是我们养熟了玩的，不要伤了他，快送来还给我！"那少年听罢，心想："难怪今天擒虎这么容易，原来是他养熟的。"便

① ［宣花月斧］
一种有花纹、刃像弯月的斧子。

说:"既然是你们的,就还给你。"于是一手抓着虎颈,一手扯着虎腿,朝岳云摔过去。老虎"扑"的一声掉在岳云马前,却摔死了。岳云跳下马,说:"我的虎被你摔死了,还我一只活的。"说着提起死虎,朝山冈上扔过去。那少年心想:"他的力气竟然比我的更大。"于是双手提着死虎走下山冈,对岳云说:"你改日来,我擒一只活的赔给你。"岳云说:"这只虎是我家养的。你就是擒着了,也是死的,要它有什么用?"那少年说:"我把虎摔死了,你要怎么样?"岳云说:"算了,你把这匹马赔给我。"

那少年微微一笑,说:"呆子!古人说关门养虎,虎大伤人。它怎么能养得熟?你想要我这匹马,故意骗我!"说罢,弯腰从草丛内拿出一把青龙偃月刀,跳上马,喊道:"你与我比比身手,如果赢得了我的这把刀,我就把马送给你。如果赢不了我,你就走你的路,别妄想要马。"岳云听罢,提锤上马。两人战了四五十个回合,竟未分胜负。岳云暗想:"这样一个孩子,我都打不过他,怎么能到阵前厮杀?"这时,天渐渐黑了下来。那少年说:"住手!天色晚了,我要回去吃饭,明天再来与你比武。"岳云说:"你明天如果不来,我还要等你不成?你要走,就把马留下来。"那少年说:"你就是想要我的马!算了,我把刀留在这里,明天再来。"说着将青龙偃月刀递给岳云,拍马而去。岳云见天色已晚,也无处投宿,只得在林中过夜。到了夜里,岳云觉得有些冷,就把死虎抱在怀里睡着了。

不一会儿,一位员外和几个庄丁提着灯笼路过。一个庄丁吃惊地说:"不好了!有只老虎在林子里吃人!"员外提着灯笼,走近一看,原来是一个人在抱着老虎睡觉。员外连忙将岳云叫醒,说:"这里怎么能是睡觉的地方?死虎是从哪里来的,你抱着它睡?如果再来一只活虎,岂不伤了你的性命!"岳云说:"晚生要去牛头山,在这里遇到一位小英雄与我比武。杀了一天,未分胜负,约定明天再战,所以我在这里等他。"员外说:"呆子!如果他明天不来,岂不误了你的路程?"岳云说:"他将刀放在这里做抵押,一定会来。"说着将刀递给员外。员外一看,原来是

第三十二回　岳云杀金兵遇关铃

自己外甥的，便问："足下①尊姓大名？住在哪里？"岳云说："晚生叫岳云，汤阴县岳飞是家父。"员外一听，忙请岳云跟自己来到庄上。

接着，员外一边吩咐准备酒菜款待，一边对岳云说："我叫陈葵。白天和你比武的，是我的外甥。他叫关铃，父亲是梁山泊好汉大刀关胜。"话音未落，关铃走了出来，说道："舅舅不要睬他。他是骗子，想骗我的马。"陈葵说："胡说！他就是我常和你说的汤阴县岳元帅的大公子岳云。还不快来见礼！"关铃说："原来你是岳公子。你要早说，我就把这匹马送给你了，何苦战一天？"岳云说："如果不是小弟赖兄这只死虎，怎能领教小哥的好刀法！"说罢，两个人都哈哈大笑起来。

酒过数巡，岳云对陈葵说："晚生意欲与令甥结为异姓兄弟，不知员外同意吗？"陈葵大喜，当即答应了。岳云起身拉着关铃，对天拜了八拜。关铃才十二岁，便认岳云为兄。

第二天，陈葵画了一张去牛头山的路线图，又拿出一些银子送给岳云做盘缠，并说："等关铃再长两年，就到令尊帐下效力。"关铃将赤兔马牵出来，送给岳云。岳云谢过二人，上马而去。

① [足下]
旧时对对方的尊称。

第三十三回　牛头山张宪救高宗

岳云辞别关铃的当天下午,来到一处山冈起伏、树木丛杂的地方。忽然,"轰隆"一声,赤兔马踩到一个陷坑上,岳云与赤兔马一起摔进坑内。两边伸出几把挠钩,要抓岳云。岳云大吼了声,赤兔马猛然一纵,跳出陷坑。岳云舞动着双锤,将挠钩打开,拍马便走。原来这个陷坑是刘豫的次子刘猊设置的。他因为在外打猎逃脱金兵的毒手,到这里落草为寇。他非常喜欢岳云的赤兔马,就提刀上马,带着喽啰追了上去。

岳云一路纵马急驰,天黑的时候,来到一座大庄院前。他看见一个庄丁正在关门,便下马对庄丁说:"我是过路的,想借宿一晚。"庄丁说:"这里叫巩家庄,我家员外叫巩致。他非常好说话,但此时已经睡了,不方便通报。你将就在大门旁边的小屋里住下,行不行?只是没有被褥。"岳云忙说:"没关系,没关系!有草料给我这匹马吃吗?"庄丁说:"我家的后面也有牲口,我取些草料来喂它。"

刘猊带着喽啰追到巩家庄,却不见了岳云。刘猊看看天色已晚,便想:"我早就想抢巩家的女儿回去做押寨夫人。现在既然来了,不如趁天黑打进庄去。"于是吩咐喽啰发起冲锋。庄丁急忙禀报庄主巩致,庄主慌忙集合庄丁,出庄与刘猊对战。双方的喊杀声惊动了岳云,他抡起双锤走出庄门,冲到刘猊面前,举锤就打。刘猊措不及防,被岳云一锤打死了。众喽啰一哄而散。

巩致连忙走上前,将岳云请进庄。巩致说:"恩公救了我一家人的性命,请留下姓名,日后找机会报答。"岳云说:"我是岳元帅的长子岳

第三十三回 牛头山张宪救高宗

云。"巩致听罢,连声说:"失敬,失敬!"随即吩咐家人备酒席款待岳云。

巩致的妻子在屋里看到岳云相貌不凡,就让人将巩致请进屋,说:"我看这位公子年纪不大,一定没有娶妻。我想把女儿嫁给他,你觉得怎么样?"巩致说:"我用话试探试探他,就知道结果了。"说着走出来,对岳云说:"承蒙公子搭救,否则我一家人的性命难保。只是苦于无法报恩。我只有一个女儿,今年十四岁,想许配给公子,请千万不要拒绝!"岳云说:"婚姻大事,必须禀告父母之后才敢答应。"巩致说:"那公子拿出一件物品作为信物吧。等公子禀过父母后再迎娶,怎么样?"岳云随即从身上取出十二文金太平钱递给巩致,说:"这是小时候祖母给我的压惊之物,就用它作为信物。将来太平时,我再来迎娶。"巩致收下了太平钱。第二天,岳云辞别巩致,奔牛头山而去。

过了几天,就是八月十五中秋节。岳飞带着张保下山观察金营,一直看到兀术营前,说:"这么多金兵,怎么保主公下山?如果有一天粮草没了,如何是好!"接着两人又转到西南方,只见一派杀气冲天,岳飞心想:"前几天高宠死在金营,不知道那里埋伏着什么东西。"过了一会儿,岳飞带着张保回到山上,命张保通知众将领夜晚小心把守。

晚上,李纲让人备好水酒、素菜,陪高宗过中秋节。高宗说:"老卿家!朕的命真苦。以前被带到金国,幸亏崔孝传递血书,我逃过夹江,在金陵即位。现在又遭金兵追击,被困在这里。不知道什么时候才能安享太平!"说罢泪流满面。李纲见高宗悲伤,便说:"陛下还算幸运。二位老主公很苦,在金国坐井观天,吃牛肉喝酪(lào)浆①,数着日子过呢!"高宗听李纲提起二帝,便放声大哭起来。李纲劝不住,只得说:"陛下!古人说得好:人生几见月当头?现在是中秋佳节,不如去看看月色,怎么样?"高宗说:"老卿家和朕一起去才妙。"李纲便

① [酪浆]
牛羊等动物的乳汁。

下令牵来两匹马，两人上马往山下走。统制陶进走过来，问道："万岁爷要去哪里？"高宗说："朕要下山看月色解闷。"陶进说："臣奉元帅之命守在这里，万岁爷下山看月色，元帅一定会向臣问罪。"高宗说："没关系。如果元帅怪罪你，朕会为你说情。"陶进只得让高宗、李纲离开。二人到荷叶岭时，诸葛英力劝二人不要下山。高宗说："朕自有主意，绝不会出事。"诸葛英无奈，只得放二人离开。高宗、李纲一边看月色一边下了山。

兀术看见月明如昼，也与哈迷蚩一起骑马出营看月色，顺便到山下观察有没有路上牛头山。二人正在指指点点、四处观察时，忽然听见上边有人说话。二人忙躲到暗地里细听，原来是高宗的声音。兀术对哈迷蚩说："上面是康王，我悄悄地上去捉他。你赶快回营，率大军来攻山。"哈迷蚩领命而去。高宗一边观察金营，一边骂兀术。兀术悄悄地骑马到近前，大声叫道："你不要恶语骂人，我来也！"高宗、李纲一听，吓得魂飞魄散，急忙拨马就往山上跑，兀术随后追赶。诸葛英等人在上面看见后，连忙一面命人禀报岳飞，一面冲下来截住兀术。

岳飞闻报，忙命张保备马。张保说："张宪骑元帅的马去救驾了。"岳飞着急，快步就往山下跑。岳飞跑了一会儿，正遇到高宗、李纲，忙护送高宗回到山上。

张宪因为心急，不管三七二十一，解开岳飞的马的缰绳就骑了上去，纵马跑下山。他看见诸葛英等都被兀术打败，情况十分危急，举枪就刺向兀术的脸。兀术大叫一声："不好！"把头一偏，张宪的枪刺中他的耳朵，擦脸而过。兀术大惊失色，连忙拨马往营寨跑。张宪拍马紧追，一直跟着兀术进了金营。他左冲右突、枪挑鞭打，金将根本抵挡不住，一直杀到二更时分，才回到牛头山。

当时牛皋在高宠坟边睡着了，忽然听见有人在耳边大叫一声："牛大哥，快起来去立功！"牛皋猛然惊醒，立即提锏上马冲下山。金兵连忙将牛皋杀进营寨之事禀报了兀术，兀术勃然大怒，说："连牛皋也来欺负我？"遂纵身上马，截住牛皋。牛皋一见兀术，心里顿时慌张起来，忽然听见耳边有人说："牛大哥，小弟帮你！"牛皋这才放心，拨开兀术的

第三十三回 牛头山张宪救高宗

斧,一锏打去。兀术躲避不及,被打中肩膀,掉转马头败走。金兵立即围了上来,牛皋杀得两臂酸疼、汗如雨下,渐渐力怯,便高声叫道:"高兄弟!你再过来助我!"众金兵笑道:"牛皋说鬼话了,我们一起上去捉他。"说罢,将牛皋团团围住。

正在这时,岳云赶到了牛头山。他看见金营连绵十几里,兴奋地说:"妙啊!竟然有这么多金兵在此,我冲进去大开杀戒!"说着拍马摇锤,大喝一声:"岳云公子来踹营了!"冲进金营,举锤就打。金兵难以招架,急忙禀报了兀术。兀术大怒,纵马挡住岳云,举斧就砍。岳云左手抬锤架开斧,右手举锤打向兀术面门。兀术忙向后一退,锤子在他肚皮上刮了一下。兀术疼痛难忍,差点儿掉到马下,只得拍马从旁边逃走。岳云也不追赶,只是到处冲杀,如入无人之境。他发现金兵将牛皋团团围住厮杀,忙冲上去,手起锤落打散金兵。牛皋不认识岳云,举锏乱打一通。岳云高声叫道:"牛叔父,不要动手!侄儿岳云在此!"牛皋这才住手,与岳云一起杀出金营,回到牛头山。

牛皋见到岳飞,禀报说:"小将缴令。"岳飞问:"你缴的是什么令?"牛皋心想:"我在高宠的坟边睡着了,被人叫醒后下山,杀进金营,遇见岳云后一起回山。并非是元帅差遣,有什么令可缴呢?"便改口说:"小将因为知道侄儿杀到金营,所以下山救侄儿。他现在在门外。"岳飞这才知道牛皋也杀进了金营,一面让他站到旁边,一面传令叫岳云进帐。岳云见到父亲,连忙跪下磕头。岳飞忙叫他起来,让他与各位叔父见礼,然后问道:"你不在家里读书用功,到这里来干什么?"岳云便将金兵去汤阴偷袭、自己杀退他们的经过说了一遍,然后又将错走山东牛头山、会关铃、打死刘猊、与巩氏定亲的事详细说了。岳飞非常高兴,就让岳云到后营安歇。

兀术因为想捉高宗却吃了三次亏,营中将士又被岳云杀了不少,只得下令整顿队伍和营寨。

第三十四回　岳云逞勇将功赎罪

第二天一早，岳飞将岳云叫到面前，说："你将求救文书送给金门镇傅光总兵，叫他立刻发兵来破金兵，护送圣上回金陵。这是非常重要的事情，要限定日期完成。一定要小心！"岳云领命，藏好文书，上马出营。

岳云一边走一边想："我有要紧的事，必须从粘罕的营中杀出，才是正路。"他拿定主意，纵马到粘罕营前，大声喝道："小将军来踹营了！"便挥舞双锤杀进金营。粘罕闻报，提着生铜棍，系上流星锤，上马拦住岳云，举起流星锤就打。岳云不慌不忙，左手举锤一架，锤碰锤金星直冒，就像流星赶月一般；右手举锤朝粘罕打去，正中粘罕的左臂。粘罕大叫一声："啊哟（yō），不好！"连忙忍痛回马就走。岳云也不追赶，径直杀出金营，奔金门镇而去。

几天后，岳云赶到金门镇，至总兵衙门见了傅光，说明来意。傅光看完文书，便说："请公子明天起身，我立即调兵遣将去保驾。"

第二天一早，傅光送走岳云，随即到校场集合人马。忽然，校场外传来一阵阵吵闹声。一名士兵禀报说："外面有一个乞丐要进来观看，小的们拦他，他就乱打，所以吵闹。"傅光听罢，下令将乞丐押进校场。他仔细一看，见这个乞丐身材高大、相貌凶恶，便问："你为何在外面吵闹？"乞丐说："小的怎敢吵闹，只是想进来看看老爷派谁做先锋。士兵们不许小人进来，所以争论起来。"傅爷道："你既然要进来看，一定有些力气。"乞丐说："力气倒有一些。"傅光问："你既有些力气，可

第三十四回 岳云逞勇将功赎罪

会武艺吗？"乞丐说："武艺也略懂一二。"傅光下令将自己的大刀取出来，交给乞丐。乞丐接过刀，立即挥舞起来。傅光见他刀法娴熟，便想："这把大刀有五十多斤，他挥舞如风，力气不错。"便问乞丐：'你叫什么名字？"乞丐说："小人是平西王狄青①的后代，名叫狄雷。"傅光说："我看你武艺高强，就命你做先锋。"狄雷大喜，等人马整顿好之后，便开赴牛头山。

粘罕被岳云打伤后，回到帐中坐定，对众将说："岳飞的儿子这么厉害，估计薛礼花豹已被他杀了。"这时有士兵进来禀报说："完颜金弹子殿下到了，在营外候令。"原来他是粘罕的第二个儿子，使两柄铁锤，有万夫不当之勇。粘罕大喜，忙带着他见了兀术。完颜金弹子说："老王爷时常挂念，为什么不捉住康王与岳飞，尽早平定中原？"兀术便说了岳飞手下大将英勇难敌的情形。完颜金弹子说："四王叔，今天还早，臣儿去捉岳飞，回来再喝酒！"兀术暗想："他不知道岳飞兵将的厉害，让他去试试也好。"便命他带兵到山下讨战。

岳飞得报，命牛皋迎战。牛皋提锏上马，来到山下，大声叫道："快通报姓名，功劳簿上好记你的名字。"完颜金弹子说："我是金国二殿下完殿金弹子！"牛皋哈哈大笑，说："你就是铁弹子，我也要把你打成肉弹子。"说着举锏就打。完颜金弹子用锤架开锏，接连三四锤，打得牛皋两臂酸麻。牛皋抵挡不住，叫道："好家伙，赢不了你。"拨马飞奔回到山上，将与完颜金弹子交战的情形详细说了一遍。

岳飞听罢，立即出营上马，来到半山腰。余化龙自告奋勇纵马下山，迎战完颜金弹子。两马相交，战了十几个回合，余化龙不敌，只得败回山上。董先大怒，持铲拍马，飞驰下山。两人斗了七八个回合，董先也招架不住，虚摆一铲，飞马回山。何元庆催开战马，提着双锤冲下山。两马相交，如游龙戏水；四锤相对，似霹雳轰山。两人大战了二十多个回合，何元庆终究力怯，抵挡不住，只得往山上败走。兀术大喜，下令鸣金收

①[狄青（1008—1057）]

北宋名将，西河（今山西沁水西）人。他出身贫寒，面有刺字，善骑射，人称"面涅将军"。

兵，让完颜金弹子明天再战。岳飞回到山上，下令宋军用心把守各处上山的路，并对众将说："如今金营内有了完颜金弹子，要防他上山劫寨。"

次日，兀术命完颜金弹子至山下讨战。岳飞命张宪下山对阵。两人互相通报了姓名，张宪把手中枪一挺，朝完颜金弹子心窝里就刺。完颜金弹子一惊，心想："怪不得四王叔说这些人了得，我必须用心与他交战。"便一手举锤架住枪，另一锤打向张宪。两人随即战成一团。张宪的枪法十分厉害，完颜金弹子的锤技盖世无双；一个枪刺去，如大蟒翻江；一个锤打来，如猛虎离山。两人大战了四十多个回合，张宪渐渐力怯，只得败回山上。岳飞无奈，只得下令挂出"免战牌"。完颜金弹子不停地叫骂，让岳飞取下免战牌。但岳飞坚守不出，连挂了七道"免战牌"。兀术闻报大喜，派人将完颜金弹子请回营。转天，兀术带着完颜金弹子去看了看铁华车，并说了高宠命丧铁华车的经过，完颜金弹子听后十分高兴。

岳云从金门镇回到牛头山下，仍杀进了粘罕营中。他旁若无人，左冲右突，金军将士东躲西逃，根本不敢阻挡。岳云冲至半山腰，发现挂着七道"免战牌"，十分不解，心想："真奇怪！我进出金营都没有勇将抵挡，怎么挂起了'免战牌'？估计是怕事的瞒着爹爹，偷偷地挂在这里的。这样岂不是辱没了岳家的脸面！"想着想着不觉大怒，举锤将"免战牌"打得粉碎，然后回到山上。

岳云将傅光已起兵的情况禀报了岳飞，并问道："孩儿上山的时候，看见挂着七道'免战牌'，不知道是谁瞒着爹爹，败坏岳家的脸面，孩儿已经将它们都打碎了。请爹爹查出挂牌的人，以正军法。"岳飞大声呵斥道："逆子！'免战牌'是我下令挂的，你竟然敢打碎，违抗我的军令！"随即下令将岳云绑出去斩首。众将连忙一起上前求情。岳飞说："各位将军，我自己的儿子违抗军令，却不能正法，怎么能让将士们心服口服？"众将听罢，都沉默不语。只有牛皋站了出来，说道："元帅挂'免战牌'，是因为完颜金弹子骁勇，无人能打得过他。公子年轻，不知道军法，所以将'免战牌'打碎了。如果将公子斩首，一则不顾父子之情；二则兀术还没捉住，却先斩了大将，对战事不利；三则如果外人知

第三十四回 岳云戴勇将功赎罪

道元帅因为儿子打碎了'免战牌',就杀了他,岂不被他们笑话!不如命公子与完颜金弹子交战,如果得胜,就算将功赎罪;如果失败了,再杀不迟。"岳飞说:"如果你肯保他,就写一份保状。"牛皋听罢,让汤怀替自己写了保状。岳飞收起保状,下令放了岳云,命牛皋带着岳云下山作战。

牛皋和岳云一面往山下走,一面说:"侄儿,你与完颜金弹子交战,如果输了,就冲过番营,逃回家去见你的奶奶,就没事了。"岳云谢罢,纵马冲下山,与完颜金弹子战在一处。一个银锤摆动,银光罩住身体;一个铁锤舞起,黑气四处弥漫。二人战了四十多个回合,不分胜负。打到八十多个回合时,岳云力怯,渐渐招架不住。牛皋在一旁十分着急,大叫一声:"侄儿不要放走他!"完颜金弹子以为兀术叫他,回头一看。岳云乘机挥锤打中完颜金弹子的肩膀,完颜金弹子翻身落马。岳云拔剑割下他的首级,回山缴令。岳飞十分高兴,就赦免了岳云。

粘罕见到儿子的尸体,顿时放声大哭。兀术无奈,只得命工匠雕了一个木人头凑上,派人将完颜金弹子的尸体送回金国。第二天,兀术问军师哈迷蚩:"军师,如果宋朝各处兵马都到了,我们该怎么办?"哈迷蚩说:"臣想不出好的计策了,只能与宋军决一死战。"兀术听罢,沉默不语。

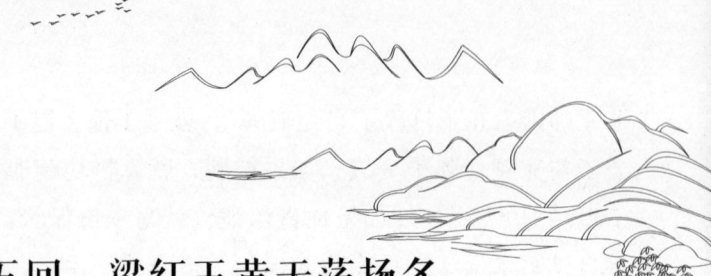

第三十五回　梁红玉黄天荡扬名

自从高宗在金陵即帝位后，韩世忠、梁红玉夫妇重新整顿人马，带着两个儿子韩尚德、韩彦直从陕西出发，一路杀到豫章，征服了曹成、曹亮等，并收服了十万降兵，之后由水路乘船驶至汉阳，在离牛头山六七十里之处安营。韩世忠与梁红玉商议，准备去牛头山保驾。梁红玉说："相公①，不如先派人上山奏明天子。如果要我们保驾，便发兵前去。如果让我们开拔到别的地方，我们便到那里安营，怎么样？"韩世忠依言，写了一道奏章和一封书信，命韩彦直送去牛头山。

韩彦直是韩世忠的次子，当时十六岁，使一杆虎头枪，勇不可当。他领命上岸，骑马奔牛头山而去。走了二十多里，遇到一员将官骑着马落荒而逃。这个人一边跑一边叫道："赶快往回走，金兵杀来了！"韩彦直微微一笑，还没开口说话，粘罕已冲到跟前。韩彦直不慌不忙，把银杆虎头枪一摇，直刺粘罕胸口，粘罕举棍架住。接着，韩彦直一连刺了数枪，粘罕招架不住，拨马想逃。韩彦直大喝一声，一枪刺中粘罕的后心，粘罕坠马而死。韩彦直随即取剑割下粘罕的首级。

那位将官下马走到韩彦直面前，深深地鞠了一躬，说："多谢小将军救了我！请问尊姓大名？"韩彦直忙说："小将是两狼关元帅韩世忠的次子韩彦直，奉命上牛头山见岳元帅。请问老将军尊姓大名，为什么被金将追赶？"那位将官说："我是

① [相公]
此处指古时妻子对丈夫的称呼。

第三十五回　梁红玉黄天荡扬名

藕塘关总兵金节，奉岳元帅命令到牛头山保驾。到金营门口时，遇到这个金将。他不肯放我过去，我也打不过他，所以逃到这里。我被金兵杀败，无颜去见天子。我有一道奏章和一封给牛皋的家信，烦请公子带去。我在这里安营，等候你的消息，不知道行不行？"韩彦直痛快地答应了，一边收好金节的奏章、家信，一边牵过粘罕的马，将他的首级挂在腰间，上马而去。

过了一会儿，韩彦直来到金营前，摇动手中银杆虎头枪，犹如闪电一般冲了进去。金兵根本不敢阻挡，只得任由他出营上山。兀术闻报，心里暗暗叫苦。

韩彦直来到山上见了岳飞，详细说了来意和遇见金节、杀死粘罕的经过。岳飞大喜，立即带着他见了高宗。在李纲的建议下，高宗将韩世忠官复原职，封韩尚德、韩彦直为平虏将军，并命韩世忠率军去收复金陵。接着，岳飞让岳云送韩彦直出金营。

岳云、韩彦杀进金营，没人敢挡。韩彦直为了显示自己的本领，又杀进金营，将岳云送回山下。岳云坚持杀进金营，将韩彦直二度送出了金营。韩彦直又要送岳云回山。岳云说："我们这样送出送进，到什么时候结束？难得我们意气相投，就结拜为兄弟，你觉得怎么样？"韩彦直大喜，当即答应。二人遂撮土为香，结拜为兄弟。韩彦直比岳云年长，就做了哥哥。至此时，二人才上马分手。

韩彦直回到汉阳，对父亲说了高宗恢复他的官职并命他率军收复金陵的事，接着又把自己与岳云结拜的事告诉了母亲。韩世忠立即挥师顺江而下，朝金陵进发。

船行到狼福山附近时，韩世忠接到探马禀报，说留守宗方击退了杜充、曹荣，威震金陵。韩世忠一面下令战船停泊在狼福山下的江面，一面派人前往金陵、牛头山打探消息。

当时，救援高宗的各路人马陆续到达牛头山附近安营。岳飞闻报，命何元庆、余化龙、张显、岳云、董先、张宪、汤怀、牛皋率众将先冲入金营，自己率大军随后杀到。各路救援人马也从四面八方围攻上来。虽然兀术命众将士拼死奋战，但金兵终究不敌，被杀得尸堆满地、溃不成军。兀术只得朝金门镇方向逃去，岳飞率领一支人马紧追不舍。

兀术在逃跑路上，被狄雷截住了。狄雷率军一阵冲杀，金兵又损失大半。这时，岳飞追至。狄雷不分青红皂白，一连朝岳飞打了数锤。岳飞连忙招架，大声呵斥道："你是什么人，竟敢挡我的去路？"狄雷听罢，仔细一看，见来人是岳飞，大吃一惊，慌忙拨马跑了。

兀术趁岳飞、狄雷交战时夺路而逃，仓皇之间逃到江边。金兵见眼前是一片白茫茫的江水，附近没有一条船，顿时绝望地叫喊起来。兀术也吓得浑身发抖，仰天大喊道："天亡我也！我自从进军中原以来，从没有遭遇过这样的失败！现在前有大江，后有追兵，该怎么办啊？"哈迷蚩用手指着江面，说："主公不要惊慌！江里不是有船来了吗？"说罢朝江面大喊"救主"。兀术定睛一看，远处驶来数艘挂着金军旗号的战船。原来这些是杜充、曹荣的战船。二人被宗方打败，乘船逃到这里。杜充、曹荣见是金兵，连忙将船靠岸。但是船少人多，兀术与哈迷蚩、众将先上了船，大多数金兵只能待在岸上。这时，岳飞率军追至。岸上的金兵纷纷大哭起来，不少人跳到江中，葬身鱼腹。兀术见状，心里十分悲痛，不禁掩面大哭。

岳飞一路追到汉阳，一边下令在江边安营，一边派人四处寻找船只，准备顺江而下追击兀术。过了一会儿，探马来禀报说："韩元帅在狼福山下安营，阻住了兀术的去路。"岳飞想了片刻，说："这一功让给韩元帅吧。"随即命岳云率三千人马赶往天长关阻截兀术。岳云依令而下。过了两天，岳飞率大队人马回了潭州。

兀术一路逃跑，一路收拾残兵败将。到狼福山南岸黄天荡①时，兀术下令整顿船只、队伍。经过查点，只剩了五六百条船、四五万士兵。兀术长叹一声，说道："我初进中原时，有雄兵数十万、战将数百员。现在被岳南蛮杀得只剩下四五万人，而

① [黄天荡] 在今江苏南京东北。

第三十五回 梁红玉黄天荡扬名

且大王兄与二殿下都阵亡了。我有什么面目去见父王？"说罢痛哭起来。众将劝慰了一会儿，兀术才止住哭泣。

第二天，兀术站在船头观察江北，只见停靠的战船绵延十几里，中间密密麻麻分布着高达二十多丈的海鳅舰，插着韩世忠的旗号，心想："我只有五六百条战船，怎么能过江？"便叫来哈迷蚩商议对策。哈迷蚩说："江北战船密布，必须派人打探虚实，才能过江。"兀术说："今晚我亲自去探个究竟。"哈迷蚩连忙阻止，兀术说："没关系。我昨天抓了一个当地人，把这一带的地形问清楚了。这里有一座金山①，地势较高，我上去就能看清江北的虚实。"

韩世忠在江北见金兵屯扎在黄天荡，便召集众将商议道："兀术是金国名将，今晚必然上金山偷看我的营寨。副将苏德，你率一百士兵，埋伏在龙王庙里；你自己藏在金山塔上，如果看见金兵来了，就在塔上擂鼓，率兵冲出去，我安排人马接应你。"接着，命次子韩彦直带领一百人埋伏在龙王庙左侧，听见塔上鼓响，便率兵杀出来；命长子韩尚德带领三百人乘船埋伏在岸边，听到江中炮响，就冲出来截断兀术的归路。三人依令而行。

果然，到了晚间，金将何黑闼将兀术与哈迷蚩、元帅黄柄奴三人悄悄地送到北岸。三人上马，趁夜色爬上了金山，来到龙王庙附近。兀术朝山下看去，只见江波浩渺，一览无余。苏德在塔顶上发现三个人行至龙王庙附近，心里暗暗叫好："元帅真是料事如神！"紧接着奋力擂起鼓。庙里埋伏的士兵们听见鼓声，立即呐喊着冲了出来。韩彦直一边大喊："兀术往哪里跑？快快下马投降！"一边率兵杀出。兀术、哈迷蚩、黄柄奴听见战鼓声和喊杀声，吓得心惊胆颤，也不顾山路高低不平，拨马就往山下跑。突然，一人因为马失前蹄，被掀到地上。韩彦直举枪就刺，兀术举起金雀斧架住，地上的人乘机爬起来，骑上马跑了。何黑闼连忙将逃下山的两个人接上船，乘风驶向南

① [金山]
位于今江苏镇江市区西北。

岸。等韩尚德听到炮响、派出小船追赶时，金军的船已经远去了。韩彦直与兀术战了七八个回合，突然一伸手，将兀术拉下马活捉了。

第二天天一亮，韩彦直将兀术推进主帅帐中。韩世忠大喜，仔细一看，却大吃一惊，原来被抓的人不是兀术。韩世忠呵斥道："你是什么人，居然假冒兀术来骗我？"那人说："我是金国元帅黄柄奴。军师怕你施诡计，所以命我假扮成四太子的模样，果然不出军师所料。既然我被擒，你要砍就砍，不必多言。"韩世忠听罢，下令将黄柄奴押到后营囚禁了起来。

兀术用金蝉脱壳之计逃脱，韩世忠闷闷不乐。妻子梁红玉说："兀术一路逃到这里，粮草所剩无几，必然要急着回去。所以尽管他今天差点儿被抓，但可能会在今夜乘我们小胜之后大意来偷袭。金人多诈，恐怕他一面偷袭，一面过江。将军与两个孩子及众将领兵八千，分为八队，四面截杀；我在江上严阵以待，等金兵一来，就用火炮、管箭对付他们，不与他们直接交战。兀术见我军不动，必然下令渡江。将军可下令在中军大船上立起楼橹①，中间竖一面大白旗作为号旗，我亲自在上面击鼓指挥。鼓起则进，鼓停则守；金兵往哪个方向，白旗就指哪个方向。一定要杀得兀术片甲不留，让他从此以后再也不敢窥伺中原！"韩世忠听罢大喜，依言准备。梁红玉随即下令将船只分成八队，用大铁环系住，每队再分为八小队，一共六十四小队，每小队又设一名队长；并命众将士哑战，不要呐喊。

当晚定更②时分，梁红玉命一名家将负责摇号旗，自己登梯上楼橹坐定。这个楼橹离水面有二十多丈，在上面观察金营，所有动静都能一目了然。

兀术从金山逃回营中，对哈迷蚩说："这一次不仅没能观察到宋军虚实，反而损失了黄柄奴，怎么才能渡江回去？"哈迷蚩说："现在军中粮草越来越少，坚持不了多久。今晚可出其不意，连夜过江。"兀术依言，命大元帅粘没喝率三万人马、五

① [楼橹]
古代军中用以瞭望军情的、无顶盖的高台。建于地面或车、船之上。

② [定更]
晚上八时左右。古时用打鼓报告初更开始，称为定更。

第三十五回　梁红玉黄天荡扬名

百条战船，防住韩世忠大军；派部分人马乘小船悄悄地到北岸，在陆地上抢占通往仪征①的道路。金兵金将归心似箭，都想赶快过江。得到兀术的命令之后，一个个磨刀拈箭，勇气大增。到了三更时分，兀术命众将士饱餐一顿。随后，粘没喝率三万人马，乘着五百条战船，朝狼福山下进发。

粘没喝指挥战船将近狼福山时，金兵将士一起呐喊，但宋营中毫无动静。在后边船上的兀术正在惊疑，忽然一声炮响，箭如雨发，紧接着大炮打来，金军船只被打得七零八落。兀术慌忙下令改变方向，从旁边驶向北岸。梁红玉在楼橹之上看得清清楚楚，一边敲鼓，一边指挥摇动号旗。韩世忠与韩尚德、韩彦直率领八队船只，按照号旗的指挥，分三面夹攻金军。金军根本招架不住，死伤不计其数。兀术的女婿龙虎大王被活捉，何黑闼阵亡。兀术无奈，只得逃回黄天荡。

兀术并不知道黄天荡是一条死水，如果被堵住进路，根本出不去。韩世忠、梁红玉见兀术败进黄天荡，不禁大喜，下令将龙虎大王、黄柄奴斩首后，即命韩彦直率众将士守住黄天荡口。

① [仪征]
即今江苏仪征。

第三十六回　兀术逃生高宗迁都

兀术逃进黄天荡之后，只剩下不到两万人马、四百多条战船。他不知道这一带的道路、地形，就派人抓来了两个渔翁。兀术好言对渔翁说："我是金国四太子，因为兵败到了这里，但不知道出路，麻烦你们给指条路，必有重谢。"渔翁说："这里叫作黄天荡。水面虽然大，却是一条死水。只有一条进路，根本没有第二条出路。"兀术闻言，才知道走进了死路，顿时惊慌起来。哈迷蚩说："如今形势危急，请狼主写一封信给韩世忠讲和，许诺给他礼物。看他答应还是不答应再议。"兀术依言，连忙写了一封信，派人送给韩世忠。

韩世忠收到信拆开一看，只见上边写着："情愿求和，永不侵犯。进贡名马三百匹，买条路回去。"立即哈哈大笑，说："兀术把我当作什么人了！"说罢写了一封回信，拒绝了兀术讲和的请求。接着，韩世忠亲自赶到黄天荡口，对众将士说："如果金兵出来，不许交战，只用大炮、弓箭将他们打回去。"

兀术求和不成，只得下令拼死杀出黄天荡。次日，金兵金将摇旗呐喊，驾船冲向黄天荡口。但韩世忠按兵不动，只是下令打炮、射箭。兀术料想冲不出去，便下令停止前进，随后派人请韩世忠出来说话。二人各坐着一条大船，兀术在船头脱帽跪下，说道："中原与金国本来是一家，两位主公犹如兄弟一般。江南贼寇生乱，所以我起兵来征讨，不料侵犯了将军。今天我对天盟誓：从今以后与中原和好，永不侵犯。请求将军放我回国吧。"韩世忠说："金国早就背弃了盟约，掳走宋朝二帝，

第三十六回　兀术逃生高宗迁都

侵占宋朝疆土。只有送还二帝、退回汴京，才能讲和，否则就决战吧！"

兀术见韩世忠不肯讲和，又不能冲出去，只得退回黄天荡。他成天闷闷不乐，对哈迷蚩说："我军屡败，人人恐惧。现在内无粮草，外无救兵，只能死在这里了！"哈迷蚩说："形势万分紧急，不如挂出榜文求贤，如果能解决这次危机，赏千两黄金。也许真能找到能人。"兀术依言，下令挂出招贤榜文。

过了两天，一名秀才来见兀术。兀术忙起身将他请到上坐①，说："我被困在这里，无路可出，又没有粮草。请先生救我！"秀才说："带兵打仗，我不行。但是要出黄天荡，却没有难处。"兀术大喜，说："我如果能脱身回国，不仅要送先生千两黄金，还要与先生共享富贵！"秀才说："这里向北三十里就是老鹳河，原来河道是畅通的，只是时间久了，就被泥沙淤塞了。为什么不命将士掘开泥沙，将水重新引进来？那样就能离开黄天荡了！"兀术听罢大喜，忙命人拿出金子、彩帛送给秀才。秀才不接受，也没说自己的姓名，就飘然而去。兀术立即命令所有将士掘河引水。剩下的金兵都想逃命，就拼命挖掘，只用了一夜的工夫，就掘开了三十里旧河道。金军匆忙乘船离开黄天荡，到老鹳河后上岸，奔金陵而去。

① [上坐]
受尊敬的席位。

韩世忠率军在黄天荡口守了十几天，见金兵没有一点儿动静，忙派人打探。得知兀术脱逃后，韩世忠暴跳如雷，仰天长叹道："算了！算了！天意注定兀术命不该绝啊！"梁红玉说："兀术逃走，虽说是天意，但也是因为将军骄惰懈怠。不能说将军没有罪过。"韩世忠心中十分愤懑，随即命大军回到汉阳江口安营，自己则带着人去见岳飞。

兀术经由金陵一路逃至天长关下，勒住马哈哈大笑，说道："岳南蛮、韩南蛮，你们用兵不过如此而已！如果要在这里埋伏一支人马，我插翅难逃！"话音未落，忽然一声炮响，三千人马冲出来一字排开。岳云纵马来到队前，大声说道："小将军在

① [赶人不要赶上]
意为不要逼人太甚，要留有余地。

这里等候多时了，快快下马投降！"兀术说："古人云：'赶人不要赶上。'①我与你决一死战吧！"说着举起金雀斧就砍，岳云把锤往上一架，发出"当"的一声巨响。兀术招架不住，被岳云拦腰一把抱住。金兵见兀术被擒，纷纷拼命往关外冲。最后只有三百六十人逃走了，其余的都被杀死或俘虏。

岳飞得知兀术逃出黄天荡的消息，在帐中急得直跺脚，说："兀术能逃走，真是天意啊！"话音刚落，探马来禀报说岳云将兀术捉了回来。岳飞不禁大喜。不一会儿，岳云将兀术押到帐中。岳飞仔细一看，原来这个人不是兀术，便大声呵斥道："你是什么人？竟敢假冒兀术？"假兀术说："我是四太子手下高太保。受四太子厚恩，无以报答，所以舍身代狼主受难。你要砍就砍，不必多说。"岳飞大怒，一边下令将高太保斩首，一边斥责岳云道："你这个无用的畜生！你在牛头山那么久，怎么会不认识兀术？"说罢下令将岳云也推到帐外斩首。

正在这时，韩世忠赶到。见岳云被绑，忙进帐劝岳飞说："兀术曾登金山探察我的营寨，我派次子埋伏起来擒他，谁知他也捉了一个假兀术。依我看来，一则金人狡诈，二则兀术命不该死，不是令郎的罪过。请元帅手下留情！"岳飞见韩世忠求情，便下令放了岳云。接着，韩世忠与岳飞商定，一起带兵赶往金陵。

过了几天，韩世忠与岳飞分别率兵从水路与陆路到达金陵，在城外安营。高宗回到宫中，下令设宴慰劳众人。

几天后，临安节度使苗傅、总兵刘正彦派人送来奏本，说临安宫殿已经完工，请高宗迁都。高宗随即传旨准备，择日迁都。李纲得知消息后，慌忙进宫劝阻，但高宗根本不听。李纲便提出辞官回乡，高宗当即同意了。当天晚上，李纲也没通知其他大臣，简单收拾后就出城回家乡了。岳飞听说后，带着众将劝说高宗不要迁都，高宗还是不听。岳飞也像李纲一样，提出辞官回乡侍奉母亲，高宗也同意了。

第三十六回 兀术逃生高宗迁都

接着,高宗封韩世忠为威安郡王。他担心韩世忠也劝自己不要迁都,就命韩世忠留守润州①,不用来金陵。过了数天,高宗选定吉日,将都城迁到临安,并将年号改为绍兴元年(1131)。

① [润州]
治所在今江苏镇江。

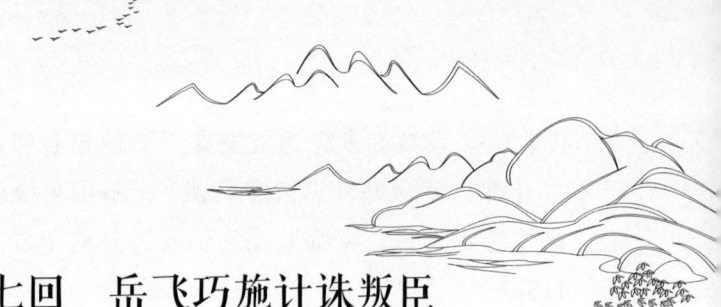

第三十七回 岳飞巧施计诛叛臣

高宗迁都临安后,大将军王渊执掌重兵护卫都城。王渊当时已年过九旬,但十分忠心尽力。一天,他召集众将说:"明天是霜降①,各位都要去校场祭旗、操练兵卒,不能耽误!"第二天,众将都到校场集合。王渊查点人数,发现只有苗傅、刘正彦没到,便派旗牌官去催促。不一会儿,旗牌官回来禀报说:"两人奉旨去西山打猎了,不能来操练。"王渊无奈,只得与众将祭旗、操练兵马。结束后,王渊回府。在经过众安桥时,迎面遇到苗傅、刘正彦醉醺醺地带着几名家将骑马而来。二人来不及回避,只得下马,低着头站在路边。王渊将二人叫到马前,怒斥道:"大胆的匹夫!你们说奉天子旨意去西山打猎,为什么在这里?这分明是藐视本帅!"说着下令各打二人二十大板。二人慌忙跪下,说道:"小将一时冒犯虎威,请元帅看在平日的面子上,饶了我们吧。"王渊说:"你们仗着天子宠幸,对待大臣傲慢无礼。本来该重重处罚,今天暂且饶了你们。如果下一次再这样,我一定要奏明天子,斩了你们的驴头。"说罢就回府了。

苗傅、刘正彦被王渊说得满面羞愧,无处发泄。苗傅将刘正彦请到自己的衙门里,说:"王渊这个老贼,在大街上让我们出丑,真是奇耻大辱!现在岳飞已经退居家乡,韩世忠远在镇江,满朝文武大臣之中,我们还怕谁?我想你和我集合部下,

① [霜降]

传统二十四节气之一,在每年十月二十三日左右。它是秋季的最后一个节气,意味着冬天即将开始。

第三十七回　岳飞巧施计诛叛臣

杀了王渊老贼，然后进宫活捉康王，不怕文武大臣们不服！我们平分天下，共享富贵。你觉得怎么样？"刘正彦说："此计甚妙。事不宜迟，我们今晚就集合人马，到王渊府门口会合，杀他个出其不意。千万要小心，不能走漏消息，耽误大事。"二人议定，各自悄悄地集合人马。

当晚三更时分，苗傅、刘正彦率兵来到王渊府门口，大喊着杀入府中。王渊根本没有防备，全家九十多口人都被杀害了，家中财物全部被抢。接着，苗傅、刘正彦领兵来到皇宫门前，将守卫的御林军全部杀死，直接冲进大殿。高宗吓得浑身发抖，惊慌失措，躲进了后宫。苗傅、刘正彦又率兵冲入后宫，正好遇到刘妃带宫娥出来迎接。刘妃是刘正彦的堂侄女①，不久前才被送给高宗。苗傅、刘正彦一见到刘妃，忙问："康王在哪里？"刘妃说："王渊依仗功劳，不把天子放在眼里，很多大臣也都愤愤不平。康王昏庸无能，难以主宰天下。不过，这样的状况非常好。如果你们今天捉了天子，勤王的人马来了，你们就会寡不敌众。况且岳飞现在在汤阴，他手下的将士十分了得，如果他得知消息后率军赶来，你们怎么应对？依我的看法，不如将康王留在宫中，逼他传位给太子。新君登基，岳飞一定来朝贺，我们可以乘机将他杀了，就可永绝后患。之后，你们就能高枕无忧，想怎么样就怎么样。"二人听罢大喜。苗傅对刘正彦说："事成后，我和你平分天下。我一定封令侄女为皇后。"刘正彦大笑起来，说："贤侄婿，不要多说了，干正事要紧！"二人随即出宫，分派心腹家将去各个衙门把守，不许任何人私自出入。接着，二人又写了一份假诏书，说康王将帝位传给太子，命岳飞到临安来扶助新君。

尚书仆射（yè）②朱胜非发现了苗傅、刘正彦的举动，于是写了一封信，悄悄地派家人朱义星夜送往汤阴，请岳飞速来解救高宗。

岳飞辞官回乡之后，便派人到巩家庄，将巩致的女儿巩氏

① [堂侄女]
　　对堂哥或堂弟女儿的称呼。

② [尚书仆射]
　　尚书省长官。尚书省系古时最高行政机构，后废止。仆射：本意为主管武事，借指诸官之长。

接到汤阴与岳云完婚。不久之后，姚氏病故。岳飞悲伤过度，茶不思饭不想，弄得骨瘦如柴。众人屡屡劝慰，他才开始吃饭。他的兄弟们都在汤阴成了家，有的生儿，有的生女，日子过得十分快活。一天，岳飞与兄弟们正在郊外打猎，朱义忽然赶到，送来了朱胜非的书信。岳飞拆开一看，吃了一大惊，连忙回家写了回信，交给朱义，说："你回去告诉你家老爷，按照信中所说的行事。一定要小心，不能泄露了！"朱义随即赶回临安。

接着，岳飞又写了一封信，命牛皋、吉青到润州送给韩世忠，然后再到临安，按照自己的计策，就能擒住苗傅、刘正彦。二人领命，立即上马赶往润州。过了两天，二人到润州见了韩世忠，将信呈上。韩世忠看完后十分吃惊，说道："既然出现这样的变故，你们先去临安，依计行事。我立即召集人马，随后就到。"二人依言，飞马直奔临安。

在离临安城还有一段距离时，牛皋对吉青说："我先进去，你跟在后面。"说罢，牛皋拍马来到城下，高声叫道："我是岳元帅的部将牛皋，有要紧事要见苗老爷、刘老爷。"苗傅、刘正彦正在巡城，见牛皋独自一人叫门，便命士兵开门将他放进城。牛皋见到苗傅、刘正彦，悄悄地说："岳元帅让小将转告二位老爷，他杀退金兵，立下汗马功劳，但康王不仅没有封赏，反而罢免了他的官职。那些无功的人在朝中享受俸禄，他却只得回乡闲居，心中实在是愤愤不平。二位老爷为什么不将康王贬入冷宫？太子是个三四岁的孩子，哪里能做皇帝！二位老爷何不平分天下？岳元帅愿助一臂之力。"苗傅、刘正彦听罢大喜，说道："如果岳元帅肯来助我们，就封他为王，同享富贵，绝不食言！"说罢，将牛皋带到府衙，一起商议给岳飞回信。

忽然，有士兵来禀报说城外有一位叫吉青的将军叫门。牛皋忙说："吉青是我的兄弟。康王不用他，他就在太行山落草了。我前天才写信将他叫来临安。"苗傅、刘正彦听罢，让士兵将吉青请到府衙。又过了一会儿，有士兵进来禀报说："韩世忠带领人马来到城下，口口声声说要捉拿二位老爷。"苗傅、刘正彦十分惊慌。这时又有士兵来禀报说："尚书仆射朱胜非已去开城门迎接韩世忠了。"二人顿时大惊失色，说："谁去

将朱胜非捉来?"牛皋大喊一声:"我去!"说着冲到苗傅身边,伸手一把将他抓住。吉青也迅速上前捉住了刘正彦。士兵们见势头不妙,一哄而散。这时,韩世忠领兵赶到府衙,立刻下令将二人斩首,并命人搜捕余党。

高宗得知后,降旨封韩世忠为蕲(qí)王,仍回润州,封牛皋、吉青为都督。牛皋说:"你这个皇帝老儿,不听我大哥的话,才会有这样的祸害!我们本不想来救你,奉哥哥的命令才来的。现在二贼已诛,我们要回去复命,谁要做你的官!"说罢,与吉青出朝上马,回汤阴去了。

第三十八回　杨再兴不敌杀手锏

岳飞用计除掉苗傅、刘正彦后，临安一直太平无事。绍兴七年（1137）春天，杨再兴在山东九龙山兴兵作乱。同时，戚方、罗纲、郝先在太湖聚众谋反。告急奏章接连送到临安。高宗仓皇无措，便问众大臣该怎么办。太师赵鼎极力举荐岳飞去平叛，但高宗却担心岳飞不愿意听命，于是闷闷不乐地回到后宫。皇后魏氏见状，便问是什么原因。高宗说："众寇作乱，太师赵鼎保荐岳飞。朕想命他征剿众寇，但担心他不肯应召进京，所以忧愁烦闷。"魏氏说："臣妾①曾为万岁绣过一对龙凤旌旗，现在在上面再绣上'精忠报国'四个字，万岁派人将旌旗赐给岳飞，说不定他会来。"高宗大喜，立即命魏氏绣字，然后派钦差带着这一对龙凤旌旗前往汤阴，召岳飞即日进京。差官领旨出京，星夜赶到汤阴。

岳飞接到圣旨和旌旗，立即开始打点行装，并将兄弟们召集到一起，说："圣上降旨，命我们出兵剿寇。皇后亲自绣了一对龙凤旌旗，上面有'精忠报国'四个字。我只得奉诏进京，特请各位兄弟和我一起去。"牛皋说："我不去。那个瘟皇帝，太平无事的时候想不到我们，战事一起，就找我们替他去厮杀，他自己却在宫里逍遥快活。"岳飞说："贤弟不要这样说。古人云：'食君禄，忠君事。'而且人生在世，一定要成就一番轰轰烈烈的事业，光宗耀祖，怎么能老死蓬蒿②呢！我们还要迎还

---

① [臣妾]
　　古时皇帝、仕宦之妻对自己的谦称。

② [蓬蒿]
　　蓬草和蒿草，借指荒野偏僻之处。

第三十八回 杨再兴不敌杀手锏

二帝,恢复中原,才算实现一生的抱负。贤弟们将家眷都送回家乡,放心去建功立业,才能不负一世光阴!"牛皋听罢,点头称是。众人纷纷表示同意,随后回家收拾妥当,将家眷送回家乡。岳飞、岳云父子与李氏、巩氏交代一番,即刻率众人动身。

数天后,岳飞到达临安。高宗大喜,立即让岳飞官复原职,随后调集了十万人马和粮草。岳飞命牛皋为先锋,率三千人马赶往九龙山;命岳云护送粮草。二人各自领命而去。接着,岳飞率大军起行,一路浩浩荡荡奔赴九龙山。

牛皋率军穿州过府,几天后就到达九龙山下,随即命令众将士呐喊挑战。杨再兴闻报,立即带领喽啰们下山,一字排开。他朝着牛皋大喊道:"从哪里来的毛贼,竟敢到这里来自寻死路?"牛皋回骂道:"你这个狗强盗,见了牛老爷,还不下马投降?"杨再兴说:"吓(hè)!原来你就是牛皋!你不是我的对手,让岳飞来会我吧!"牛皋大怒,提锏便打,杨再兴抢枪招架。两人打了十二三个回合,牛皋不敌,只得拨马而走。杨再兴也不追赶,率众喽啰回山上去了。牛皋率军后退了数里安营,等候岳飞大军到来。

过了几天,岳飞率大军赶到。牛皋出营迎接,岳飞问:"牛皋,你战过了吗?"牛皋说:"我和一个骑白马、持银枪的贼寇战了十二三个回合,结果败了,他也没追击我,所以就没再战。"众将听罢,纷纷笑了起来,说道:"这么说,牛哥打了败仗了。"岳飞又问:"那人叫什么名字?"牛皋说:"这个没问他。"岳飞说:"牛兄弟,你跟着我征战多年,还是这么冒失,连对方的姓名也不问,就与他动手。如果立了功,功劳薄上怎么写呢?下次交战时,必须问清姓名后再打。你记得当年在汴京小校场中交手的杨再兴吗?你遇到的是他吗?"牛皋连连点头,说:"小弟一时忘了,正是这个人。"岳飞哈哈大笑,说:"既然是他,你哪里是他的对手?我明天亲自出马,劝他归顺,岂不是好?"

第二天天还没亮,岳飞就吩咐擂鼓集合人马。众将纷纷说:"杀鸡焉用牛刀!一个草寇,我们去把他捉来就行了,元帅何必亲自出马呢?"岳飞说:"各位有所不知,不是我今天要立功。这个杨再兴是一员虎将,我要亲自出马收降他。另外，为兄的今天出战，如果胜了他，不用贤弟们上前；如果打了败仗，也不要贤弟们上前。违令者，依照军法斩首示众。"众将齐声答应，并说："我们和元帅一起去，看看元帅的战法。"岳飞说："去是可以去，但不要上前帮忙。"说罢，带着众将来到九龙山下挑战。杨再兴得报，立即领着喽啰们下了山。岳飞看杨再兴面白唇红、英姿飒爽，心中暗暗叫好，拍马上前，说："杨将军，别来无恙？"杨再兴说："岳飞，不要胡说！我和你在什么地方见过，现在讲这种鬼话？"岳飞说："难道将军忘记了吗？以前在汴京小校场中，我与将军见过一次。"杨再兴想了一想，说："吓！你就是那个枪挑小梁王的岳飞吗？"岳飞说："不错。今天我有一句话告诉将军：将军是将门之后，武艺超群，为何自甘流落绿林？岂不有辱祖宗，遗臭万年！将军文武全才，何不归顺朝廷，荡平金人迎还二圣？那样就可以名垂竹帛，岂不是美事？"

杨再兴呵呵一笑，说："岳飞，你住口！我杨再兴岂是不懂道理的人？当年宣和皇帝①任用蔡京②、童贯③等奸臣，大兴工役，刮尽民脂民膏。他听信奸臣的谗言，与金人约定攻辽，结果导致金人入侵，便将帝位传给靖康④。两人懦弱无能，都被金人掳走了。如果君主真的想振兴国家，除掉奸臣、任用贤才、发奋图强、恢复国运，报仇雪恨和让百姓安宁有什么难的？只可惜当今皇帝只想偏安一隅（yú），根本没有大志。他不听忠言，信任奸臣，将一座锦绣江山弄得支离破碎，岂是奋发有为的君主？你不如和我一起在山东起义，先攻下宋室，再恢复中原，然后共享富贵。何必苦苦辅佐这个昏君！你如果不听我的话，只怕将来死无葬身之地，后悔莫及啊！"岳飞道："将军的话不对！为臣尽忠，为子尽孝。我们生在大宋，就是宋臣。你家世代都是忠良，怎么能甘为叛逆侮辱祖宗！你如果不听我的劝说，我只能与你一决胜负。"杨再兴道："岳飞，你难道不知道男子不能流芳百世，就该遗臭万年！我好言相劝，你既然不

① [宣和皇帝]
即宋徽宗。宣和是其年号（1119—1125）。

② [蔡京（1047—1126）]
北宋权相之一、书法家。其四起四落，先后四次位居宰相，任期总计十七年。

③ [童贯（1054—1126）]
北宋权宦之一，掌握兵权二十年。后宋钦宗即位，将其处死。

④ [靖康]
即宋钦宗。靖康（1126—1127）是宋钦宗的第一个年号，也是北宋最后一个年号。

第三十八回 杨再兴不敌杀手锏

听,不必多说了,放马过来!"岳飞说:"我们都让兵将退后,我一个人对你一个人!"杨再兴大笑着同意了,立即命喽啰们退回山寨。岳飞也命众将退后,不许上前。二人随即拍马举枪,战在一处。

二人一直战到黄昏,足足有三百多个回合,竟没有分出胜负,便各自收兵回营,约定转天再战。第二天,岳飞、杨再兴如约再战。二人激战正酣,杀得难解难分,忽然,岳云冲了上来。原来,岳云护送粮草到营中,听士兵说父亲亲自出阵与杨再兴交战,立即纵马跑到阵前。牛皋看到岳云来了,便说:"侄儿,你来得正好。赶快上去帮你的父亲,活捉这个强盗,就完事了。"岳云不知底细,便拍马冲过去,大喊道:"爹爹歇一会儿,孩儿来捉这个逆贼。"杨再兴听罢,厉声喝道:"住着!岳飞,你军令不严,还做什么元帅?我不和你打了。"说罢拨马回山了。岳飞满脸通红,只得收兵。

回到帐中,岳飞勃然大怒,下令将岳云绑出去斩首。岳云一脸茫然,不知道发生了什么。众将明白是怎么回事,连忙一齐跪下,替岳云求情,说道:"公子刚到,不明就里,所以犯了军令,请元帅开恩。"岳飞想了想,便下令打岳云二十棍,随后对张保说:"你将岳云背到山下,对杨再兴说:'公子运粮初到,不知道有军令在先,所以莽撞。本来要将他斩首,因为众将求饶,所以免了死罪,打了二十大棍,现在送来请将军验伤,并请将军谅解。'"张保依令,背着岳云来到九龙山下。

杨再兴闻报下山,张保将岳飞交代的话转述了一遍。杨再兴说:"这么做还像个元帅的样子。你回去告诉岳飞,让他明天再来会战。"张保答应一声,背着岳云回营,将杨再兴约战的话禀明了岳飞。

当晚,岳飞带着张宪去看岳云。岳云见到父亲,顿时泪流满面。岳飞说:"为父的就打了你几下,你怎么就怀恨在心,这时候还流泪呢?"岳云说:"孩儿怎么敢怨恨爹爹?一时想起奶奶如果在世,听说孩儿受刑,一定会给孩儿求情,所以落泪。"岳飞听罢,不由得伤心起来,便说:"你去休息吧。"说罢,一个人回到帐中。

岳飞独自坐着,想到打了岳云,又拿不下杨再兴,心里闷闷不乐,就趴在桌子上迷迷糊糊地睡着了。忽然,一名将官走进帐中。岳飞连忙

① [杨景]
即杨延昭(958—1014)，亦称杨六郎，太原（今山西太原）人，北宋名将。

② [玄孙]
四世孙，即孙子的孙子。

起身，那人坐下后便说："我是杨景①。我的玄孙②再兴在此落草，特来拜托元帅，将他收在麾下立功，不胜感激！"岳飞说："小将早就有这个想法，但他武艺高强，我赢不了。"杨景说："他使的是'杨家枪'，只有'杀手锏'可以赢。现在我传给你。"说罢，杨景起身提枪，与岳飞战了数个回合。接着，杨景转身败走，岳飞随后追赶。突然杨景左手持枪，回身就刺，岳飞忙用枪架住。杨景右手举锏，大叫一声："牢记这个招数！"说着用锏在岳飞背上一捺。岳飞一跤摔倒，猛地惊醒，原来是在做梦。岳飞暗暗称奇，忙把梦中的招数练熟了。

过了两天，岳飞率众将到牛头山下讨战。杨再兴随即领兵下山。二人也不说话，举枪就战在一处。战了十几个回合，岳飞佯败而走。杨再兴一边笑道："你今天怎么不中用了？"一边拍马紧追。岳飞突然回马，左手持枪便刺，杨再兴忙将枪架住。岳飞右手拿起银锏，在杨再兴背上轻轻一捺，杨再兴坐不稳，当场摔下马。岳飞慌忙跳下马，双手扶起他，说："将军请起，得罪了！我们上马再战。"杨再兴满面羞愧，跪到地下，说："小将已领教元帅的本领，甘心服输，情愿归降。"岳飞说："将军如果愿意和我一起恢复宋室江山，我愿与将军结为兄弟。"杨再兴说："我愿在元帅麾下听从元帅差遣，哪敢有这种过分的要求？"岳飞不答应，坚持要与杨再兴结拜为兄弟。于是二人对着拜了八拜，结为兄弟。

随后，杨再兴回山收拾妥当，放火烧了山寨，带着喽啰们归顺了岳飞。岳飞大喜，下令摆酒庆贺，次日即率大军班师回京。

第三十九回　王佐设宴诱杀岳飞

岳飞率军到临安附近时，探马来禀报说戚方、罗纲、郝先领兵进攻临安，即将到达。岳飞忙下令就地安营，并命杨再兴率三千人马去阻击。

杨再兴率人马走了数十里，正遇到戚方领大队喽啰蜂拥而至。杨再兴没等他排兵布阵，就挺枪杀了过去。两人通报姓名后，就厮杀在一起，一口气战了二十多个回合。这时，杨再兴横起枪，举锏朝戚方打去，戚方连忙躲闪，身体避过锏，马头却被打得粉碎。戚方顿时手忙脚乱，杨再兴一把将他抓住摔到地下，命士兵将他绑了起来。罗纲大怒，拍马上前，也不说话，举刀便砍。杨再兴拨开罗纲的刀，伸手将他拽到马下，命士兵将他绑了起来。郝先在后军听说戚方、罗纲被擒，慌忙纵马冲到阵前，抢刀就砍杨再兴。杨再兴架开刀，一连刺了数枪，郝先吓得浑身是汗，招架不住。杨再兴伸出手来，拦腰将他抱了起来扔到地上，也命士兵们绑了。众喽啰见状，一哄而散。

杨再兴将戚方、罗纲、郝先押回营，岳飞大喜，高兴地说："贤弟一天擒住三贼，真是盖世英雄，可喜可贺！有了贤弟，何愁灭不了金人，迎还二帝呢？"接着，岳飞又对戚方、罗纲、郝先说："你们被活捉了，有什么话说？何不归顺朝廷，建功立业？"三人齐声说："感谢元帅不杀之恩。我们愿意归顺元帅，在元帅麾下效力。"岳飞立即下令给三人松绑，并说："我与三位将军结为兄弟吧。"三人连忙推辞，说："小将怎么敢冒犯元帅呢？"岳飞说："不要推辞。我帐下的诸将，都和我结拜成兄弟了。"三人听罢，就和岳飞对着拜了几拜，结为兄弟，然后与众将见礼。之后，三人回去收拾好粮草，带着队伍归顺了岳飞。

接着，岳飞进临安城见了高宗，将杨再兴、戚方、罗纲、郝先归顺的经过详细说了一遍。高宗大喜，当即封杨再兴为御前都统制，封戚方、罗纲、郝先为统制。接着，高宗又命岳飞前去剿灭洞庭湖杨幺。岳飞领旨，整顿好人马，即日离开临安，率大军浩浩荡荡地朝潭州进发。

一路上，各地官员纷纷馈赠礼物，岳飞不仅坚辞不受，还吩咐他们做好官，爱民如子。大军所到之处，秋毫无犯。百姓们无不感激爱戴。数天后，大军到达潭州城外。当时潭州节度使是原在汤阴县任县令的徐仁，他接到岳飞兵到的消息，随即领着总兵张明与地方官员一起出城，将岳飞迎进城。

次日，岳飞问总兵张明关于杨幺的情况。张明说："现在和以前大不相同，杨幺在洞庭湖中君山上建起了宫殿，自称为通天大王，麾下有千员战将、数十万喽啰、无数条战船，十分猖獗。他有个弟弟名叫杨凡，人称'小霸王'，有万夫不当之勇。他的军师叫屈原公，足智多谋。他手下有个元帅叫雷亨，这个人有五个儿子，分别叫雷仁、雷义、雷礼、雷智、雷信，人称'雷家五虎'，十分骁勇。他手下还有十几个大将，也十分英勇。以前官军曾来剿捕，但被杨幺杀得大败。如果元帅来得再晚一些，估计连潭州都被他夺走了。"岳飞听罢，不由得感叹道："这才过了几年？就养成这样的大患！"说罢，他悄悄地对张明说了计策，张明依令而行。

过了两天，岳飞命张保去君山东边木寨送请帖，邀请守将东圣侯王佐赴宴。王佐看完请帖，心想："当年我和岳飞结拜为兄弟的事，不过是为了拉拢他的权宜之策，他怎么当真了？他请我赴宴不要紧，如果让大王知道，岂不是害了我？"遂拿着请帖来到杨幺殿中，奏道："今天岳飞派人给我送了请帖，请臣进潭州赴宴。臣不敢做决定，请主公定夺。"说罢，将请帖呈上。杨幺看完请帖，问军师屈原公该怎么办。屈原公说："可以让东圣侯去潭州赴宴。回来后，臣就会有计策。"杨幺立即同意王佐赴约。王佐立刻回到营中，对张保说："你回去告诉岳元帅，就说我明天一定来赴宴。"岳飞接报，忙吩咐地方官员连夜准备酒席。

第三十九回　王佐设宴诱杀岳飞

第二天巳牌①时分，王佐到达潭州城下。岳飞率领众将到城外迎接，命人用八抬大轿一直将王佐抬进节度使衙门大堂。王佐一下轿子，岳飞便吩咐摆酒。酒过数巡，王佐对岳飞说："仁兄，我主公今天的事业，三分已有其二。"岳飞接过话说："今天请贤弟来，不过是为昔日之情，大家聚在一起聊聊。古人云：喝酒不言公务事。不是为兄的不让贤弟说话，是因为我手下的大将都是忠义之士，如果因为贤弟的话起了冲突，倒是愚兄不对了。"王佐听罢，只是喝酒，不敢再说什么了。喝到下午，王佐起身告辞。岳飞仍命人用八抬大轿将王佐送出城。跟随王佐赴宴的人，都高兴地说："岳元帅待人真好。"

王佐回去后，立即见了杨幺。杨幺问屈原公："军师现在有什么计策？"屈原公说："明天大王命王佐派人请岳飞来赴席，岳飞肯定会来。喝酒时，大王命人舞兵器作乐，乘机将岳飞斩首。同时，在周围再埋伏四百名标枪手。如果席间杀不成岳飞，就命王佐摔碎酒杯，让四百名标枪手冲出来杀死岳飞。岳飞双拳不敌四手，即使有通天的本事，恐怕也难以逃脱。东边木寨各道门边都是营房，可在房内多放一些桌椅板凳。等岳飞逃出来，就将桌椅板凳全部抛出，挡住他的去路。然后让士兵们上屋，将瓦片打下。另外，再命雷家五虎带五千人马，截住他的归路。岳飞虽然勇猛，但到这样的地步，就是长了翅膀，也飞不进潭州城！"杨幺闻言大喜，命王佐依计而行。

次日，王佐派家将王德去潭州给岳飞送请帖。岳飞看完请帖，说："我不写回信了。你去回复你家老爷，说我明天一定来赴宴。"等王德走后，众将都问岳飞是怎么回事，岳飞说："王佐请我去赴席。"众将问："元帅答应了吗？"岳飞道："好友邀请，哪有不去的道理？"牛皋问："小将有俸银②吗？"岳飞说："有啊。贤弟的俸银一直没有动用，问这个干什么？"牛皋说："拿五十两银子出来。我要准备一桌好酒宴请元帅，劝元帅不要到王佐那里去赴宴。常言道：'筵无好筵，会无好

① [巳牌]
　　上午九时至十一时。

② [俸银]
　　支付官员俸禄的银两。

会。'元帅一去，小弟会担惊受怕！"岳飞说："贤弟，为兄的是为了国家大事，岂是贪图酒食？既然答应了他，怎么能失信不去！"牛皋说："元帅你一定要赴宴，那就带我一起去。"岳飞点头答应。

第二天，岳飞换上文官服饰，命杨再兴、岳云分别在路上接应，然后带着牛皋、张保往东边木寨而去。王佐得报，忙出寨将岳飞接至营帐，随即吩咐摆酒。二人喝了一会儿，等在营帐外的牛皋对张保说："你好好看守马匹，我进去保护元帅。"说罢走进营帐，大声叫道："我的犒劳呢？"王佐不认得牛皋，转身看着岳飞。岳飞说："他是我的家将牛皋，生性粗鲁，贤弟别和他计较。"王佐听罢，吩咐手下人拿出酒肉招待牛皋。牛皋也不客气，端起来吃得干干净净，然后站到岳飞的身边。

这时，岳飞站起身，说："愚兄的酒量小，告辞了。"王佐忙说："现在怎么能走？酒还没喝够呢！小弟手下有一个人狼牙棒使得好，让他上来耍耍，给哥哥下酒，怎么样？"岳飞一听，又坐了下来，说："这样太好了！就叫他上来吧。"王佐立即派人叫来了温奇。温奇走上来，说："请元帅将桌子移开一些，小将才能舞得开。"王佐对岳飞说："哥哥，他说得对。桌子碍事，使不开。"说罢命人将桌子撤到了两边。岳飞点头同意。

温奇抄起狼牙棒就舞了起来，舞着舞着就到了岳飞面前。牛皋大喝一声："离远一些！"温奇无奈，只得离开。不一会儿，又舞到了岳飞面前。牛皋又将他斥离。这样一连反复了几次。温奇收住狼牙棒，说："你这个将军，真是不识大体，只管吆五喝六，我怎么能使出盘头盖顶的招数？"牛皋说："'单丝不成线，独木不成林。'你一个人舞棒不好看，我和你对舞。"说着抽出镔铁锏，走到温奇对面舞了起来。温奇恨不得一棒打死牛皋，举起狼牙棒劈头盖脸打过去。牛皋左手用锏拨开狼牙棒，右手一锏正中温奇的脑袋，温奇当场毙命。王佐一见，连忙将酒杯朝地下一摔，转身便跑。四百标枪手听到信号，一起冲杀了出来。牛皋大喊道："元帅快走！我断后。"岳飞忙从腰间拔出宝剑，冲到帐外。牛皋舞动双锏，且战且走。张保手拿佩刀护住马匹，大叫道："元帅！牛将军！快上马，小人挡住他们。"岳飞、牛皋慌忙上马。但路上都丢满了桌椅板

第三十九回　王佐设宴诱杀岳飞

凳，马无法跑起来。牛皋只得下马，与张保一起奋力厮杀。二人一连打死了十几个标枪手，剩下的都不敢上前。张保捡起一条枪，将桌椅板凳都挑开。正在这时，两边屋上瓦片如雨点儿一般打了下来。

三人不顾疼痛，拼命冲出木寨。刚出寨门，雷家五将从两边杀了过来，三人只得厮杀。忽然，一阵呐喊声传来，杨再兴一马当先冲了上来。他手起一枪，就把雷仁挑下马。雷义举起铁锤就打，杨再兴架开锤，回手一枪，正中雷义心窝，雷义翻身落马。这时，岳云飞马赶到，保护岳飞、牛皋、张保撤退。剩下的雷家三兄弟使刀的使刀，举叉的举叉，带兵随后紧追。杨再兴大怒，掉转马头拦住雷家三兄弟，只用了几个回合，就将三人全部杀死。

不仅没有杀掉岳飞，还损兵折将，杨幺十分懊恼，但也无计可施。

第四十回　韩世忠计破藏金窟

　　一天，岳飞带着张保在洞庭湖岸边观察地形。洞庭湖水面一望无际，水天一色。远处君山上宫殿巍峨耸立，旗帜密密麻麻十分雄壮。忽然，水面上驶来一条小船。张保忙领着岳飞躲进树林中，悄悄地观察那只小船。小船靠岸后，船夫将船固定好，一个人从船舱里走上岸，四处张望，自言自语地说："我明明看见岸边有两个人，怎么不见了？"张保见那个人没拿兵器，便提棍走出树林，大声喝道："哪里来的奸细，在这里窥探什么？"那个人说："我不是奸细，有情况要禀报岳元帅。"张保将那个人带进树林，指着岳飞说："这位就是岳元帅。你有什么事？"那个人立即跪下，说："小人是杨幺的族弟，叫杨钦。杨幺不知死活，逆天而行，小人十分担心家族存亡。小人想见岳元帅，但找不到门路。刚才过湖办事，没想到遇见元帅。元帅如果相信我，就在明天晚上到这里来。小人有一个计策，可灭掉逆兄。"岳飞说："你既然要归顺，为什么不和我一起走，反而要明天再见呢？"杨钦说："元帅身为大将，岂不知道机事不密，绝难成功？小人手无缚鸡之力，又不懂行军作战之道，早早归顺于事无益。这件事必须秘密，如果泄露一点儿，不但无功，反而白费周折。"岳飞听完这番话，就同意明天晚上仍然来这里见面。杨钦便告辞而去。

　　第二天下午，岳飞暗暗地命张宪、杨再兴、岳云、王贵各带三千人马，在湖边埋伏起来，如果看到烟花，就冲出来接应。当晚，岳飞对张保说："你一个人去，见机行事。如果出现意外，就放起烟花，埋伏的

第四十回 韩世忠计破藏金窟

人马立刻会接应你。"张保辞别岳飞,一个人出城来到湖边树林中。过了一会儿,一条小船靠了岸,杨钦走出船舱。张保四处看了看,见没有其他人,就迎了上去,对杨钦说:"元帅突然病了,所以命我一个人来这里等你。"杨钦说:"我有一件东西,你一定要当面交给元帅。千万不要让其他人知道!"说着从身边取出一个密封的小册子,递与张保,叮嘱一番后上船离开了。张保藏好小册子,飞步回城,将小册子呈给岳飞。岳飞仔细看了看,心中暗自高兴,随即命张保出营放号炮,将埋伏的四名将领召回城。

　　过了两天,韩世忠率十万水军赶到洞庭湖,在湖边安营。岳飞大喜,立即将小册子藏在身上,带着张保去见韩世忠。韩世忠问:"元帅与杨幺打过几仗了?"岳飞道:"不知杨幺的虚实,还没有与他交战。如果定下战期,还要请老元帅助我一臂之力。"说罢,请韩世忠屏(bǐng)退手下人,拿出小册子,说:"有一个大功劳,要送给元帅。"韩世忠接过小册子一看,原来是一幅洞庭湖地理图,标注得非常明白详细。韩世忠大喜,说:"感谢元帅让出此功。还要请元帅调拨几位统制帮助我。"岳飞立即答应,起身告辞。回到城中,岳飞命汤怀、王贵、牛皋、赵云、周青、梁兴、张显、吉青八名统制支援韩世忠。韩世忠大喜,遂命韩尚德与曹成、曹亮镇守水寨,自己率韩彦直与八名统制、五千精兵,按照杨钦的地理图,到离蛇盘山十几里之处安营。

　　蛇盘山位于一片崇山峻岭之中,周围森林密布、杂草丛生,人迹罕至。山中有一个叫藏金窟的洞穴,是杨幺的老巢。杨幺的父亲杨枭与三子杨宾、五子杨会,及数十名大将、一万多喽啰在此镇守。杨枭得知韩世忠在蛇盘山附近安营,大吃一惊,说:"宋兵怎么会找到这里?一定是杨幺身边有奸细了!"说罢,命元帅燕必显与杨宾带着喽啰下山讨战。

　　韩世忠闻报,命韩彦直出营迎战。韩彦直领兵来到阵前,与燕必显战在一处。燕必显舞动八十二斤合扇刀,如猛虎出山;韩彦直挥起虎头枪,像游龙出海。两人战了三十多个回合,韩彦直故意露出一个破绽,诈败而走,燕必显拍马紧追。突然,韩彦直从腰间拔出金鞭,回马就是一鞭,正中燕必显的左臂。燕必显大叫一声:"不好!"把身体一扭,掉转马头便往回跑。韩彦直纵马赶上，一伸手便将燕必显拽到地上，命士兵们将他绑了起来。杨宾没什么武艺，见燕必显被擒，只得硬着头皮举起方天画戟冲向韩彦直。韩彦直用枪拨开画戟，拦腰抱住杨宾，将他活捉了。

转天，韩世忠悄悄地对赵云、梁兴、吉青、周青交代一番，四人依言而行。接着，韩世忠又写了一封密信，派人送给了岳飞。岳飞看完信，让来人先去休息，然后命人从牢中押出一名死囚犯，问道："你叫什么名字？犯了什么罪？"死囚犯说："小人叫蔡勋，因为醉酒失手打死了人，所以被判了死罪。"岳飞说："酒醉误杀人应充军，不该死罪。现在我有一件事，你如果能完成，不但无罪，而且还有功。"蔡勋听罢，连忙磕头答应。岳飞说："我有个手下叫马后王横，非常有能耐。不料韩世忠元帅听说了，今天派人来要王横，我怎么舍得放他走？但如果回绝了，韩元帅肯定会见怪。你假扮成王横到韩元帅营中，必然会受到重用。你愿意去吗？"蔡勋非常高兴，连连磕头感谢。

接着，岳飞命假王横与来人一起回到韩世忠营中。韩世忠打量了一番假王横，问："你就是王横吗？"假王横连忙说："小人就是马后王横，并没有其他人。"韩世忠说："我早就听说岳元帅有两个得力的手下，一个叫马前张保，一个叫马后王横。现在暂且让你做个队长，统领一百名士兵。如果立功，再升官。"假王横拜谢，站到一旁。

随后，韩世忠下令将杨宾、燕必显押到帐中。一见二人，韩世忠大怒，拍案呵斥道："既然你们被擒来，就没机会逃走了。投降还是不投降？"燕必显圆睁着两眼，大叫道："宁可挨一刀，绝不投降！"韩世忠听罢，下令将二人押到营门外斩首示众。正在这时，一名大将在韩世忠耳边轻声地说了几句。韩世忠又下令将杨宾押回帐中，将燕必显囚禁起来，然后对假王横说："杨宾是杨幺的兄弟，应该押送到临安。你领四名士兵，将他送给岳元帅。"

假王横领命，将杨宾关进囚车，带着四名士兵往潭州而去。假王横坐在马上，一边走一边说："快走！慢腾腾地，会误了公事。"四名士兵不乐意，都抱怨道："你就是岳元帅身边一个听差的，却这么大模大样。

第四十回　韩世忠计破藏金窟

我们辛辛苦苦,没得到一点儿好处,还要听你训斥!"假王横勃然大怒,立即跳下马,一边举鞭打,一边骂道:"你们这几个狗头,没看到天快黑了?离潭州城还有一二十里,我们押送的是重犯,可不是闹着玩的!"一名士兵说:"将爷,不要生气。我们今天没吃饱,走不动了。你骑着马,哪里知道?"另一名士兵接过话说:"前面有一座灵官庙。我们到庙里,问道士要些饭吃,然后快一些走。"假王横随即上马,押着囚车赶到灵官庙。

假王横让四名士兵在庙外廊下看着囚车,自己走进殿内,大喊道:"有道士吗?赶快出来!"喊声未落,两个中年道士从后殿走了出来。假王横呵斥道:"该死的老道!我们是韩元帅的手下,押送钦犯去潭州。肚子饿了,问你们要些酒饭吃。"两个中年道士忙赔着笑脸将假王横请进后殿,摆酒款待,并让一名老道士给庙外的四名士兵送了酒饭。

假王横与道士们推杯换盏、欢呼畅饮,吵闹声不时地传到庙外。一个士兵生气地说:"哥哥们,王横这狗头,只是岳元帅的一个跟班,还不如我们的出身正。韩元帅抬举他,赏他做了队长,他就大模大样,不拿我们当人看。要是他将来立了功,还不知道会怎样呢!"另一名士兵说:"我们是韩元帅手下的,谁甘心去伺候这狗头!明天回去,干脆跑了。"又一名士兵说:"现在兵荒马乱,往哪里跑?还不如逃到金国投奔四太子,也许能混个一官半职。"四名士兵你一言我一语,都愤愤不平。杨宾在囚车内听得清清楚楚,便接过话头说:"我看你们四个人相貌堂堂,绝不是安于现状的人,何苦受那个小人的气?不如投奔我的主公,我保荐你们做统制,岂不是好?"四人大喜,立即将囚车打开,放出杨宾,一起提着刀冲进后殿。道士们一见,慌忙逃进屋里,将门关死。假王横醉眼迷离,刚起身想跑,四名士兵冲上前,一顿乱刀将他砍死了。

杨宾带着四人一起出了庙门,从小路回到蛇盘山藏金窟,将被擒之后的事对杨枭详细说了一遍。杨枭见儿子平安归来,非常高兴,当即封四人为统制,在杨宾手下效力。接着,又写了一封信,对燕必达说:"令兄还在韩营,你悄悄地带着信去见大王,让他赶快派救兵到这里来,共擒韩世忠,也好救出令兄。"燕必达依令而行。

韩世忠得知假王横被杀死、杨宾逃走，便下令将燕必显押进帐中，问道："我看你仪表堂堂，像个英雄，所以留下了。你为什么不归顺我呢？"燕必显说："胡说！我的弟弟燕必达在杨幺手下任元帅，全家老小都在山上。我怎么能因为贪生，害了全家人？"韩世忠说："看来你是一个忠义之士。我擒住杨幺父子后，再来招抚你吧。"说罢，下令将燕必显的衣甲、兵器、马匹都还给了他，并放他出营。

燕必显一个人回到藏金窟，详细讲了事情的经过。杨幺大怒，呵斥道："胡说！你不投降，要么被斩首，要么被送往潭州，韩世忠怎么会轻易放了你？你一定已经归顺了他，所以他们才把我的儿子一个人押往潭州。他知道我的儿子跑回来了，所以派你来骗我。"随即下令将燕必显推出去斩首。杨会忙上前劝阻，说："请父王息怒！燕元帅素有忠义之心，今天的事还不知道真假，怎么能随便杀了一员大将？不如暂且将他关起来，等探听清楚了再说。"杨幺依言，下令将燕必显关进监狱，并对杨宾说："燕必达去君山求援了，或许他会变心。你带人去接应援兵，直捣韩世忠的后寨，以放火为信号，我立即率兵下山，两方夹攻。"杨宾领命而去。

韩世忠放走燕必显后，立即派人打探杨幺的动向。得知杨幺派燕必达去君山求援，韩世忠一面暗暗派人送信给岳飞，让他发兵截住君山援兵；一面命牛皋、王贵、汤怀、张显四人分别带着人马埋伏在蛇盘山半山腰。岳飞接到韩世忠的信，立即命杨再兴、徐庆、金彪三人带领人马，到青云山下埋伏起来。

杨幺接到父亲的信，看后递给了屈原公。屈原公看了一遍，说："我们中间一定有奸细！要不然韩世忠怎么知道藏金窟？先派兵去解蛇盘山之围再说。"杨幺立即命奇王钟义与燕必达领五千喽啰赶往蛇盘山。

一行人刚渡过洞庭湖，就遇到了杨宾，随即加速行军。刚到青云山下，忽然一声炮响，杨再兴、徐庆、金彪率伏兵杀出。钟义也不说话，举刀砍向杨再兴，杨再兴摇枪接战。战了不到十来个回合，杨再兴拦腰一把抱住钟义，将他活捉了。杨宾见势不妙，拨马便走。他手下的四名新任统制一起冲上前，挡住了杨宾的去路，把他拉下马绑了起来。杨再

第四十回 韩世忠计破藏金窟

兴仔细一看,竟是赵云、周青、吉青、梁兴。原来四人奉韩世忠命令,假装成士兵,杀死假王横,放走了杨宾。

杨再兴率军冲杀了一会儿,钟义带来的五千喽啰被杀死了一多半,剩下的都投降了。

接着,赵云、周青、吉青、梁兴四人飞马赶到蛇盘山,对杨枭说:"燕元帅果然已投奔潭州城而去。奇王领兵来支援,已经赶往韩营,约定以放火为信号。大王现在可领兵下山,两边夹攻,擒拿韩世忠。"话音刚落,一个喽啰来禀报说:"山下火光冲天,喊杀声不断,估计是救兵到了。"杨枭随即命杨会与左卫将军①管师彦、右卫将军沈铁肩带领三千喽啰下山接应。三人下山走了几里,四面山坳里锣鼓齐鸣,牛皋、王贵、汤怀、张显率伏兵杀出。杨枭闻报,惊慌地说:"不好了,中计了!"遂率领众将和二千名喽啰下山支援。

① [左卫将军]
与下文右卫将军均为高级武官官名,统领护卫皇帝的军队。

两方正在混战时,杨再兴突然杀至。他冲入战团,用枪挑开杨枭的刀,一把将他拽到怀中,拍马径直回了潭州。杨会心慌意乱,拍马想跑,但被牛皋一锏打下马活捉了。管师彦、沈铁肩来不及逃跑,分别被韩彦直、吉青打死。接着,牛皋等人指挥人马,杀至蛇盘山。燕必显手下众家将乘机保护好燕氏一家老少,放出了燕必显。燕必显不知道是逃跑还是投降,正在迟疑的时候,牛皋等高声喊道:"燕将军,令弟已经在潭州了,杨枭被活捉了,你为什么不归顺宋朝,以救令弟之命?"燕必显叹了一口气,说:"事已至此,索性捉了杨氏一家吧。"遂与牛皋、王贵、汤怀、张显一起动手,将杨氏一家一百多口人都抓了起来。接着,牛皋等下令将山上的财物、粮草都装到车上,放火烧了山寨,大获全胜而回。将粮草贼犯解至潭州,到岳元帅营中交接。

韩世忠、岳飞闻报,都十分高兴。因为燕必显直到大军杀到蛇盘山才献山寨投降,不是出自本心,韩世忠就下令将他杀了。接着,岳飞派人到临安报捷。

第四十一回 伍尚志火牛阵大胜

杨幺得知燕必显献出蛇盘山、自己全家被岳飞捉走后,放声大哭。众臣劝解了很久,他才止住眼泪,随即与军师屈原公商议与岳飞决战,给家人报仇。屈原公劝阻说:"我军初败,人心还没有稳定下来。现在应先调集各处人马,然后直捣潭州。"杨幺依言下令。

一天,屈原公对杨幺说:"臣有一计,再次让王佐请岳飞来观察君山,就说有捷径可以去宫殿。等岳飞来了,就四面放火,将他和王佐一起烧死,内忧外患都能除掉。如果王佐推托,立即将他全家关押起来,他就不得不去了。"杨幺大喜,命人将王佐叫进殿内,讲了屈原公的计策。王佐说:"上一次请岳飞赴宴,没杀掉他,让他逃走了。现在再去骗他,他怎么会相信呢?"杨幺说:"你明明与他关系很好,只是不愿意去而已。"随即下令将王佐的全家关押起来。王佐没办法,只得答应了。

转天,王佐来到潭州见到岳飞,说:"前几天宴会上发生的事,是屈原公的安排,小弟其实不知道内情。今天来,一是请罪,二是有事情通知。"说着拿出洞庭湖地形图递给岳飞,接着说道:"今夜请大哥与小弟一起去君山探查,有一条暗路直通杨幺的宫殿。如果大哥探明此路,杨幺指日可破。"岳飞没有犹豫,当即答应了。等王佐走后,众将纷纷说:"王佐请元帅探查君山,绝非好意,千万不能去!"岳飞说:"我已经答应了,怎么能言而无信呢?"说着写了一封信,派人送给了韩世忠,请他来接应。

当晚,岳飞带着张保、张宪、岳云、杨虎,骑马来到东边木寨。王

第四十一回　伍尚志火牛阵大胜

佐忙迎出来，带着岳飞奔君山而去。行至七里桥时，岳飞对杨虎说："你守住这座桥，以防贼人偷桥。"杨虎自言自语地说："这样一座大桥，怎么能偷得走？我躲到石碑后面，看看什么人来偷桥。"说罢躲到桥边的石碑后面四处察看，不一会儿，果然见杨幺手下副元帅高老虎带着十几名喽啰，乘着一条小船直奔七里桥而来。上岸后，高老虎吩咐喽啰们动手拆桥。杨虎这才恍然大悟，悄悄地走到高老虎身后，一鞭就将高老虎打死了。喽啰们见状，连忙上船逃走了。

王佐带着岳飞等人上了君山，边走边偷看地形。忽然，四下里火箭齐发。杨幺早命人在道路四周堆满了干柴枯草，火箭落下后，烈焰飞腾，霎那间就成了一片火海。岳飞和张保、张宪、岳云不顾被烧得焦头烂额，拼命地冲出火海，逃到山下。岳云在火海里遇到王佐，以为他是自己的父亲，一把抱住他就跑。五人逃到岸边时，杨虎飞奔过来，大声说道："那边走不了了！桥已经被他们拆了！"话音刚落，韩彦直驾船赶到，将众人接上船送过湖。来到东边木寨门口，岳飞对岳云说："我儿，你把王叔父放下来吧。"岳云随即将王佐放下。岳飞对他说："贤弟请回寨吧，为兄的走了。"说罢，带着张保、张宪、岳云、杨虎回到潭州。

王佐满脸羞愧地回到寨中，越想越生气："我两次害岳飞，他却没有害我的意思。我对待杨幺忠心可鉴，他反倒让我不义！"过了一会儿，王佐上君山见了杨幺，说："火烧君山，但岳飞又逃走了。"杨幺说："你带着全家人回去吧，给你记上一功。"王佐愤愤不平地领着全家人回到东边木寨。

杨幺火烧岳飞的诡计没成功，心中非常不高兴。一天，忽然喽啰来禀报说："大王，德州王崔庆带兵赶到。"杨幺闻报，立即命大将伍尚志领兵攻打潭州。

伍尚志得令，率数千喽啰来到潭州城下讨战。岳飞随即带领众将出城，摆开阵势。岳飞见伍尚志威风凛凛、相貌堂堂，心中暗暗欣赏。伍尚志手持方天戟，催开银鬃（zōng）马，大声叫道："来将莫非是岳飞吗？"岳飞说："没错。你是什么人？"伍尚志说："我是通天大王麾下大元帅伍尚志！"岳飞说："看你相貌魁梧，像个好汉，为什么心甘情愿跟随贼寇？为什么不改邪归正，归顺朝廷建立功名？如果不知悔过，一旦有失，岂不是可惜！"伍尚志说："岳飞，不要白费口舌了，看我的手段吧！"说罢，举起方天戟劈面就刺。岳飞摆动沥泉枪架开戟，与伍尚志战成一团。岳飞舞动手中的枪，好像飞龙在半空中盘旋一般；伍尚志抖起方天戟，恰似蟒蛇不停地来回起伏。双方将士使劲地擂鼓助威、摇旗呐喊。两人战了一百多个回合，一直到黄昏，也没分出胜负。伍尚志与岳飞遂停止厮杀，各自收兵。

伍尚志回山对杨幺说："岳飞本领高强，不能力敌，只可计取。臣有一个火牛计：要三百条水牛，把松香、沥青浇在牛尾上，并在牛角上绑着利刃。与岳飞对阵的时候，将牛尾烧着。牛一疼痛，自然拼命地往前冲。岳飞纵有天大的本事，也抵挡不住。那时再擒岳飞，就易如反掌了。"杨幺大喜，立即命人准备好三百条水牛，交给伍尚志。伍尚志将水牛带回营，连夜准备妥当。

次日，伍尚志将火牛藏在阵内，自己一马当先，至潭州城下讨战。岳飞闻报，率众将士出城。伍尚志等宋军摆好阵势，立即将火牛尾烧着。三百条水牛疼痛难忍，如排山倒海一般朝宋营猛冲过去，势不可当。岳飞急忙大喊："赶快撤退！"喊声未落，火牛已经冲进阵内，四处乱撞。宋军将士死的死，伤的伤，剩下的慌忙逃进城内，将城门关上。

第二天，伍尚志又到城下讨战，岳飞想不出退敌之策，只得下令在城门外挂出"免战牌"。伍尚志哈哈大笑，说："岳飞真是无能之辈。只败了一阵，就不敢再战了。还有脸做什么元帅！"说罢收兵回山，对杨幺叙述了用火牛阵击退岳飞的经过。杨幺大喜，说："元帅辛苦，暂且休息吧，孤家再想破城的对策。孤家有一个公主，招你为驸马吧，今天晚上就成亲。"伍尚志连忙磕头感谢。

当晚，君山上张灯结彩，杨幺吩咐大摆筵席。伍尚志与公主拜了天地后，陪杨幺和众人一直喝酒到深夜，才回到洞房。他一进屋，见公主还坐在床边，便轻声地说："公主，夜深了，休息吧。"突然，公主从胸前扯出一把佩刀，握在手中，指着伍尚志，说："你不要痴心妄想和我成亲！我不是杨幺的女儿。如果要成亲，必须我的哥哥做主，否则就拼

第四十一回　伍尚志火牛阵大胜

个你死我活。"伍尚志大吃一惊，仔细看了看公主，只见她双眉含怨、泪流满面，不解地问："你的哥哥是谁？我既然和你结为夫妇，自然会听你的。你先放下刀，详细地告诉我是怎么回事。"公主不停地流泪，说："我姓姚，杨幺杀死了我的父母和全家人，劫走了家中的财物。当时我才三岁，杨幺就将我当成他自己的女儿抚养长大。我的表兄叫岳飞，现在是宋朝的元帅。我必须见到他，让他给我报仇。你一表人才，不想着报国立功，反倒甘于跟随逆贼。我就是死，也绝不嫁给你，被后代辱骂！"伍尚志听了公主的这番话，不禁低下头，想了一会儿，说："公主说的话，确实有道理。杨幺贪婪暴虐，肯定不能成大事。不过，你的表兄现在算是我的敌人，我怎么能去见他呢？我们先做个名义上的夫妻，瞒过杨幺，然后再见机行事。"说罢，让公主躺下，自己倚着床睡了。

　　一天，杨幺召集众官商议攻打潭州。伍尚志说："岳飞紧闭城门，不肯出城交战，一时难以取胜。不如派人和他议和，双方罢兵息战，然后再寻找时机攻城。"屈原公说："臣已练好五方阵，可以调来长沙王罗延庆，等他率人马赶到，就与岳飞决一雌雄。"杨幺依言，派人去召罗延庆。

第四十二回 岳云较锤阵前结义

王佐自从领全家人回到东边木寨之后,经常感念岳飞的义气。一天,他忽然想:"不如到西边木寨,邀请西圣侯严奇一起归顺岳元帅,以报答他的恩义,岂不是好?"拿定主意后,他立即去见了严奇,将自己的遭遇讲了一遍,说:"岳飞如此义气,像杨幺这样的人,一定不是对手。我打算与你一起去归顺岳元帅,你觉得怎么样?"严奇说:"杨幺终究不是能成大事的人。我早就听说岳元帅忠义、礼贤下士,如果能得到他的提携,实在是万幸!"话音未落,严奇的儿子严成方从旁边走了过来,说:"爹爹不要听信王叔叔的话,长他人的志气。孩儿听说岳飞有一个儿子叫岳云,也使两柄银锤,有万夫不当之勇。孩儿明天与他比试比试,如果他能赢孩儿,就归降;如果赢不了孩儿,就叫岳飞趁早收兵回去,否则杀他个片甲不留。"严成方当时十四岁,使一对八棱紫金锤,非常勇猛,所以才敢提和岳云对阵。严奇听罢,对王佐说:"我儿子的话也有道理。还是比试之后再说归顺的事,免得被他们看轻了。"

王佐听完严奇父子的话,没再说什么,就告辞回了东边木寨,然后悄悄地来到潭州城下,告诉守城士兵说要见岳飞。守城士兵连忙禀报了岳飞,岳飞还没来得及说话,牛皋在一旁听见后大骂道:"这个狗头,几次三番骗我们,今天来干什么?我去把他捉来,砍成七八段,发泄我的心头之恨!"说着提起双锏,就要出城。岳飞连忙喊住他,说:"贤弟,为兄的两次险遭大难,都是为了让他归顺。他虽然有恶意,但我不计较。人非草木,他岂不知我的想法?今天他来见我,一定有好消息。"

第四十二回 岳云较锤阵前结义

随即命守城士兵请王佐进城。牛皋听罢,不敢再说什么,只是努(nǔ)着嘴表示不满。

不一会儿,王佐走进帅府,一见到岳飞,便跪下说:"我两次哄骗元帅,元帅不仅没有怪罪,还放了我。我真是罪该万死!"岳飞忙起身拉起王佐,说:"贤弟,你是为了你的主人,理所当然,何罪之有!贤弟今天来是为了什么事?莫非还有诡计吗?"王佐说:"人非禽兽。我受元帅的大恩,无以为报。我本来约西边木寨守将严奇一起归降元帅,但他的儿子严成方年纪虽小,却十分骁勇,听说我和他父亲要归降,十分不服气,就要与岳公子比试武艺。如果能胜过他,他才肯来归降。我来就是为了禀报这件事。"岳飞说:"贤弟不用担心,请回去吧。明天叫小儿出城与他比试。"王佐随即辞别出城,悄悄地回到寨中。

第二天,岳飞命岳云率兵出城,等严成方来比武。统制戚方说:"王佐几次暗施毒计,这一次或许也会有阴谋,小将愿去掠阵①。"岳飞点头同意。于是戚方与岳云一起出城安营,专等严成方来比武。不料这几天杨幺一直在君山操练人马,严成方无法脱身。岳云等了两天,也不见他的人影。

王佐担心岳云着急,就命儿子王成亮将严成方参加操练的事通知他。王成亮提枪上马,来到宋营门前说明来意。戚方没等岳云说话,主动提刀上马来到营门前。二人各自通报姓名后,王成亮说:"这几天严成方在君山操练没回去,家父特地命我来通知岳公子,不要着急撤走,等一两天就行——"王成亮话还没说完,戚方突然手起刀落,一刀将他砍死,取下首级,随后回营禀报了岳云。岳云大吃一惊,说:"戚叔叔怎么杀了他!爹爹如果知道了,一定会将我斩首,该怎么办呢?"戚方说:"他的父亲屡次哄骗元帅,要杀元帅,谁知道今天是不是诡计?是我杀了他,即使有罪也在我,公子不用惊慌。"岳云听罢,忙命士兵把王成亮的首级送还王佐。王佐不知道是怎么回事,看到儿子的尸首,大哭了一场。

① [掠阵]
压阵助威,准备随时救援。

接着，岳云收兵回城，对岳飞说："爹爹，请斩了孩儿吧。"岳飞问："为什么这么说？莫非你赢不了严成方吗？"岳云说："孩儿奉命在城外安营，等候严成方，谁知他两天没来。今天王佐命儿子王成亮到营前，说严成方在君山操练暂时来不了，却被戚叔叔杀了。所以理当将孩儿斩首。"岳飞说："既然是戚方杀了王佐的儿子，与你有什么关系？"说罢，下令打了戚方三十军棍。接着，岳飞对张保说："你将戚方送到东边木寨王老爷那里去，就说统制戚方误杀了公子，被我重重打了三十军棍，我命你将戚方送去，请王老爷验伤并请罪！"张保依命，带着戚方一起来到东边木寨，将岳飞的话转述了一遍。王佐说："你回去禀报岳元帅，就说我的儿子命该如此，与戚将军有什么关系？"张保、戚方遂辞别王佐，回城将王佐的话禀报了岳飞。岳飞对戚方说："我第一次赴金兰①宴，第二次去探君山，都是因为想让王佐归降。这件事直到今天才能成功，你却节外生枝，岂不是让我前功尽弃！幸好今天说清楚了。"戚方听罢，满脸羞愧地走了。接着，岳飞命岳云到城外安营，继续等候严成方。

严成方在君山操练，一直到十天后才回西边木寨。严奇说："你操练回不来，岳云等你很多天了。王叔父担心他回城，就命王成亮去通知，结果被戚方误杀了。你现在赶快去和岳云比个高下，好决定下一步。"严成方立即提锤上马，领兵来到岳云营前。岳公子闻报，提锤上马来到阵前。两人一打照面对阵，你看我威风凛凛，我看你英武逼人，都暗暗欣赏对方。两人互相客气了两句，便各自挥舞双锤战在一处，一个好似舞动万点寒星，一个就像使出千条彩虹，谁也奈何不了谁。战了八十多个回合，不分胜负。岳云突然卖了一个破绽，纵马到一旁，说："果然好武艺，我打不过你！"说罢诈败而走。严成方大喊道："往哪里跑？如果不拿你下马，也算不上是好汉。"随后拍马紧追不舍。

跑了十几里，岳云掉转马头，使出"流星赶月"的招数，

① [金兰]
原指朋友间友情深厚，后用作结拜为兄弟姐妹的代称。

第四十二回　岳云较锤阵前结义

一锤照着严成方右手拿的锤子打去。严成方右手一抖，锤子掉到地上。他立即跳下马，扔了左手拿的锤子，跪到地上，说："公子英雄，果然名不虚传！小弟情愿归降，望公子收留！"岳云也跳下马，双手扶起严成方，说："久闻严公子大名，今天幸得相见。公子如果肯归降，小弟情愿与公子结拜为兄弟。你觉得怎么样？"严成方说："小弟也有这个想法，只是不敢高攀。"岳云说："既然情投意合，公子何必谦虚？"说着撮土为香，与严成方结拜为兄弟，随后两人各自上马离开。

严成方先来到东边木寨，将与岳云结拜的事告诉了王佐。王佐大喜，与严成方一起来到西边木寨见了严奇，一起商量归降的计划。

岳云回城后，也将与严成方结拜的事说了一遍，岳飞喜不自胜。正在这时，守城士兵来禀报说："长沙王罗延庆在城下讨战。"话音刚落，杨再兴走上前，说："罗延庆与小将关系非常好，我去说服他来归降。"岳飞大喜，命杨再兴出马。

杨再兴领兵出城，纵马来到阵前，大声喊道："杨再兴在此，谁敢上来厮杀？"忽然一声炮响，一员大将从对面阵中冲了出来。他一看见杨再兴，便使了个眼色，呵斥道："来将不要逞能，罗延庆来了！"说着摆动錾金枪，当胸就刺，杨再兴举枪挡住。两人假装战了十几个回合，杨再兴卖了一个破绽，拨马落荒而逃。罗延庆拍马追赶。两人跑了四五里，来到一片茂密的树林中。杨再兴看四下无人，便勒住马，说："兄弟，很久不见了，为兄的已经归顺了岳元帅，圣上亲自封我为御前都统制。岳元帅十分义气，我与他结为兄弟。你何不弃邪归正，归降岳元帅？"罗延庆立即答应，说："兄长的话，小弟怎么敢不听从？小弟情愿做内应，等交战的那一天杀贼立功，作为进见之礼①。"杨再兴大喜，说："既然这样，那愚兄仍旧佯装败回，以掩人耳目。"说罢，上马往回就跑，罗延庆随后紧追，一

① [进见之礼]
　拜见尊者或长者时送的礼物。

193

直追到阵前。两人又假装战了四五个回合，杨再兴再次假败，率兵逃回城去，罗延庆也鸣金收兵。

杨再兴进城后，将罗延庆归降、愿做内应的事详细说了。岳飞大喜，当即命人将这件事以杨再兴之名记到功劳簿上。

第四十三回 杨幺兵败老巢被毁

罗延庆收兵来到君山,杨幺大喜,命屈原公立即集合人马演习五方阵,准备与岳飞决战。数天后,屈原公对杨幺说:"臣的五方阵已经演练成熟,大王可命王佐前去诱敌。等岳飞率兵赶到,可命王佐截住他的归路;命大将崔庆、崔安与罗延庆、严成方分别从左右两边进攻;命二大王杨凡统领中军,从正面攻打。另外,命花普方率战船与韩世忠交战,以防他来救援。就算岳飞有通天的本事,也插翅难逃。"杨幺听罢,立即同意了屈原公的安排。

等屈原公走后,杨钦走上前,说:"军师的计策虽妙,但是岳飞手下的将领都智勇双全,不能轻视。臣愿深入虎穴,到潭州城与岳飞讲和。如果他愿意罢兵息战,我们不仅可以安然无事,还能省下无数粮草。"杨幺说:"你能去讲和,简直太好了!如果岳飞肯退兵,省得一场厮杀,我情愿送他一些财物。"杨钦转身正要离开,伍尚志说:"单丝不成线,臣愿与王叔一起去见岳飞。"杨幺高兴地说:"驸马能去,孤家更放心了。"杨钦听罢有些焦虑,心想:"我一个人去见岳飞,有什么话都好说。现在驸马也要去,该怎么办才好呢?"但他也无法拒绝,只得与伍尚志一起赶往潭州。

下午,杨钦、伍尚志来到潭州城下。岳飞闻报,立即命守城士兵将二人请进帅府。杨钦见到岳飞,直接说:"小将与伍尚志奉主公之命,特来与元帅讲和。如果元帅肯罢兵息战,主公愿意馈赠粮草、财物犒劳元帅麾下的将士,并且年年进贡,免得百姓涂炭。不知道元帅同意不同意?"岳飞大怒,呵斥道:"我用不了多久就能捉住杨幺,不用说这么多!"说罢,下令将杨钦、伍尚志拘禁起来。

当晚初更时分,岳飞让张保悄悄地将杨钦请到后营。他亲自给杨钦搬过椅子,说:"下午多有冒犯,在众将面前不得不这样,请将军不要怪罪。将军这一次来,有什么想法呢?"杨钦坐下,说:"屈原公已经调集了各路兵马,摆出五方阵,前后左右都有埋伏,我特地来禀报元帅,以便提前准备破阵的对策。另外,元帅率大军上阵厮杀,场面肯定混乱,请元帅保全我的全家,感激不尽!"岳飞说:"拿下蛇盘山,全靠将军。我还要奏明圣上,封赏将军,怎么敢伤害将军家人?"说罢,命人取出一面小旗递给杨钦,说:"到时候,你将这面小旗插在门上,我手下的将士自然不敢进门骚扰。"杨钦接过小旗收好,连声道谢。岳飞仍命张保将他送了回去。

接着,岳飞让王横将伍尚志请到后营。伍尚志一见到岳飞,便跪到地上,说:"小将用火牛阵冒犯了元帅,请元帅恕罪!"岳飞亲自扶起他,让他坐下,说:"将军的才华令人敬佩。但跟错了人,实在是可惜!将军这一次来,有什么想法呢?"伍尚志将得胜回营后被杨幺招为驸马的经过叙述了一遍,然后说:"公主虽然与小将拜了天地,却不肯真正成亲,要求元帅做主,才愿意和小将做夫妻。"岳飞听罢哈哈大笑,说:"杨幺招驸马,怎么要我做主?真是笑话!"伍尚志忙说:"公主并非杨幺的亲生女儿,而是潭州的潭村人,父亲叫姚平章,全家人除她之外都被杨幺杀死了。当时公主年幼,杨幺就认她为女儿。"岳飞吃了一惊,说:"姚平章是我的舅舅,公主就是我的表妹了!她现在怎么样了?"伍尚志说:"公主说,一要报父母之仇,二要请元帅给亲事做主。所以我提出和杨钦一起来见元帅,也好让公主安心。"岳飞闻言,连忙站起身,说:"照这么说,你就是我的妹夫了。"说着让人将岳云叫来,把他介绍给伍尚志认识。

岳飞随即命家将去请杨钦。伍尚志顿时大惊失色,说:"小将在这里,不能见他。"岳飞微微一笑,说:"没关系,他到这里来也有事。"不一会儿,杨钦走了进来,一见伍尚志在座,立即惊慌起来。岳飞见状哈哈大笑，把之前发生的事说了一遍。伍尚志与杨钦也跟着哈哈大笑。

次日，杨钦、伍尚志回君山见了杨幺，说："岳飞有讲和之意，但他手下众将不肯，所以我们留在城中过了一夜。他手下众将执意要杀了我们，岳飞说：'两国相争，不斩来使。'就放我们回来禀报大王。"杨幺听罢，心里十分不高兴，什么话也没说就起身走了。伍尚志回到自己的住处，对公主说："我昨天见了你的表兄，将你的话一一转述了。岳元帅说等捉了杨幺，就亲自做主，让我与公主成婚。"公主喜极而泣，说："郎君①如果能给我的父母报仇，感激不尽！"

① ［郎君］
　　古时妻子对丈夫的称呼。

岳飞送走杨钦、伍尚志后，立即下令调集人马，并派杨虎、阮良、耿明初、耿明达、牛皋五人援助韩世忠，与韩世忠约定分别从水陆两路进攻杨幺，随即亲自率众将出城安营，准备与杨幺决战。

第二天，岳飞召集众将，说："屈原公调集了大军，摆出五方阵。此阵按金、木、水、火、土②排列，前后左右互相呼应。各位需要奋力冲杀，擒拿杨幺。"说罢，命余化龙率领周青、赵云及三千人马，从正西杀入阵中；命何元庆与吉青、施全领三千士兵，穿黑甲打黑旗，从正南杀进阵中；命岳云与王贵、张显领三千士兵，穿黄甲打黄旗，从北方杀入阵中接应；命张宪与郑怀、张奎领三千士兵，穿白甲打白旗，从正东杀入阵中；命杨再兴与张用、张立带领三千青甲兵，分左中右三路，一起冲入阵中，砍倒杨幺的帅旗。众将各自领命而去。

② ［金、木、水、火、土］
　　即五行。中国传统哲学认为，万事万物及其相互关系由金、木、水、火、土五种元素相生相克而形成。

到进攻当天，岳飞指挥众将士向五方阵发动攻击，自己亲率大军朝君山而去。韩世忠命杨虎、阮良、耿明初、耿明达乘小船随时截杀，命牛皋带着部分水军接应，自己则与韩尚德、韩彦直等指挥船队杀奔君山。

杨幺得知岳飞来破五方阵，韩世忠从水路杀来，忙命杨钦镇守君山，命伍尚志保护自己的家眷，亲率大小战船，与花普方等迎战韩世忠。

王佐见岳飞率大军赶到，立即献出了东边木寨。岳飞命王佐立即收拾好寨中的财物，然后赶往潭州。不一会儿，伍尚志派心腹家将带着船队来到岸边，将岳飞及众将士依次接到君山。岳飞带着张保、王横，径直杀至杨幺水寨，下令到处放火。众喽啰见大势已去，纷纷弃寨而逃。接着，岳飞率军杀上山，在杨钦的指引下，杀了杨幺全家。伍尚志乘机放火引燃山上的宫殿、营寨，带着公主下了山。岳飞随即率众人撤离君山，坐船回到岸边安营。

杨幺得知伍尚志、杨钦归顺岳飞，全家被杀，顿时勃然大怒，命众将士奋力冲杀。牛皋看见花普方冲了过来，大声喊道："贤弟，此时不归降，还要等到什么时候！"花普方大喜，喊道："哥哥，小弟来了！"说罢命人将船驶向牛皋，跟着牛皋离开了。杨幺见花普方归降，又慌又恼，只得指挥喽啰们与韩世忠水军厮杀。

五方阵内，虽然严成方、罗延庆武艺了得，但都有归顺岳飞之心，自然不愿意真正出力。只有小霸王杨凡拼命抵挡岳飞的各路人马。余化龙率领周青、赵云从正西杀入阵内，正遇到崔庆。两人大战了数十个回合，余化龙拨开崔庆的刀，一枪将他刺到马下。崔安率兵截住了何元庆、吉青、施全，但打了只有五六个回合，就想逃走，被何元庆一锤打死。岳云率王贵、张显从北方杀入阵中，只用了一个回合就将杨幺手下的大将金飞虎打成两截，然后与余化龙、何元庆合兵一处。这时，东边喊杀声连天响，张宪与郑怀、张奎领兵杀至。杨幺手下的大将周伦舞动双鞭拦住张宪，还没来得及交锋，就被郑怀从旁边一棍打死。杨再兴杀入阵中央，正遇到杨凡。两人棋逢敌手，一时间杀得难解难分。严成方见状，把双锤一摆，大叫一声："严成方来助战了！"纵马冲到二人马前，举锤就打。杨凡以为严成方来帮助自己，被打得措手不及，当场毙命。罗延庆见严成方杀了杨凡，立即把枪一摆，掉转马头，连挑了几员大将，大声喊道："我已经归顺岳元帅了！愿意投降的，都跟着我，免受诛戮！"众喽啰见主将已降，便无心恋战，纷纷四散逃生。

有喽啰禀报屈原公说："王佐、罗延庆都投降了宋朝。严成方把三

第四十三回　杨幺兵败老巢被毁

大王打死,也投降了宋朝。五方阵已破,众人都逃跑了。"屈原公听罢,十分惊慌。这时,有探马来禀报说:"伍尚志与杨钦归顺岳飞,放火烧毁了宫殿,大王全家都被杀了。"话音刚落,又有探马来禀报说:"牛皋招降了花普方,大王被韩世忠围困,形势十分危急,请军师速去救援!"屈原公接连听到噩耗,吓得手足无措,仰天长叹,大叫道:"铁桶般的山河,竟这么轻易就丢失了,真是可恨啊!"拔出剑自刎而死。

杨幺的喽啰根本不是韩世忠水军的对手,厮杀了一阵,就全部被击溃。杨幺见大势已去,只得跳水逃生。杨虎与耿明初、耿明达见状,立即纵身下水追赶杨幺。杨幺无处躲避,只得游到岸边,准备上岸逃走。正在这时,牛皋领着花普方赶到。牛皋认识杨幺,立即手起一锏,将杨幺打到水里。杨虎与耿明初、耿明达奋力游上前,将杨幺捉住,押到韩世忠的大船上。韩世忠立即下令将杨幺送到岳飞营中。岳飞担心节外生枝,随即下令杀了杨幺。

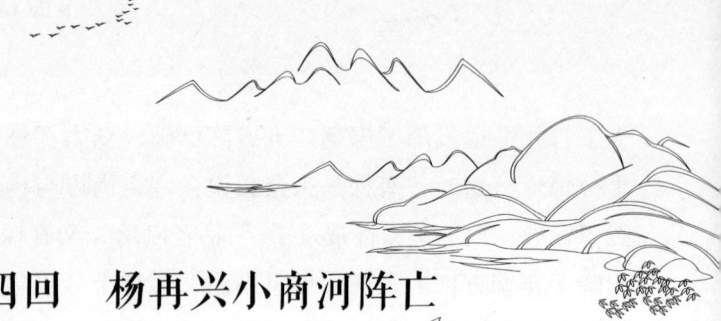

第四十四回　杨再兴小商河阵亡

①［朱仙镇］
即今河南开封祥符区朱仙镇。

　　岳飞在湖边刚安下营，牛皋就带着花普方来投降。岳飞大喜，好言抚慰花普方。忽然，探马来禀报说："金国四太子兀术率二百余万人马进犯中原，已经快到朱仙镇①了！"岳飞大吃一惊，吩咐探马再去打听。接着，七八个探马来禀报兀术进犯的消息。岳飞非常着急，忙下令调集各路人马到朱仙镇会合。

　　不一会儿，杨再兴、岳云、何元庆、严成方等陆续回营缴令。岳飞禁不住大喜，道："刚才接报，说二百万金兵进犯中原，临近朱仙镇。各位来得正好！"说罢，他命杨再兴领五千人马，作为第一队，飞速赶往朱仙镇支援；命岳云、严成方、何元庆、余化龙分别领五千士兵，分成五队，先后赶赴朱仙镇。

　　接着，罗延庆进帐拜见了岳飞。岳飞说："自从与将军在汴京分别后，我十分想念将军。本来我打算与将军聊聊，但金国兀术带领二百万人马已靠近朱仙镇，形势十分危急！我已派出五队人马了，将军带领五千人马，作为第六队赶往朱仙镇吧。"罗延庆当即领命而去。过了一会儿，伍尚志进营缴令。岳飞说："你来得正好！金兵进犯，形势危急，我托潭州节度使徐仁为你和表妹主婚。现在你和表妹进城成婚，明天即领五千人马，作为第七队，火速赶往朱仙镇接应，不能耽误！"伍尚志依言而行。之后，岳飞命牛皋到各地催粮，然后送到朱仙镇。安排妥当后，岳飞与韩世忠将三十万大军合兵一处，奔朱仙镇而去。

第四十四回 杨再兴小商河阵亡

当时正值十一月,天气非常寒冷。杨再兴带兵赶到朱仙镇附近时,空中纷纷扬扬下起了大雪。在白雪的映衬下,兀术的人马漫山遍野,不计其数。杨再兴对众将士说:"金兵就像蝼蚁一般,你们冲上去岂不是白送了性命?你们安营扎寨,在这里等着,我一个人进去杀个天翻地覆!"众将士齐声答应。杨再兴纵马摇枪,冲向金营。

其实,兀术的二百万人马只是虚张声势,实际只有六十万人马。他将这些人马分为十二队,每队五万人,依次向朱仙镇进发。杨再兴看到的金兵,是兀术的四名先锋雪里花南、雪里花北、雪里花东、雪里花西率领的四队人马。杨再兴杀入金营,被雪里花南截住。他一马当先,举枪一挑,就将雪里花南挑下马。金兵不敢抵挡,呐喊一声,向两边散开。雪里花北冲过来,与杨再兴战在一处。打了不到两个回合,杨再兴一枪就将雪里花北刺死。接着,雪里花东、雪里花西先后冲出来,杨再兴用了不到两个回合,就将两人挑落马下。金兵早已被杨再兴的气势吓得魂飞魄散,蜂拥着向北逃去。二十万大军自相践踏,死伤不计其数。

杨再见金兵向北逃跑,心想:"我要是抄近路,岂不是能赶到金兵的前面?这样就能截住金兵的归路,将他们杀个片甲不留。"但杨再兴并不知道,这里有一条叫小商河的河流,上面有一座小商桥。金兵向北逃跑,就是为了从桥上过河。小商河的河水虽然不深,但水下都是淤泥。因为天气寒冷,河水早已结冰,被大雪盖住,河道根本看不出来。杨再兴拿定主意后,从近路追了上去。他赶到小商河边,仍旧纵马疾驰。突然,"哗啦"一声巨响,马踩碎了冰面,杨再兴连人带马一起陷进小商河。金兵发现后,齐声叫道:"放箭!"霎那间,金兵万箭齐发,如同倾盆大雨一般,杨再兴与座下的马被射得像柴蓬一样。兀术得知四名先锋被杀、杨再兴中箭身亡,立即命众将要小心,遇到宋将不能轻易对阵厮杀。

第二天黄昏时,岳云率第二队人马赶到。杨再兴手下的士兵哭着禀报岳云说:"杨老爷追杀金兵,误陷入小商河,被金人乱箭射死!"岳云听罢悲痛欲绝,大喊道:"苦啊,苦啊!我接应来迟了,是我的罪过啊!"随即命令队伍安营,自己一个人拍马摇锤,径直冲进金营。岳云舞动两柄银锤,在金营横冲直撞,根本无人敢抵挡。金兵早已领教过岳云的厉害，纷纷向两边散开。

岳云冲杀了一会儿，严成方率第三队人马赶到。他听说杨再兴误走小商河被射死、岳云单枪匹马进金营厮杀，顿时大怒，命队伍安营，纵马冲进金营。他抡起紫金锤，逢人便打，不一会儿就找到了岳云。兀术闻报，心想："我率六十万大军来到这里，杨再兴一个人一匹马就挑死四个先锋，杀伤许多人马。现在又来了两个厉害无比的小将，我怎么能取宋朝的天下？"于是命众将立即迎战岳云、严成方，一定要生擒这两个人，否则就军法从事。金兵金将得令后不敢再躲避，只得冲上去，层层围住岳云、严成方。

接着，何元庆、余化龙率第四队、第五队人马陆续赶到。两人听说杨再兴被射死、岳飞与严成方已杀进金营，立即吩咐安营，也是一人一马，杀进金营。

不久，罗延庆率第六队人马到达。众人将此前发生的事说了一遍，罗延庆当即痛哭流涕，命队伍安营，自己一个人纵马飞奔至小商河边，拜了两拜，然后擦干眼泪，杀进金营。

黄昏时分，伍尚志赶到。他听说前面发生的事后，立即吩咐安营，也一个人纵马杀进金营。他舞动画杆方天戟，冲入重围，见岳云、严成方、何元庆、余化龙、罗延庆五人正在奋力厮杀，大声喊道："真带劲！我伍尚志也来了！"随即加入战团。

兀术闻报，深吸了一口气，说："我不信这几个人真的有这么厉害！"说罢，调集了更多的将士围了上去。他对众人说："如果能活捉这几个人，攻克中原的大事就差不多了！"众将士听罢，层层围住岳云、严成方、何元庆、余化龙、罗延庆、伍尚志，一层被杀退，又一层围了上去。就这样，六人与金兵厮杀了整整一昼夜。

第二天一早，岳飞、韩世忠率大军到达，以河为界，放炮安营。仍在金营内厮杀的六人听见炮响，知道是岳飞兵到，立即抖擞精神，奋力向外冲杀。岳云率先杀出金营，何元庆、余化龙、罗延庆、伍尚志跟在他的身后冲了出来。岳云回头一看，不见了严成方，立即大叫道："各位叔父，严成方还在阵内，快回去把他救出来！"说罢又带着五人杀进金

第四十四回　杨再兴小商河阵亡

营。岳云看见严成方逢人就打，便说："贤弟，快出营回去吧！"严成方也不答话，举锤就打，岳云连忙举锤架住。原来严成方杀了一天一夜，已经昏了头，只知道在金营内厮杀，也认不出自己人了。余化龙、伍尚志护住前后，岳云一手拖住严成方的左手，何元庆拉住他的右手，罗延庆抱住他的身体，将他连拉带抱拖出了金营。

六人回营后，将事情的经过说了一遍。罗延庆十分悲苦，在一旁悄悄地抹泪。岳飞发现后，说："贤弟不要伤心！武将当场，马革裹尸。这样一个英雄还没有功成名就，真是可惜！"说罢，亲自带着众人到小商河祭奠杨再兴，然后将他安葬在凤凰山。

兀术见六人奋战一昼夜又杀了回来，还能杀出去，忍不住唉声叹气。他一面下令埋葬阵亡的将士、医治伤者，一面对众将说："这些南蛮怎么如此厉害！如果岳飞各处人马到齐，一定会与我决战！为什么秦桧回到中原后没有行动，难道他死了吗？我对他恩重如山，他临别时曾对天立誓。怎么一回到中原，就忘了我呢？"哈迷蚩说："狼主挺进中原，秦桧怎么会没有行动呢？请狼主静候几天，一定会有好消息。"

原来兀术从黄天荡败回金国后，成天想再杀回中原，但是苦于没有对付岳飞的办法。哈迷蚩说："狼主刚进中原的时候势如破竹，都是因为宋朝奸臣出力。但狼主喜欢忠臣、讨厌奸臣，将张邦昌等人都杀了。这样怎么能攻克中原？"兀术想了一会儿，说："军师说得对。但现在要这样的奸臣，到哪里去找？"哈迷蚩道："这里还有一个奸臣。当初跟随二帝来的人都死了，只有一个叫秦桧的祈求活命，老狼主将他驱逐了，他就流落在金国。我看此人是个大奸臣，但不知道现在在什么地方。狼主可派人把他找回来，多给他一些恩惠，然后送他回国，让他做个奸细，宋朝江山就能轻易到手了。"兀术大喜，随即派人将秦桧从贺兰山边找了回来。兀术问："你想回家吗？"秦桧忙点头答应。兀术说："你到五国城[①]，从二帝那里讨来诏书，

① [五国城]
遗址位于黑龙江省哈尔滨市依兰县城西北。

① ［礼部尚书］
　　礼部主官。礼部是古时负责礼仪、祭祀、宴餐、贡举等事宜的中央政府机构。

然后就能回中原了。"秦桧非常高兴，依言而行。

　　绍兴四年（1134）初秋，秦桧带着诏书回到临安。高宗收到二帝的消息后非常高兴，当即封秦桧为礼部尚书①。

　　自此以后，秦桧就开始兴风作浪，处处寻找机会谋害岳飞。

第四十五回　汤怀自尽宁死不降

过了几天，岳飞调集的各路人马共计二十万大军，陆续赶到了朱仙镇，安下十二座大营。一天，岳飞正在帐中与众将议事，探马进来禀报说："太师赵鼎气愤至极，旧病复发去世，圣上封礼部尚书秦桧为宰相。"岳飞听罢，与营中的大将、节度使、总兵各自派人到京城送礼贺喜。

数天后，新科状元张九成奉旨到岳飞营中做参谋。岳飞见他没穿戎装，便问："状元是奇才，为什么不在朝廷任职，到这里来做参谋？"张九成说："晚生是一个穷书生，参见秦太师后没有送礼，所以秦太师在圣上面前举荐我担任此职。"岳飞听罢，对众将说："岂有此理！我想秦太师也是十载寒窗，经过苦读才做到宰相之位，怎么能重贿赂而轻人才呢！"话音刚落，钦差送来圣旨，命张九成前往五国城去探望二帝。众人听罢，纷纷愤愤不平地说："这哪里是圣旨！一定是秦桧弄权陷害状元！现在朝廷有了这样的奸臣，忠臣就难以保全了！真让人胆寒啊！"

张九成对岳飞说："既然圣旨来了，我也不能耽搁，得马上动身。不过，我家里还有老母亲与弟弟张九思，得写一封信通知他们。"岳飞听罢，随即让人取来纸笔，等张九成写好了信，然后让家将把信送到常州。张九成说："信已经送走了，晚生今天就动身上路吧。请元帅派一位将军送晚生过金营。"岳飞转身问众将："哪一位将军愿意送状元出金营？"汤怀自告奋勇第说："末将愿往。"岳飞一看是汤怀，忍不住潸然泪下，与众人将张九成、汤怀送到小商桥。汤怀说："各位将军、大哥，小弟走了！"岳飞听罢，一时语塞，泪如泉涌，连忙转过身，带着众人回到营中。

汤怀保护着张九成来到金营门前,大声喊道:"大宋天子派新科状元张九成前往五国城问候二帝。快给我们让开路!"兀术闻报,说:"中原还有这样的忠臣,真是可敬!"遂下令将营门打开,并派一员大将带着五十名士兵一路护送。金兵金将看到张九成长得面白唇红、身穿红袍、手持符节,汤怀在后边横枪跃马,纷纷喝彩:"好一个年轻的忠臣!"兀术也忍不住称赞,并用手指着汤怀问哈迷蚩:"他是岳飞手下的汤怀吧?"哈迷蚩点头称是。兀术叹了一口气,说:"中原有这样不怕死的人,孤家怎么能取宋朝天下!"说罢,吩咐众将等汤怀回来,一定要将他生擒活捉。

汤怀将张九成送过金营,眼中含着泪说:"张大人,末将不能远送了!金兵路上会保护你。"张九成说:"今天与将军告别,估计今生不能再见面了!"说罢,泪如雨下,掩面转身离去。汤怀目送张九成远去,揩干眼泪回到金营门口,挥起手中枪冲进金营。众金兵一哄而上,将他拦住,喊道:"汤南蛮,今天你别想回去了!我们奉狼主之命,要在这里捉拿你。你赶快下马投降吧!"汤怀大怒,挺枪与金兵厮杀在一处。汤怀的武艺本来平常,金兵一层一层地围上来,他招架不住,便想:"我单人独骑,估计今天杀不出重围了。如果被金人捉住,到时候求生不能、求死不得,反会受尽侮辱,不如自尽!"主意一定,他便用枪拨开周围的兵器,大喊道:"大哥!小弟今生再也不能见你了!各位兄弟们!今天汤怀和你们长别了!"说着调转手中的枪,将枪尖刺向咽喉,立即翻身落马而死。

岳飞闻报,当场放声大哭,说:"兄弟,我自幼与你同窗学艺,情同手足。你还没功成名就,没能安享太平之福,就丧命于金人之手!"众将纷纷泣不成声。

一天,兀术在帐中与众将感叹汤怀的忠心、义气,忽然陆文龙来了。陆文龙已经十六岁,身高九尺,头大腰圆,眉清目秀,有千斤膂(lǚ)力,使双枪,箭法、马术都很娴熟。兀术看到陆文龙,高兴地问:"王儿为什么来迟了?"陆文龙说:"臣儿因贪看中原的景色,所以耽误了行程。

第四十五回 汤怀自尽宁死不降

父王领大兵进中原时间不短了,为什么不进军临安捉拿宋朝皇帝,反而在这里安营?"兀术把与杨再兴、岳云等人大战的情况讲了一遍,并说:"现在对面有十二座宋朝营寨,领头的岳飞十分厉害,所以为父的无法前进。"陆文龙听罢,说:"今天还早,臣儿领兵前去厮杀,捉几个南蛮来,给父王解闷。"说罢,带领数千金兵通过小商桥,来到宋营外讨战。

岳飞手下呼天庆、呼天保两员大将自告奋勇出营迎战。来到阵前,呼天保一马当先,与陆文龙互相通报了姓名,说:"你小小的年纪,何苦来找死!还不赶快回去,叫一个岁数大的来厮杀,省得别人说我欺小孩子。"陆文龙哈哈大笑,说:"我听说岳飞有些本事,所以来擒他。你这样的小卒,何足道哉!"呼天保大怒,拍马抢刀,直取陆文龙。陆文龙用左手中的枪格开大刀,迅速用右手中的枪刺向呼天保。呼天保来不及招架,被刺中心窝,当场死于非命。呼天庆见状,大吼一声:"你竟敢伤我的哥哥!我来了!"说着纵马冲上前,举刀就砍,陆文龙双枪齐举,两人战在一处。打了不到十个回合,陆文龙一枪将呼天庆挑下马,接着一枪结果了他的性命,然后高声叫道:"岳飞,派几个有本事的人出来会我!不要派这些无名小卒白白地来送死!"

岳飞得知二将阵亡,忍不住伤心落泪。岳云、张宪、严成方、何元庆四人自告奋勇,愿意一起上阵。岳飞说:"即使是四人一起去,也要小心。我有一计,叫车轮战法:你们四个人出阵,不能一拥而上,一个人先与他交战,战数个回合,再换一个人上前交战,如此轮流,一定可以将陆文龙擒来。"四人领命,率兵来到阵前。岳云率先出阵,与陆文龙通报姓名后,就厮杀在一起。两人战了三十多个回合,严成方大声叫道:"大哥歇一会儿!让兄弟来擒他。"随即拍马上前,举锤便打。陆文龙用双枪架住,怒喝道:"南蛮,通上姓名!"严成方说:"我是岳元帅麾下统制严成方。"陆文龙喊了一声"看枪",与严成方厮杀起来。两人也战了三十多个回合,何元庆冲上来替下严成方,战了三十多个回合。接着,张宪拍马摇枪,一边高声喊道:"陆文龙,试试我张宪的枪法!看看这一条枪比你的两条枪怎么样?"一边"唰、唰、唰"连刺数枪。陆文龙挥舞双枪,如吞云吐雾一般,与张宪大战起来。

陆文龙身后的金兵见状，连忙回营禀报了兀术。兀术说："这种战术叫'车轮战法'，不能让王儿中了岳飞的诡计。"忙下令鸣金收兵。陆文龙架住张宪的枪，说道："张宪，我父王鸣金收兵，今天暂且饶了你们，明天再来捉你们！"说罢拨马回营。

岳云、张宪、严成方、何元庆无奈，只得收兵回营，向岳飞禀报了经过。岳飞没说什么，只是命令各营小心镇守，以防陆文龙劫营。

第二天，陆文龙又到宋营前讨战。岳飞仍命岳云、张宪、严成方、何元庆四人出马。余化龙从一旁走出来，说："小将出去压阵，看看这个陆文龙到底怎么厉害。"岳飞点头同意。五人来到阵前，见了陆文龙，也不说话。岳云纵马上前，抡锤就打，陆文龙举枪相迎。两人锤来枪去，枪去锤来，战了三十多个回合，严成方替下岳云，与陆文龙继续交战。金兵又回营禀报了兀术，兀术担心陆文龙有失，亲自带领众将出营掠阵。陆文龙与岳云等五人轮流交战，丝毫没有胆怯，一直战至天色将晚。岳云等五人见久战不下，大喊一声，一起冲上前围住了陆文龙。兀术见状，立即率领众将出马，与五人混战起来。天色渐渐黑了下来，双方各自鸣金收军。

岳飞见五人仍没有拿下陆文龙，双眉紧锁，心里闷闷不乐，只得下令挂出"免战牌"。

第四十六回　王佐断臂卧底金营

一天晚上，王佐独自一人在营中喝酒，心想："我自从归顺岳元帅以来，还没有立下一点儿功劳。我得想出一个计策，对上能报答君恩，对下能替岳元帅分忧，还能博得流传青史的名声。"他一边想一边喝，忽然一拍桌子，自言自语地说："有了，有了。我曾看过记述春秋战国历史的书籍，其中有一个'要离断臂刺庆忌'①的故事。我为什么不学他断臂，潜进金营去呢？如果能接近兀术刺死他，岂不是一件大功劳？就是送上我这条命，也不可惜啊！"他拿定主意，连喝了十几大杯酒，脱了盔甲，拔出腰间的剑，咬紧牙关，"唰"的一声，将右臂砍下，然后左手拿起药，将伤口包扎起来。在场的士兵见状，无不大惊失色，纷纷问："老爷为什么要这么做？"王佐说："我心里的冤苦之事，你们不知道。你们在营中好好防守，不要议论，也不要把这件事传出去。等我的消息。"众人只得答应，不敢再说什么。

等到三更时分，王佐将砍下来的右臂用一件旧战袍包好，藏在袖子中，然后独自一个人出了营帐，悄悄地来到岳飞营帐门口，对守门的家将说："我有机密军情，求见元帅。"家将见是王佐，忙进帐禀报。当时岳飞因为陆文龙而心绪不宁，还没有睡觉，得知王佐这么晚还来见自己，便命家将把他请了进来。王佐进帐后，一句话也没说，"扑通"一声跪到地上。岳飞见

---

① ［要离断臂刺庆忌］

春秋时期，刺客要离奉吴王阖闾之命，用苦肉计获得庆忌（春秋时吴王吴僚之子）的信任，将其刺杀。其事见于《吴越春秋·阖闾内传》。

王佐面黄如蜡，满身鲜血，顿时大吃一惊，问："贤弟怎么变成这样了？"王佐说："哥哥不用惊慌。哥哥对小弟恩重如山，小弟无以报答。哥哥为金兵进犯中原日夜忧心，而且陆文龙又十分猖獗，所以小弟效仿当年吴国刺客要离的故事，将右臂砍下，送来给哥哥。现在小弟就要去金营了，特地来向哥哥请命！"岳飞听罢，泪流满面，说："贤弟，为兄的自然有良策可以破金兵，你何苦伤了自己的身体！赶快回去，我命医官给你调治。"王佐流着泪说："大哥怎么能这么说？小弟的右臂已经砍断，就是留在营中，也是个废人，没有任何用处。如果哥哥不让我去，我就在哥哥面前自刎，以明心迹。"岳飞听罢，忍不住失声大哭，说："既然贤弟决意如此，那就放心去吧！家里的事你不用担心，愚兄会照顾。"王佐擦干眼泪，辞别岳飞，连夜赶到金营。

王佐到金营门口时，天已大亮。他站在营前等了一会儿，见金兵打开营门，便走上前，说："请你进去通报狼主，说宋将王佐有事求见。"金兵转身进营禀报，兀术说："我从来没听说宋营有王佐这个人。他到这里来干什么？"说罢，下令将王佐叫进帐中。

兀术见王佐面色焦黄、衣襟染血，便问："你是什么人？来见我有什么话要说？"王佐说："小臣是洞庭湖杨幺的大臣，官封东圣侯。只因奸臣献了地理图，被岳飞打败，以至国破家亡。小臣无计可施，只得归顺岳飞。如今狼主大军到此，殿下英勇无敌，岳飞及手下众将心惊胆战。岳飞没有取胜的办法，只得挂出'免战牌'。昨夜他召集众将商议对策，小臣说：'现在中原残破，二帝流亡在外。康王违背天意，信任奸臣，逼走了忠良。二百万金兵如同泰山压卵一般，估计难以对付。不如派人和金人讲和，还能保全众人。'谁知岳飞不但不听，反而说臣有二心，想卖国，下令砍下臣的右臂，派臣来金营投降并送信，说他即日要来捉狼主，杀到黄龙府，踏平金国。臣如果不来，就要再砍下臣的左臂。"说罢，放声大哭，并从袖子里取出断臂，呈给兀术观看。兀术见了，十分不忍心，在场的金将也都异常悲痛。兀术说："这个岳飞真的无礼！把他杀了又有什么要紧的？砍了他的右臂，把他弄得死不死、活不活，还要命他来投降、报信，无非是让我知道他的厉害。"接着又对王佐说：

第四十六回 王佐断臂卧底金营

"我封你做个'苦人儿'的官职。你为了我被砍断右臂,遭受痛苦,我养你一世!"说罢,命人到各个营寨传令:"'苦人儿'住在营中,任他到处行走。违令者斩!"王佐大喜,高兴地想:"我不但没有事,而且遂了心愿。兀术的死期不远了!"

王佐离开后,岳飞派人四处打探,但没有任何消息。一连数天看到金营并没有将王佐的首级挂出来示众,岳飞的心里非常挂念,常常坐卧不安。

有了兀术的命令,王佐每天在金营里到处溜达,也没人管。有些金兵为了看他的断臂,不时地请他喝酒。一天,王佐来到陆文龙的营寨前,一名守门的金兵说:"'苦人儿'来这里干什么?"王佐说:"我想看看殿下的营寨。"金兵说:"殿下到狼主那里去了,不在这里,你自己进去看吧。"王佐信步走进营中,溜达了一会儿,来到陆文龙的营帐前,只见一个老妇人坐在门口。王佐走上前,说:"老奶奶,'苦人儿'见礼了。"老妇人说:"将军不用客气。"王佐一听她的口音是中原人,便说:"老奶奶不像是个金国人啊。"老妇人听罢,心事被触动,不由自主地悲伤起来,便说:"我是河间府人。"王佐说:"您既然是中原人,那是什么时候到金国去的?"老妇人没有回答,却说:"我听将军的口音,也是中原人啊。"王佐说:"'苦人儿'是湖广人。"老妇人说:"那我们就是同乡了,把事情告诉你也没关系,只是千万不能泄露出去!殿下是吃我的奶长大的,他原来是潞安州陆登老爷的公子,三岁时被狼主抢到金国,所以老身①在金国已经有十三年了。"王佐听罢,心中大喜,便说:"'苦人儿'走了,过两天再来看您吧!"说完,随即出了陆文龙的营寨。

过了几天,王佐跟在陆文龙马后,随他回营。陆文龙一回头看见了他,便说:"'苦人儿',你到我这里来吃饭吧。"王佐也没推辞,就随他一起进帐。陆文龙说:"既然你是中原人,应该知道中原人的故事,讲两个给我听听。"王佐忙说:"知

① [老身]
旧时中老年妇女的自称。

① [越鸟归南]
越国的鸟回到南方。此故事为《说岳全传》虚构。越国：先秦时期的诸侯国，辖区在长江以南、扬州一带。吴国：先秦时期的姬姓诸侯国，辖区以太湖流域为核心，包括今苏皖两省长江以南部分以及浙江北部。西施：本名施夷光，是越国美女，后人称其为"西子"。

② [骅骝向北]
此处故事与《杨家将演义》（明·熊大木著）中所述略有不同。骅骝：泛指宝马。萧邦：即辽国。天庆梁王：即耶律隆庆（973—1016），辽景宗次子。王钦若（962—1025）：北宋初期政治家，宋真宗时期的宰相、主和势力代表，新喻（今江西新余市）人。

道，知道，知道。我就讲一个'越鸟归南'①的故事给殿下听。当年，吴国、越国交战时，越王将一个叫西施的美女献给了吴王。西施随身带了一只鹦鹉，经常教它一些诗词歌赋。鹦鹉就像人一样，凡是教它的都会。越王的目的是利用吴王贪淫好色，用西施让他荒废国政，以便自己能取吴王的天下。西施到了吴国后，吴王非常宠爱她。谁知鹦鹉竟不肯说话。"陆文龙不解地问："这是什么原因呢？"王佐说："后来，吴王害了伍子胥。越王兴兵伐吴后，无人能够抵抗，伯嚭逃遁，吴王命丧紫阳山。西施仍旧回到越国，鹦鹉这才重新说话。这就是'越鸟归南'的故事。这个故事是说禽鸟尚且怀念家乡，作为一个人却不如鸟。"陆文龙说："这个故事不好！你再讲一个好的给我听。"王佐说："那我再讲一个'骅（huá）骝（liú）向北'②的故事吧。"陆文龙问："什么叫做'骅骝向北'？"王佐说："这个故事发生的年代不远，在宋朝第二代君王，也就是太宗之子真宗皇帝在位的时候。那时朝中出了一个奸臣，叫王钦若。杨家将全都是忠义之人，所以王钦若总想陷害他们。有一次，王钦若哄骗真宗出皇宫打猎，乘机进谗言说：'中原的坐骑都是稀松平常的劣等马，只有萧邦天庆梁王坐的是一匹宝马，名叫日月骕（sù）骦（shuāng）马。主公可以传旨，命杨景去将这匹宝马要来乘坐。'"陆文龙说："杨元帅怎么可能要得来呢？"王佐说："当时，杨景的手下有一员勇将孟良，他本来以杀人放火为生，后来被杨元帅收到麾下。孟良会说辽国话，所以就扮作辽国人，悄悄地前往萧邦，千方百计把那匹马骗回了中原。"陆文龙说："这个人的本事真大！"王佐说："日月骕骦马被送到京城，真宗皇帝试了试，发现它果然是一匹好马。但是，骕骦马总是冲着北方嘶鸣，一点儿草料也不肯吃。七天后，它竟然死了。"陆文龙不由得赞叹道："它不仅是好马，更是义马！"王佐说："这就是'骅骝向北'的故事。殿下，'苦人儿'告辞了，过几天再来看望殿下。"陆文龙说："没事的时候，就来我这里讲讲故事。"王佐答应而去。

第四十七回　曹宁归宋枪挑父亲

陆文龙到达兀术大营后数日，曹荣的儿子曹宁奉老狼主之命，也率军来助战。他问兀术战况怎么样，兀术将陆文龙连胜两仗、岳飞挂出"免战牌"的经过叙述了一遍，并叹了一口气，说："岳飞非常厉害，手下兵强将勇，难以取胜。"曹宁说："臣去会一会岳飞，看看他到底怎么样。"说罢辞别兀术，领兵来到宋营前讨战。

曹宁在宋营前大声吆喝道："呔！听说你们岳家兵将如狼似虎，为什么挂出让人不耻的'免战牌'？有本事的，出来会会我曹将军。"守门士兵忙进营禀报，徐庆、金彪主动请缨，岳飞随即命人摘下"免战牌"。二人率兵来到阵前，徐庆一马当先，与曹宁互相通报姓名后，举刀就砍。曹宁不慌不忙躲开，顺势一枪刺去，徐庆当即翻身落马而死。金彪顿时勃然大怒，大叫道："竟敢伤我的兄长！看刀！"说着摇动三尖刀，狠狠地朝曹宁劈面砍去。曹宁见他来势凶猛，用枪把刀架开，拨马便走，金彪随即追赶。不一会儿，曹宁回马就是一枪，刺向金彪前心。金彪来不及躲避，被刺中心窝，坠马而死。曹宁勒住马，把枪一挥，金兵向前猛冲，宋兵没有主将，大败回营。

岳飞得知损失两员大将，当场落泪。张宪十分气愤，自告奋勇出战，岳飞点点头同意了。张宪提枪上马，来到金营前，点名要曹宁出战。曹宁随即领兵来到阵前，问："你是谁？"张宪说："我是大元帅岳飞麾下大将张宪。"曹宁说："你就是张宪？我正要捉你，你就来了。"说罢拍马冲上前，与张宪大战起来。两人战了四十多个回合，一直到红日西沉，也没分出胜负,只得各自收兵。

次日,曹宁又带兵到宋营前挑战,严成方奉岳飞之命来到阵前。曹宁叫道:"来的是谁?"严成方说:"我是岳元帅麾下统制严成方!你这个小番,就是曹宁吗?"曹宁道:"我就是四狼主帐前大将军曹宁!你既然知道我的姓名,为什么不下马投降?"严成方大笑着说:"我正要拿你。看锤!"说着举锤便打,曹宁抢枪架住。两人大战了四十余个回合,一直到天黑,才各自收兵。

岳飞派数名大将与曹宁一连战了数天,都没有获胜。他越想越愁闷,不得已又挂出了"免战牌"。

王佐听说此事,心里十分惊慌,就去见了陆文龙。陆文龙问:"'苦人儿',今天要给我讲些什么故事?"王佐说:"今天有一段绝好的故事,但我只讲给殿下一个人听。"陆文龙听罢,吩咐手下人都离开营帐。王佐见帐中只剩下自己和陆文龙,便从袖子里取出一幅画递了过去,说:"殿下先看,然后我再讲。"陆文龙接过画一看,上面有一个将军,非常像自己的父亲。他躺在地上,已经死去。一个妇人带着一个孩子,站在将军身边哭泣,周围站着很多金兵。陆文龙说:"'苦人儿',这是什么故事?我不明白,你讲给我听听。"王佐凑上前,指着画说:"殿下,画上的地方,是中原潞安州。这个死去的老爷,官居节度使,姓陆名登。这个妇人,是他的夫人谢氏,后来也死了。这个是两人的儿子,叫陆文龙。"陆文龙惊讶地问:"'苦人儿',怎么他也叫陆文龙?"王佐说:"你先听着,兀术攻下了潞安州,陆文龙的父亲、母亲都自刎而死。兀术见陆文龙幼小,就带着他和他的奶妈一起回了金国,并将他认为义子。从那时候到现在,已经十三年了。陆文龙不仅不给父母报仇,反而认仇人为父亲,真是让人痛心!"陆文龙说:"'苦人儿',你明明在说我。"王佐说:"不是你,难道是我吗?我砍断右臂都是为了你!你如果不相信我的话,进去问问你的奶妈就知道了。"话音未落,陆文龙的奶妈哭哭啼啼地走了出来,说:"我听了一会儿,将军说的话,每一句都是真的!老爷、夫人死得好冤枉!"说罢,放声大哭起来。陆文龙听罢,也痛哭了起来,说:"我今天才知道这样悲惨的事,怎么能不给父母报仇呢!"他

第四十七回　曹宁归宋枪挑父亲

冲王佐拜了拜，说："将军的恩德，没齿不忘！"随即拔出剑，咬牙切齿地说："我现在就去杀了仇人，和将军一起回中原。"王佐急忙拦住他，说："公子不要莽撞！兀术的卫士很多，如果接近不了他，反而会受害。凡事要三思而行！"陆文龙说："将军认为该怎么办？"王佐说："找机会立功，再回中原不迟。"陆文龙依言，将剑收了起来。

过了一会儿，王佐问："曹宁是怎么回事？"陆文龙说："他是曹荣的儿子，也是在金国长大的。"王佐说："我看这个人正直豪迈。公子可请他来，我用话试探试探他。"

不多时，陆文龙将曹宁请进帐中。王佐从外面走了进来，陆文龙介绍两人认识，并对曹宁说："将军，他讲的故事非常好。"曹宁说："请他讲一个故事给我听。"于是，王佐便将"越鸟归南""骅骝向北"两个故事说了一遍。曹宁说："鸟兽尚且知道思乡念主，人怎能不如鸟兽呢？"陆文龙说："将军知道自己从哪里来的吗？"曹宁说："殿下，曹宁自小就在金国，确实不知道。"陆文龙道："将军是宋朝人！你问问'苦人儿'就明白了。"不等曹宁说话，王佐就对他说："令尊在刘豫的劝说下投降了金国，被封为赵王。他在金国，不但不想报恩，反而数典忘祖，所以我就讲了这两个故事。"曹宁忙制止道："'苦人儿'，殿下在这里，你不要胡说！"陆文龙乘机说了王佐断臂来金营的经过，以及自己的身世，并对曹宁说："将军陷身金国，岂不可惜？所以我请将军来商议该怎么办。"曹宁说："没想到竟然有这样的事！要不我先去投奔宋营？但或许岳元帅不信，不愿意收留我。"王佐说："我写一封信给将军带去就可以了。"说罢，立即写好信，交给曹宁。

曹宁藏好信，回营想了一夜，下决心归顺岳飞。转天清早，他就起身披挂整齐，上马来到宋营前。岳飞闻报，下令将曹宁请进帐中。曹宁说明来意，并拿出王佐的信呈给岳飞。岳飞拆开一看，心中大喜，笑着说："我的兄弟断臂降金，立下大功，不枉经历这一番痛苦。"遂将信放进袖子里，对曹宁说："曹将军不弃家乡、不负祖宗，又回归大宋，真是忠义英勇之士。可敬！可敬！"说罢，命人给曹宁换上宋军的衣甲。

第二天，兀术得知曹宁投降了岳飞，心中非常恼怒。忽然，曹荣押送粮草到达。兀术立即下令将他绑了起来。曹荣以为自己耽误了行程，便说："臣不是故意耽误行程，只是路上遇到了大雨，所以迟了两天，请狼主开恩！"兀术呵斥道："胡说！你让你的儿子归顺宋朝，难道不是父子俩合谋的吗？你还想狡辩？推出去砍了！"曹荣慌忙说："臣确实不知道是怎么回事，请狼主宽恕。臣现在就去擒住这个逆子来谢罪。"兀术听罢，下令给曹荣松绑，命他出营捉拿曹宁。

曹荣提刀上马，来到宋营前，大声喊道："赶快禀报岳飞，说赵王来了，叫曹宁出来见我！"岳飞闻报，对曹宁叮嘱道："你要见机行事，劝你的父亲也归顺大宋。"曹宁随即上马，到营前一看，来人果然是父亲。曹荣见儿子换了衣甲，顿时勃然大怒，骂道："逆子！见了父亲还不下马？"曹宁说："爹爹，我现在是宋将了。爹爹何不改邪归正，归顺宋朝！"曹荣大声叫道："逆子！难道你连父母都不顾，背主求荣？快跟我回去，到狼主面前请罪。"曹宁说："我原来不知道，爹爹身为节度使，却背主降金。爹爹为什么不学陆登、张叔夜、李若水、岳飞、韩世忠呢？为什么只有你献了黄河，投降金人？二帝现在坐井观天，你于心何忍？这样做与禽兽何异！你如果不愿意归顺宋朝，就回去吧，不用多说了！"曹荣怒气冲冲，骂道："畜生！竟敢对父亲无礼！"随即拍马舞刀，朝曹宁的脑袋上砍去。曹宁见父亲不仅不听劝说，还要砍自己，顿时怒火中烧，抖动长枪朝父亲刺去。曹荣来不及阻挡，被一枪挑死。

岳飞见曹宁杀了父亲，大吃一惊，说："你的父亲不肯归宋，你自己回来就行了。哪有儿子杀父亲的？我不敢留你，你走吧。"曹宁想了想，说："元帅说得对。我如今做了大逆不道的事，怎么还能活在人世间？"接着大叫道："曹宁不能早早得到元帅的教训，以至于不忠不孝，现在还有什么面目见人！"遂拔出腰间的佩刀自刎而死。

兀术得知曹荣被儿子挑死，说："曹宁归宋，果然与他的父亲没关系。但是，曹宁现在是弑父的逆贼，岳飞竟然愿意收留他，岂是明理之人的做法？他也不算是个名将！"话音刚落，有士兵来禀报说："曹宁死了。"兀术闻言，拍着手说："岳飞果然名不虚传！宋朝有这样的人才，我想拿下中原，要费周折了！"

第四十八回　岳飞大破连环甲马

一天，兀术正在帐中与众将议事，有金兵进来禀报说："元帅完木陀赤、完木陀泽带领'连环甲马'来了，在帐外候令。"兀术大喜，忙下令将二人请进帐中，说："'连环甲马'来的正是时候！明天就请二位出马擒拿岳飞！"

第二天，完木陀赤、完木陀泽领兵来到宋营前讨战。岳飞命董先带着陶进、贾竣、王信、王义与五千人马出战。董先见完木陀赤、完木陀泽身材高大、虎背熊腰，大喝一声："来将通名！"完木陀赤说："我们是大金国元帅完木陀赤、完木陀泽兄弟俩，现在奉四太子之命来捉岳飞。你是什么人？是不是岳飞？"董先大怒，一边骂道："放屁！岳元帅怎么能和你们这样的丑贼交手。看我董爷爷的家伙！"一边挥起月牙铲就打。完木陀赤用铁杆枪架开月牙铲，回手就刺。二人战了五六个回合，完木陀泽见哥哥赢不了董先，就举起浑铁锃（tǎng）①，飞马冲上前助战。陶进等四人见状，各举兵器一起拥上前。七个人骑着马战成一团，犹如走马灯一般。

战了数十个回合，完木陀赤、完木陀泽不敌，只得回马败走。完木陀赤边跑边喊道："宋将不要追赶，我有宝贝！"董先说："管你有什么宝贝，老爷们不怕。"说着拍马就追。

完木陀赤、完木陀泽跑到营前时，突然响起一声号炮，两人随即向左右两边分开，金营里冲出了三千人马。这些马的身

① ［锃］
一种形似叉的古兵器，为半月形，中间有枪尖。

上都披着生驼皮甲，头上都用铁钩与铁环连锁着，每三十匹一排，一共一百排。马上的士兵都穿着生牛皮甲衣，脸上戴着牛皮做的假脸，只露出两只眼睛。随后是五十排弓弩手与五十排长枪手，互相间隔排列。董先等五员大将与五千士兵被围在中央，根本无法突围。不到一个时辰，除了几个浑身是伤的士兵逃了出去，其余的全部阵亡。

　　逃走的几个士兵回营将经过禀报给岳飞，岳飞大惊失色，问："五位将军是怎么战死的？"几个士兵就将"连环甲马"的情况详细描述了一番。岳飞听罢，泪流满面，叹着气说："苦啊，苦啊！'连环甲马'呼延灼以前用过，只有徐宁①传下来的'钩镰枪'可破。早知道是这样，就不让五位将军出战了，真让人痛心！"当即命孟邦杰、张显各带三千人操练"钩镰枪"；命张立、张用各带兵三千人操练"藤牌"。

　　尽管完木陀赤、完木陀泽大胜，但兀术仍不满意。他对哈迷蚩说："我现在有这么多兵马，但都被岳飞阻挡在这里。如此旷日持久对阵，中原何时可得？军师有什么良策呢？"哈迷蚩说："岳飞确实厉害，他手下的兵马又多，一时难以取胜。臣有一计：狼主可派一员大将暗渡夹江，攻打临安。岳飞知道后，必然回兵去救。到时候狼主率大军追击，岳飞的人马首尾不能相顾，擒岳飞就易如反掌了！"兀术听罢大喜，当即命鹘眼郎君率五千人马，悄悄地出营，向临安进发。

　　当时，临安城中有一名奸臣，姓王名俊，是秦桧门下的走狗。他对秦桧溜须拍马，哄秦桧高兴，让他做了都统制。一天，秦桧为了提拔他，就奏明高宗，派他带领三千人马，押送粮草赶往朱仙镇，之后就在军中管理粮草。巧合的是，鹘眼郎君在路上正好遇到了王俊。鹘眼郎君纵马出列，大声呵斥道："哪里来的军兵？赶快把粮草送过来，饶你们的狗命！"王俊说："我是大宋都统制王俊！你从哪里来的？怎么敢擅自闯到这里？"鹘眼郎君说："我是大金国四太子帐前元帅鹘眼郎君！奉命渡

① ［徐宁］
　　《水浒传》中的人物，绰号金枪手，原是禁军教练，善使钩镰枪。

第四十八回 岳飞大破连环甲马

过夹江，到临安擒宋朝皇帝。今天先拿你开开刀。"说罢，一刀砍向王俊，王俊只得举刀相迎。两人打了七八个回合，王俊招架不住，只得落荒而逃，鹘眼郎君拍马紧追。

正在危急之时，忽见前面来了一队兵马，原来是催粮将军牛皋。牛皋看见金兵正在追击宋军，十分奇怪，心想："金兵怎么会出现在这里？他们追的是什么人？"便纵马迎上去，大声叫道："不要惊慌，牛爷爷来了。"王俊忙说："快救救小将！"牛皋让过王俊，拦住鹘眼郎君，大喝一声："站住！你是什么人？到哪里去？"鹘眼郎君也没隐瞒，直接说："我叫鹘眼郎君，奉命前去攻打临安。"牛皋大怒，举锏便打，鹘眼郎君忙举刀招架。两人战了二十个回合，鹘眼郎君稍微一迟疑，被牛皋一锏打中肩膀，翻身落马而死。那些金兵见状，拼命逃走了。

牛皋回马到王俊面前，问："你是从哪里来的？怎么这么没用，竟然被他打败了！"王俊说："小将叫王俊，官居都统制，秦丞相举荐我护送粮草到朱仙镇去，然后在那里管理粮草。谁知遇到这名金贼，我战不过他。幸亏将军救了我，日后一定报答！请问将军高姓大名？"牛皋一听他提秦桧，暗想："早知他是个狗头，就不救他了。"见他问自己的姓名，便说："我是岳元帅麾下统制牛皋，奉命催运各路粮草。王将军既然要送粮草到朱仙镇去，就把我的粮草也带去交给元帅吧，就说牛皋还要去几个地方催粮，催齐之后就回去。另外，把这个金将的首级也带回去，给我报功。"王俊点头答应，说："将军的本领，天下无双！请将军把这件功劳送给末将吧。"牛皋暗想："这件功劳先送给他，我回营后再出他的丑也不迟。"便说："既然将军提出来了，我就把功劳送给你吧。护送粮草要小心，不要再出问题了！"说罢，辞别王俊而去。

数天后，王俊赶到朱仙镇，安顿好粮草和人马后，到岳飞营帐门口候令。岳飞想："他的这份差事是奸臣谋来的。先见见他再说。"随即让人将王俊请进帐。王俊见了岳飞，说："卑职奉旨而来，在途中遇到牛皋被金兵追赶，便上前救了他，带来了他的粮草和金将的首级。"岳飞问："牛皋遇到的金兵是干什么去的？"王俊说："金将称自己奉命渡过夹江，去攻打临安。我恰好遇到牛皋战败，被金将追赶，便上前杀了金将,救下牛皋。"岳飞听完王俊的叙述,立即明白王俊是在冒功,但没有当场揭穿,就命人记下了他的功劳。

第二天,孟邦杰、张显与张立、张用各自操练好人马,见岳飞缴令。岳飞叮嘱一番,当即命四将出营挑战。接着,又命岳云、严成方、张宪、何元庆率五千人马随后接应。

孟邦杰、张显、张立、张用四人来到金营门前,完木陀赤、完木陀泽率兵出营。双方互相通报了姓名,张立一马当先,冲上去与完木陀赤、完木陀泽战在一处。接着,孟邦杰、张显、张用三人纵马助战。六人混战了数个回合,完木陀赤、完木陀泽诈败而走。孟邦杰、张显、张立、张用四人追到金营门口,金兵纷纷吹动筚(bì)篥(lì)①,敲起驼皮鼓,紧接着一声炮响,三千"连环甲马"冲了出来,将孟邦杰等人围在中央。张立忙吩咐手下士兵用藤牌将四面遮住,金兵的弓箭射不进去,长枪也扎不进去。孟邦杰、张显则带领士兵使出"钩镰枪",一连钩倒了数匹"连环甲马",其余的无法散去,只有自相践踏。忽然,又一声炮响,岳云、张宪与何元庆、严成方分别从左右两边杀了过来。金兵无法招架,全部被杀死,"连环甲马"一匹也没逃走。

兀术正在帐中等着完木陀赤、完木陀泽"连环甲马"再次获胜而回,不料一名金兵慌慌张张冲进来禀报说:"岳飞派八名大将将'连环甲马'破了。"话音未落,完木陀赤、完木陀泽灰溜溜地走了进来。兀术问:"南蛮怎么破了'连环甲马'?"完木陀赤、完木陀泽将宋兵使用"藤牌""钩镰枪"的过程说了一遍。兀术失声大哭,对哈迷蚩说:"军师!'连环甲马'花了数年才练成,不知道死了多少马匹!谁知今天只打了一仗,就被岳飞破了!"哈迷蚩说:"狼主不必悲伤。等'铁浮陀'②一来,南蛮自然都能消灭。"兀术叹了一口气,说:"看来我也只能等这件宝贝了。"

① [筚篥]
一种古代管乐器,也称管子,形似喇叭,用竹做管,用芦苇做嘴,多用于军中和民间音乐。

② [铁浮陀]
根据《说岳全传》的描述,它是一种巨型大炮,与史书中记载的"铁浮屠"(一种重装骑兵)不同。

第四十九回　兀术朱仙镇大溃败

牛皋催齐粮草并护送到朱仙镇，对岳飞说："末将救了王俊。元帅收到金将鹘眼郎君的首级和粮草了吗？"岳飞说："有是有的，但王俊说是他救了你，功劳是他的。功劳簿上已经写了他的名字了。"牛皋问："王俊怎么能冒功？"王俊在一旁说："人不能没有良心。小将救了你的性命，你怎么反过来抢我的功劳？"牛皋说："我与你比比武艺，你要是能赢我，我就将功劳让给你。"

正在这时，从营门前传来阵阵喧哗声。原来数百名士兵因为近来每天发到手的米被王俊克扣而减了不少，所以聚集起来吵闹。岳飞得知事情原委后，对王俊说："钱粮都是你发放的，你现在赶快把克扣的军粮补足，回来再说。"王俊补足军粮之后来见岳飞，岳飞厉声呵斥道："王俊！你冒功邀赏，克扣军粮，本应斩首。因为你是奉旨来的，所以暂且饶了你的死罪。"说罢，下令打王俊四十大棍，并送回临安，让秦桧处置。牛皋对岳飞不杀王俊有些不乐意，岳飞说："贤弟，他是秦桧派来的。秦桧位居宰相，权势正旺。冤家宜解不宜结！"牛皋听后心里仍愤愤不平，但也无奈，只得作罢。

兀术的"连环甲马"被岳飞破了之后，心中一直闷闷不乐。一天，他正在帐中与众将议事，忽然有士兵来禀报说"铁浮陀"已经送到。兀术大喜，立即下令当晚二更时分将"铁浮陀"推到宋营前，然后发起进攻。陆文龙听到后，回营悄悄地与王佐商定给岳飞送信。天黑后，陆文龙偷偷出营，骑马来到宋营前，用箭将密信射了进去。岳飞看信后大吃一惊,随即悄悄地命岳云、张宪领兵埋伏起来,命各位大将在自己的营中虚设旗帜、营帐,悬羊打鼓,然后率所部人马退进凤凰山中躲避。

到了二更时分,金兵将"铁浮陀"一起推到宋营前,点燃大炮射击宋营。顿时烟火腾空,山摇地动。岳飞在凤凰山上看到后胆战心惊,举手向天,说:"幸亏王佐自断臂膀、陆文龙送来密信,要不然六七十万人马都会粉身碎骨!"等炮声停止、金兵回营后,岳云、张宪率伏兵冲出来,用铁钉把大炮的火门①钉死,然后将"铁浮陀"全部推进小商河内。接着,岳飞命众将率军回到营内。

兀术在营前看到"铁浮陀"将宋营轰得一片漆黑,高兴地回到帐中对哈迷蚩说:"军师,这回成功了!"随即传令摆酒庆贺。天亮后,一名金兵进帐禀报说:"殿下带着奶母,与'苦人儿'五更②时出营投奔岳飞去了。"兀术一听,勃然大怒,用力将手中的酒杯扔到地上,大叫道:"真是养虎伤身啊!"话音未落,又一名金兵来禀报说:"狼主,岳营内旗帜鲜明、刀枪密布。"兀术十分疑惑,忙下令整理"铁浮陀",晚上再打宋营。金兵出营一看,"铁浮陀"不知所踪,找了一会儿,才发现"铁浮陀"都被推进小商河了。兀术闻报,气得暴跳如雷。哈迷蚩忙劝道:"狼主不要着急。臣明天就摆'金龙绞尾阵',一个月后,诱骗岳飞攻阵,然后擒他。"兀术听罢,立即派人通知岳飞,让他一个月后来攻阵。

岳飞接到通知,一边命人安顿好王佐、陆文龙和他的奶妈,一边命众将操练,准备攻阵。

过了十几天,岳飞见金营仍无动静,就在晚上带着张保出营,悄悄地来到凤凰山一片树林的深处,爬到一株大树顶上偷偷地观察金营。当时,一百多万金兵摆成了两个长蛇阵,头与头、尾与尾互相连接,正在演练金龙绞尾阵。岳飞看得出神,突然一声弓弦响,他连忙转头,一支箭急速飞来,正中他的肩

① [火门]
枪膛或炮膛上用来点燃火药的孔。

② [五更]
三点至五点。

第四十九回 兀术朱仙镇大溃败

膀。岳飞疼得大叫一声。一个身影迅速地顺着树干从树顶滑到地上，一溜烟儿跑了。张保听到岳飞大叫，忙用绳子将他放到地上，拔出箭头包扎好，扶他上马，慢慢地回到营帐中。岳飞服了一颗治伤的丸药，命张保悄悄地将戚方叫来，呵斥道："戚方！我在洞庭湖围剿杨幺的时候，打了你三十棍，你就怀恨在心，居然想置我于死地！你也不想想，如果我不以恩义待人，王佐怎能会自断右臂？大军怎么能逃脱'铁浮陀'？况且我是主帅，就算是屈打了你，又有什么深仇大恨？你今天用箭射我，幸亏没危及性命，否则不就断送了宋朝的天下吗？我叫你来，是为了给你一封信。你带着信，连夜到临安投奔都督张俊吧。如果天亮了，众将不服，你就难以活命了！"戚方脸涨得通红，但无话可说，只得接过信，拜谢而去。

戚方刚出营，就碰见了巡逻的牛皋，他连忙掏出岳飞的信，解释为何夜晚出营。牛皋担心他做了坏事，便说："你就是奉元帅之命出营，也该在白天。你和我去见元帅，然后再放你走。"戚方说："元帅命我赶紧离开，不能等到天明，你为什么阻挡我？"牛皋勃然大怒，举锏就打，戚方措不及防，被打中头顶而死。牛皋连忙去见岳飞，说了打死戚方的经过。岳飞就把射箭的事讲了一遍，牛皋说："原来是这样，小弟没打错！"第二天，有士兵禀报岳飞说罗纲、郝先逃走了，岳飞把戚方的事告诉了众将，并下令不用追击。众将都大惊失色，唏嘘不已。

两天后，哈迷蚩演练好金龙绞尾阵，兀术大喜，随即命人给岳飞送去战书，约定转天决战。岳飞连忙召集众将商议，命韩世忠领兵攻打右边的长蛇阵，自己带领人马攻打左边的长蛇阵，命岳云、严成方、何元庆、余化龙、罗延庆、伍尚志、陆文龙、郑怀、张奎、张宪、张立、张用攻击兀术中军。

第二天，岳飞指挥大军向金龙绞尾阵发起进攻。但金兵这个阵形由两个"长蛇阵"演变而成，头尾各有照应，就像剪刀一样。宋军杀退了一层金兵，又一层金兵围上来，如此循环往复。

忽然，狄雷、樊成、关铃一起杀进阵中。原来，狄雷自从打了岳飞几锤逃走之后，仍想投奔岳飞，但却没有办法。一天，他听说岳飞与兀术在朱仙镇交战，便立即动身前往。到朱仙镇之后，正遇上岳飞攻阵。

他正要杀进去，孟邦杰的妻弟樊成、岳云的结拜兄弟关铃先后飞马而至。三人互相通报了姓名，便纵马从正中间杀进金龙绞尾阵。金兵根本阻挡不住三人，慌忙禀报了兀术。当时，兀术正坐在将台上观看哈迷蚩指挥作战，闻报后提斧下台，上马挡住狄雷、樊成、关铃。关铃大喊道："我是梁山泊大刀关胜爷爷的公子关铃！你是什么人？说清楚了好记我的功劳。"兀术看见关铃相貌堂堂、威风凛凛，心里十分喜欢，便说："我是大金兀术四太子。你小小的年纪，何苦在这里送命！不如归顺了我，我封你为王，永享富贵。"关铃哈哈大笑，说："原来你就是兀术！我的运气真好，出门就撞见个宝贝。快拿头来，我送给岳元帅做见面礼！"兀术大怒，骂道："不识抬举的东西！看斧！"遂举金雀斧当头便砍。关铃用青龙偃月刀拨开斧，与兀术战在一处。两人战了十几个回合，狄雷、樊成一起冲上前助战。三人如猛虎下山，兀术根本无法抵挡，直杀得两肩酸麻、浑身流汗，只得拨马而走。他担心三人冲散阵形，便绕着阵跑。金兵也不敢阻挡，只得任由三人在后追赶。就这样，金龙绞尾阵被冲得七零八落。

岳飞见金兵阵脚散乱，立即指挥大军四处追杀。关铃忽然看见了岳云，高兴地大叫道："岳大哥！小弟来了。"岳云见是关铃，顿时大喜，说："贤弟来得正好！"这时，樊成也遇到了孟邦杰。狄雷杀进阵中，冲着岳飞高声叫道："小将狄雷在金门镇冲撞了元帅，现在特地来投奔元帅！"岳飞说："将军应当给国家出力，杀退金兵，立功受封！"狄雷听罢，精神大振，奋力厮杀起来。他与岳云、严成方、何元庆四人各举双锤起起落落，顿时一片寒光闪闪，杀气逼人，直打得金兵心惊胆战。这就是"八锤大闹朱仙镇"的故事。

兀术见金龙绞尾阵已破，只得带着残兵败将弃营而逃。逃了几十里，兀术来到金牛岭。看着险峻陡峭的山峰，不禁仰天长叹道："这样的山势，孤身一个人还要攀藤附葛才能上去，现在这些人马怎么能过得去？"这时，追兵渐近。兀术进退两难，大喊道："我统领六十余万大军，想夺取中原。今天兵败，我还有什么面目再见众将！不如死在这里！罢！罢！罢！上天让我灭亡啊！"随即掀起衣襟，一头朝岩壁撞去。只听"轰隆"一声巨响，兀术倒在了地上。

第五十回　十二道金牌召岳飞

兀术撞岩壁倒在地上,却并没有死。"轰隆"的巨响是山岭倒下发出的声音。过了片刻,兀术爬起来一看,见山岭都成了平地,心中大喜,连忙上马带着众将往前跑。金兵都想逃命,一见有了生路,便蜂拥而上。这一来,反倒堵住了去路。金兵你踩我、我踩你,拼命往前冲。忽然,又一声巨响,山岭重新竖了起来。逃过去的金兵只有五六千人。剩下的金兵无路可走,只得任由追来的宋兵宰杀。

兀术在山岭上看到手下人马死得可怜,忍不住痛哭流涕,对哈迷蚩说:"我自从来到中原后所向披靡,没想到岳飞真的厉害,六十万人马被他杀得只剩下五六千人。我还有什么面目回去见老狼主,不如自尽了吧!"说罢,拔出腰间的佩剑要自刎。哈迷蚩急忙冲过去,用双手紧紧抱住兀术,众将手忙脚乱地夺下他手中的剑。哈迷蚩大喊道:"狼主,何必轻生!胜败乃兵家常事。先回国,再整顿人马杀进中原报仇。"

话音未落,对面树林里走出来一个人。那人一身书生打扮,俊秀飘逸,非常像神仙。他对兀术说:"你只想调兵复仇,但有什么用呢?向锅里添水,不如灶内无柴。自古以来,权臣在朝廷,大将怎么能在外面立功呢?不久之后,岳元帅也免不了这样。"兀术想了想,忽然恍然大悟,忙作揖感谢,说:"多谢教谕!请问先生尊姓大名?"那人说:'小生说的话,不过是应天顺人而已,何必留姓名呢?"说罢飘然而去。

哈迷蚩在一旁说:"上天既然派这个人点醒我们,狼主就先暂且安营吧。臣悄悄地潜入临安找秦桧,让他找个机会害死岳飞,到时候就不用担心拿不下中原了!"兀术大喜,立即写了一封信,用黄蜡包住,交给哈迷蚩,说:"军师,你进中原,千万要小心!"哈迷蚩将蜡丸藏好,扮成汴京人的模样,辞别兀术,奔临安而去。

　　数天后,哈迷蚩悄悄地进了临安城。一天,他打听到秦桧与妻子王氏在西湖上游玩,连忙赶到湖边。当时,秦桧正坐在苏堤边的船舱里,与妻子一边赏景一边喝酒。哈迷蚩高声叫道:"卖蜡丸,卖蜡丸!"秦桧顺着声音看去,发现这个人竟然是哈迷蚩,不由得大吃一惊,忙吩咐家人说:"把卖蜡丸的叫到船上来见我。"不一会儿,家人领着卖蜡丸的人进了船舱。秦桧问:"你卖的是什么样的蜡丸?能治我的心病吗?"哈迷蚩说:"我的蜡丸专治心病,是根据祖传秘方制成的。你要趁早吃,迟了恐怕就没有效果了。"秦桧说:"既然这样,你把蜡丸留下,我按照方子服用。"并让家人拿出十两银子给了哈迷蚩。哈迷蚩会意,接过银子就离开了,然后回到金牛岭,将经过禀报了兀术。兀术随即率残兵败将回到了金国。

　　等哈迷蚩一走,秦桧忙剖开蜡丸,里面是一封兀术的亲笔信。兀术在信中责备秦桧说:"你回到临安后没有任何行动,导致我被岳飞打得大败,有负金国对你的恩德。如果谋害了岳飞,才是报恩。我要是夺取了宋朝江山,情愿和你平分。"秦桧看完后,将信递给王氏,说:"四太子要我谋害岳飞,该怎么办?"王氏说:"相公官居宰相,这些小事有什么难办的?可以拖延送粮草的时间,就说现在要与金国议和,让岳飞暂时回到朱仙镇,然后再设计谋害他,岂不是好?"秦桧大喜,随即上岸回府。

　　岳飞对临安城中发生的一切根本不知情。他一面下令在金牛岭下安营,一面写奏本报捷,并催促粮草速速运来,准备率兵扫北、迎还二圣。等了一段时间,粮草仍然没有到。岳飞十分疑惑,不知道出了什么事。一天,他正与众将商量如何调兵遣将,钦差突然送来圣旨。原来高宗命岳飞班师,暂且回到朱仙镇,等秋收之后粮草充足,再说发兵的事。等送走钦差,韩世忠气愤地对岳飞说:"元帅以数十万人马击退百万金兵,不是一件容易的事。现在成功在即,朝廷却不发粮草,反而召元帅兵回

第五十回 十二道金牌召岳飞

朱仙镇，岂不是前功尽弃！一定是朝中出了奸臣，怕大将在外立功。元帅要慎重考虑，不能轻易率兵回朱仙镇。"岳飞说："自古以来，君王召回大将，大将应立即动身。不能因为贪功，就违背了圣旨。"牛皋说："古人云：'将在外，君命有所不受。'现在金人锐气已失，我军士气高涨，恢复中原在此一举。依我看，不如一面催粮，一面发兵直捣黄龙府，灭了金国，迎还二圣，就可以将功折罪。"岳飞说："众位将军有所不知，我因为枪挑梁王，逃回家乡。当时连年灾荒，盗贼四起。洞庭湖杨幺派王佐来请我，我虽然没有去，却结识了王佐，所以才有断臂之事。我的母亲担心我一时糊涂，就在我的后背刺了'精忠报国'四个大字，随时提醒我一生要尽忠报国。既然现在朝廷圣旨来了，就要遵旨而行，管他是不是奸臣弄权呢！"说罢，命大军撤回朱仙镇。

一天，岳飞悄悄地将岳云、张宪叫进帐中，吩咐道："如今奸臣弄权，力主议和。朝廷听信奸言，希望苟安一隅，根本没有用兵的打算，也不知道将来会怎么样。你们先回家，一边照顾母亲，一边传授兄弟们武艺。如果有用到你们的时候，我再派人来叫你们。"二人领命，拜别了岳飞。接着，岳云把赤兔马还给了关铃，与张宪一起奔汤阴而回。

过了几天，岳飞同众将议事，忽然大声问："张保在哪里？"张保应声道："有！元帅有什么吩咐？"岳飞对众将说："张保是李太师的家丁，跟随我征战数年，各位都知道他的功劳。圣上赐给我一些空头札付①，我想让他去濠梁②做个总兵，可以吗？"众人说："元帅怎么这么客气？张将军在元帅麾下不知立了多少大功，别说总兵，就是再大一些的官职也该。"岳飞听罢，便取过一道札付填好姓名，交给张保，说："你领着全家老小，一起上任去吧。"张保不愿意离开，坚持跟随岳飞，岳飞说："人生在世，要图个出身，才能叫男子汉。你去吧，不要再说了！"张保见岳飞主意已定，只得拜别了岳飞和众将，带

① [札付]
古时上级指示下级办事的文书。此处指委任状。

② [濠梁]
治所在今安徽凤阳临淮镇。

着妻子洪氏、儿子张英上任去了。

接着，岳飞又喊王横的名字。王横忙站出来，说："元帅有什么吩咐？"岳飞说："我也想让你去做总兵，你觉得怎么样？"王横连忙跪下磕头，说："啊呀！小人是个粗人，只知道跟随老爷，哪里懂做什么总兵总将？要小人去做官，还不如就在老爷面前自尽！"岳飞说："既然如此，那算了吧。"王横连声感谢，起身站到一旁。众将纷纷感叹道："元帅手下都是忠义之人，所以兀术屡战屡败。"

忽然，钦差又送来一道圣旨，命岳飞在朱仙镇屯田养马；其他各路人马暂回原地，等粮草充足后再调遣。于是，韩世忠等与岳飞作别，率兵离开了。

自此以后，岳飞在朱仙镇上一边操兵练将，一边命将士耕种田地，等扫北的圣旨。但是，秦桧力主和议，高宗也没有攻打金国的想法。转眼间，冬尽春去，又到了夏末秋初的时候。一天，岳飞闲来无事，坐在帐中看兵书，忽然有钦差送来一道圣旨。原来和议已成，高宗召岳飞率兵回临安。岳飞送走钦差，回到营中对众将说："圣上命我进京，我不能抗旨。但是朝中有奸臣，这一去吉凶难卜。大军暂且不动，我一个人去见圣上，奏明我情愿独自领军扫北。如果圣上不听，我就会遭遇不测。各位兄弟务必要戮力同心，为国家报仇雪耻，迎二圣还朝，我死而无憾！"众将劝阻道："元帅要进京，商量商量再说，怎么这么着急动身？"岳飞说："这是君命，有什么好商量的。"

话音刚落，一名太监送来一道催促岳飞动身的金牌。接着，十二道金牌陆续送达。太监说："圣上命元帅立即起身。如果再耽搁，就是违抗圣旨了！"岳飞默默无言，走进帐中，叫来施全、牛皋，说："二位贤弟，我把帅印交给你们，你们暂时替我执掌大军。这是大事，必须遵守我的军令，不得纵兵侵扰百姓！"说罢，他将帅印交给二人收好，然后带着王横和四名家将出了营。众将士跟在后面，洒泪送别，岳飞好言抚慰了一番，上马就要走。这时，朱仙镇的百姓扶老携幼，走到营寨前堵住道路，挽留岳飞，众人难忍悲痛，哭声连成一片，震天动地。岳飞也泪流满面，对众人说："你们不要这样！圣上连发十二道金牌召我，我怎

么敢抗违君命!况且不久之后我就会回来,率军荡平金国,你们也会长久安宁了。"众人无奈,只得让开路。

众将又送了一程,岳飞拨马回身,说:"各位将军,还是请回吧!"众将听罢,顿时泪如雨下,眼睁睁地看着岳飞远去,直到他的身影消失在远处,才闷闷不乐地回到营寨。

第五十一回　张保探监为义撞死

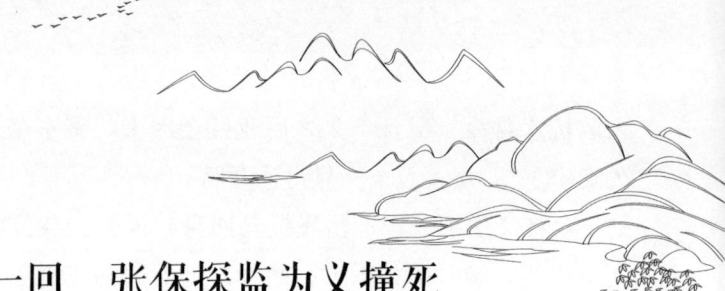

① [锦衣卫]
　皇帝的侍卫机构。

② [校尉]
　武官名。统领一定数量的士兵。

　　岳飞带着王横和四名家将离开朱仙镇，一路晓行夜宿，数天后到达平江府。忽然，锦衣卫①指挥冯忠、冯孝带领二十名校尉②迎着岳飞走了过去。冯忠说："前面来的是岳元帅吗？天子传旨，说元帅官居要职，但不思报国，不仅按兵不动、克扣军粮，还放纵士兵抢夺百姓，有负君恩，派我们将元帅押到京城。"岳飞还没说话，王横突然抡起铜棍，圆睁双眼，大声呵斥道："住手！我随元帅征战多年，不说别的功劳，就说朱仙镇上的二百万金兵，被我们杀得片甲不留，怎么还要捉拿元帅？我看谁敢动手？"岳飞说："王横！这是朝廷旨意，你说的这些话，会让我背负不忠之名！算了，算了，不如自刎，以表明我的心迹！"说着从腰间拨出宝剑就要自刎。四个家将慌忙冲上前抱住岳飞，夺下他手中的宝剑。王横急忙跪下，哭着说："老爷，难道就这样被他们抓走吗？"冯忠见状大怒，举起腰刀砍向王横。王横正要起身，岳飞大喝一声："王横，不许动手！"王横无奈，只得再次跪下，脑袋被冯忠一刀砍中。冯孝和二十名校尉围上来，举刀乱砍一通，王横当场毙命。

　　岳飞在一旁看着王横惨死，顿时泪流满面。四名家将见势不妙，捡起王横的铜棍，背上岳飞的宝剑，骑着岳飞的马，乘乱离开了。冯忠一面命地方官安葬王横，一面暗暗地将秦桧的文书传递给沿途地方官府，严查来往船只，防止走漏风声。随

第五十一回 张保探监为义撞死

后，冯忠命校尉将岳飞关进囚车，押到临安，悄悄地送到大理寺^①狱中。

一天，秦桧假传圣旨，命大理寺正卿^②周三畏审问岳飞。周三畏厉声说："岳飞，你按兵不动，而且克扣军粮，有什么话说？"岳飞说："老大人，怎么能说按兵不动呢？犯官^③击溃一百多万金兵，就在准备继续扫北时，忽然接到圣旨，要犯官回朱仙镇。韩世忠元帅等可以做证。"周三畏说："克扣军粮的事，你怎么解释？"岳飞说："我与手下士兵就像父子一样，怎么会克扣粮草？到底是谁诬告我？"周三畏说："你手下的军官王俊说你克扣了他的口粮。"岳飞说："朱仙镇共有十三座大营、三十多万人马，怎么会唯独克扣了王俊的口粮？"周三畏听罢，心中暗想："看来这件事是奸贼秦桧设计陷害岳飞的。我身为法司^④，怎么能枉法呢？"遂下令将岳飞送回狱中。

周三畏闷闷不乐地回到家中，不时仰天叹息，心想："岳飞立下大功，官居高位，也被奸臣陷害。我只不过是一个大理寺正卿，而且在奸臣的手下，如果诬陷岳飞，不仅没有良心，还会遗臭万年，被人唾骂。但如果不听从奸臣的指令，性命难保。不如弃官而走，隐姓埋名，岂不是上策？"周三畏拿定主意，一边吩咐家眷悄悄地收拾财物、行囊，一边脱下官服，将印信、乌纱帽、象简^⑤都放到桌子上。等到五更时分，周三畏带着家眷和几个心腹家人，偷偷地出了城。

第二天天亮后，差役才发现周三畏走了，慌忙赶到相府禀报了秦桧。秦桧勃然大怒，立即下令缉拿周三畏。接着，他吩咐家人将万(mò)俟(qí)^⑥卨(xiè)、罗汝楫请到府中。万俟卨在杭州府任通判^⑦，罗汝楫任同知^⑧。二人经常与秦桧往来，就像狗一样，一听到秦桧相请，连忙坐轿赶到相府。秦桧让二人代替周三畏审问岳飞，并说："对岳飞必须严刑拷打，坐实他的罪名，要了他的命！如果办成这件事，升官发财不在话下。"二人齐声答应下来。第二天，万俟卨被封为大理寺正卿，罗汝楫

①［大理寺］
　官署名。掌管全国刑狱案件审理。

②［大理寺正卿］
　为大理寺卿的误用。大理寺卿：大理寺的长官。

③［犯官］
　有罪官员的自称。

④［法司］
　司法官吏。

⑤［象简］
　即象笏，象牙制的手板，为古代官位较高的官员朝见君主时所执，用于指画和记事。

⑥［万俟］
　复姓。原为古代鲜卑族部落名。

⑦［通判］
　在州府中掌管粮运、家田、水利和诉讼等事项的官员。

⑧［同知］
　知府的副职，掌管盐、粮、捕盗、江防、水利等事务。

① ［大理寺丞］
大理寺长官副职，掌管大理寺的各项事务。

被封为大理寺丞①。

过了一天，万俟卨、罗如楫到狱中审问岳飞。岳飞一看不是周三畏，便问狱卒是怎么回事，狱卒说："周老爷不肯管这件事，挂冠走了。昨天秦丞相刚升了万俟卨老爷、罗如楫老爷的官，今天就派他们来了。"岳飞不禁叹了一口气，心想："罢了，罢了！我要死在二贼的手里了！"万俟卨一见岳飞，厉声呵斥道："岳飞，你赶快将按兵不动、私通外国的经过通通招供。"岳飞说："既然是王俊告发我的，那叫他来当面对质。"万俟卨说："王俊是北方人，到临安后水土不服，前几天吃多了海蜇胀死了。人人都说你是条好汉，赶快认了小小的杀头罪吧，何必牵扯这么多？"岳飞大声喊道："胡说！这种叛逆大罪，怎么能冤枉我！"万俟卨、罗如楫恼羞成怒，立即下令严刑拷打。岳飞被打得指骨粉碎，鲜血迸流，死去活来，仍然不肯认罪。二人只得命狱卒将岳飞押回监狱。

当晚，万俟卨、罗如楫商议了一番，弄出"披麻问""剥皮拷"两种新刑罚，连夜下令将麻皮揉碎、鱼胶熬烂。第二天，二人又到狱中审问岳飞。但是，岳飞仍然坚持不肯认罪。二人大怒，下令脱去岳飞的衣服，敷上一层鱼胶，再搭上麻皮，随即吩咐差役扯麻皮。四五名差役用力一扯，连皮带肉撕掉了一块。岳飞大叫一声："痛杀我也！"当即昏了过去。差役连忙用水将岳飞喷醒，岳飞大声叫道："我死了也就算了！岳云、张宪不要坏了我的一世忠名！"二人吓得汗流浃背，魂飞魄散，吐了吐舌头，忙命人关上牢门，然后起身请岳飞坐下。万俟卨说："下官知道元帅立了大功，但我们这么做都是秦丞相的主意。刚才元帅提到公子和张宪，何不写一封信，请他们到这里来鸣冤！我们也好暗中帮忙。"岳飞随即写了一封家信，交给了万俟卨。

接着，万俟卨、罗如楫带着岳飞的信赶到相府，将利用岳飞骗来岳云、张宪的想法说了一遍。秦桧大喜，命人按照岳飞的笔迹，以岳飞的口气给岳云重写了一封信，派家丁徐宁星夜

第五十一回　张保探监为义撞死

赶往汤阴。信的大意是：奉旨回到临安，圣上很高兴。你与张宪立即到京城来接受封官，不要耽搁。

张保任濠梁总兵一年多之后，忽然有一天，一名士兵来禀报说："岳元帅在朱仙镇上屯兵种地，突然来了圣旨，将他召回了临安，不知道有什么事。"张保非常疑惑，一连几天心神恍惚、坐卧不宁，便对妻子洪氏说："这几天不知道为什么，我总是心惊肉跳。我想，做这个什么总兵，处处受拘束，有什么乐趣？现在岳公子在家中，不如我带着你到汤阴去。你觉得怎么样？"洪氏当即答应，张保大喜，连忙收拾好行李，将印信挂在屋梁上，带着洪氏、张英和三四名家将悄悄地赶到了汤阴。

不巧的是，张保并没有见到岳云。李氏说："一个月前，传闻老爷奉旨回了京城。前天，老爷忽然派人送来一封信，把大公子和张将军叫走了，不知道为了什么事。我这几天心惊肉跳，日夜不宁。您赶紧去探听探听消息，行不行？"张保听罢，立即安顿好洪氏、张英，转天一个人背着一个包袱，奔临安而去。

在路上，一个渔夫告诉张保，说岳飞刚到平江，就被锦衣卫指挥奉旨捉走了，王横被当场砍死。张保忍住悲伤，星夜赶到临安，逢人便问岳飞的消息。但是，人们怕惹祸上身，都不敢说什么。张保一连问了几天，一点儿关于岳飞的消息也没有。后来，张保路过一所破庙，一个叫花子告诉他说："秦桧陷害岳飞，又到他家中将他的儿子岳云、爱将张宪骗到这里，全部关在大理寺狱中，不知道发生了什么。只要有人提起'岳'字，就被抓走斩首，小人们都不敢说。将军千万不要说是我阿二说的啊！"张保听罢，大惊失色，半晌没出声。过了一会儿，他回过神，拔腿跑到一家估衣店①里，买了几件旧衣服和一双草鞋换上。接着，又买了一个筐篮和一些点心、酒肴，装成驼背的样子来到大理寺监狱门口，拿出三四两银子，对狱卒说自己想探望岳飞。狱卒接过银子，带着张保走进监狱。突然，张保站直身体，对狱卒说："你知道我是什么人吗？"狱卒回头一看，

①［估衣店］
旧时出售旧衣服的店铺。

233

见刚才驼背的竟换了一个人,顿时大惊失色。张保说:"不用惊慌!我是濠梁总兵马前张保。"狱卒慌忙跪下,说:"小人不知道,请老爷饶命!"张保说:"我不会害你。你带我去见岳元帅。"狱卒听罢,忙将张保领进岳飞的监房。

张保走进监房,见岳飞坐着与狱官倪完说话,岳云、张宪戴着手铐脚镣坐在旁边,立即双膝跪下,哭着问:"老爷,为什么在这里?"岳飞没有回答,反问道:"你不在濠梁做官,怎么到这里来了?"张保说:"小人不愿做官,已经回了汤阴。谁知公子也在这里!"岳飞说:"你既然不愿做官,就该回家乡,到这里来干什么?"张保说:"一是探听老爷消息,二是来送饭,三是请老爷出去。"岳飞说:"张保,你跟随我多年,怎么不知道我心迹!如果要我出去,必须有天子的圣旨。你不用多说了,既然来看我,也不能辜负了你的好意。把酒饭放下,赶快出去吧,不要害了倪完大人!"

张保斟了一杯酒,敬了岳飞,接着对岳云、张宪说:"难道二位老爷也不想出去吗?"二人说:"爹爹不出去,我们怎么能出去!"张保长叹一声,连斟两杯酒,敬了二人。但是,张保并没有出监房,反而又走到岳飞面前,跪到地上,说:"小人虽然是个愚蠢的人,难道不如王横么?怎么能忍心见老爷、公子受屈!"说罢站起身,朝着墙壁上一头撞去,当场身亡。岳云、张宪忍不住痛哭起来,岳飞却哈哈大笑,说:"好张保,好张保!我们'忠''孝''节'已经有了,唯独少了'义'字。张保一死,'忠孝节义'四个字全了!"说罢,放声大哭。倪完一边哭,一边命心腹家人将张保的尸骨藏在西湖边螺蛳壳里。

第五十二回　岳飞风波亭终殉身

　　为了让岳飞、岳云、张宪承认莫须有的罪名,秦桧命万俟卨、罗汝楫两个奸贼整天严刑拷打三人。过了两个月,三人也没有承认,秦桧心里十分郁闷。腊月二十九这一天,秦桧与妻子王氏在府中喝酒,家人忽然送来一封信。秦桧拆开一看,原来不是信,而是心腹家人徐宁送来的一张传单。这张传单是一个不怕死的百姓刘允升写的,上面是岳飞、岳云、张宪受屈的缘由及经过。他挨门逐户地派发传单,约定日期一起上书,替岳飞伸冤。秦桧看完后,双眉紧锁,心里更加郁闷。王氏便问是怎么回事,秦桧将传单递给她,说:"我假传圣旨将岳飞、岳云、张宪抓进监狱,派心腹万俟卨、罗汝楫两人严刑拷打,要他们招认谋反的罪名。但是已经过了两个月,他们竟不肯承认。老百姓都说他们冤屈,要集体上书。如果这些说法传进宫中,岂不是坏了大事!但是,放了他们,又会违背四太子的命令,所以迟疑不决。"王氏看了看传单,随手用火箸在炉中炭灰上写了七个字:"缚虎容易纵虎难。"又迅速将这几个字抹了。秦桧看罢,连连点头,说:"夫人的话,非常有道理。"

　　秦桧、王氏说了一会儿话,一名家人走进来说:"万俟卨老爷派人送来了黄柑,给太师爷解酒。"等家人走后,王氏说:"相公知道黄柑有什么用处吗?"秦桧说:"黄柑能清热解毒。可以叫丫鬟拿来给我们下酒。"王氏说:"算了!这个黄柑是杀岳飞的刽子手!"秦桧不解,王氏说:"相公可以将黄柑掏空,写一封信藏在里边,叫人送给狱官,让他今夜将岳飞、岳云、张宪三个人在风波亭结果了。这样,这件事就算完结了。"秦桧大喜,立即写了一封信,让丫鬟将黄柑的瓤挑干净了,将信放在里面,封好了口,派徐宁送给万俟卨。

万俟卨接到信,下令将岳云、张宪关进另一间监房,让他俩与岳飞不能见面。除夕晚上,倪完准备好两桌酒菜,命人给岳云、张宪送去了一桌,自己带着一桌送到岳飞的监房内摆好,说:"今天是除夕,小官特地准备了一杯水酒,替元帅封岁①。"岳飞表示感谢,走到桌边坐下,并请倪完也坐下。喝了几杯,岳飞说:"恩公不用陪我了!恩公家里自然也有封岁的酒席,省得家眷等着着急。"倪完说:"元帅不用客气。元帅功盖天下,官至高位,今天尚且如此凄凉,何况倪完夫妇呢!小官愿陪元帅喝酒。"岳飞说:"多谢,多谢!外面是什么声响?"倪完起身到门口看了看,回来说:"下雨了。"岳飞大吃一惊,说:"竟然下雨了!"倪完说:"不仅下雨,还有些雪。这是国家祥瑞的征兆,元帅为什么吃惊?"岳飞说:"我奉旨进京途中,到金山拜访了道悦禅师。他说我这一次去临安,一定会有牢狱之灾,再三劝我弃官修行。我一心尽忠报国,哪里会听他的话。临走的时候,他赠给我几句偈(jì)语,但我一直不明白。今天下雨,好像有些应验了。恐怕朝廷要杀我了!"倪完问:"是哪几句偈语?元帅讲给小官听听。"岳飞说:"道悦禅师说了八句,前四句是:'岁底不足,提防天哭。奉下两点,将人荼(tú)毒。'今天是腊月二十九,岂不是'岁底不足'吗?恰恰今天下起雨,岂不是'天哭'吗?'奉'下加上两点,岂不是'秦'字?'将人荼毒',就是毒我了!这四句已经应验。后四句是:'老柑腾挪,缠人奈何?切些把舵,留意风波!'我还没有完全明白,估计是要杀我的意思。算了!请恩公给我拿纸笔来。"

不一会儿,倪完取来纸笔。岳飞当场写了一封信并封好,递给倪完,说:"恩公请收下这封信。等我死后,麻烦恩公送到朱仙镇。在我的大营里,我的好友施全、牛皋掌管着帅印;

① [封岁]
一种过年习俗。大年三十,人们会在大门上贴红纸春联,在谷仓门、禽畜栏、家具、床铺及水缸上贴红纸条,称为封岁,也叫上红。

第五十二回 岳飞风波亭终殉身

还有一班弟兄们，个个是英雄好汉。他们如果听说了我的凶信，必然会闹事，就会败坏我的忠名。恩公将这封信交给他们，一来救了朝廷，二来成全了我岳飞的名节。拜托了！"倪完说："小官早已看破世事。如果元帅能安然无恙地出狱便罢，倘若有什么三长两短，小官就不留恋这一点儿薪俸了，带着家眷回乡做个安逸人。小官的家乡离朱仙镇不远，顺便就能将这封信送去。"

两人一边喝酒，一边说着话。忽然，一个狱卒走进来，轻轻地在倪完的耳边说了几句。倪完大吃一惊，顿时面红耳赤。岳飞问："出了什么事，恩公这么惊慌？"倪完知道瞒不过，只得跪到地上，说："元帅，圣旨下了！"岳飞说："是要杀我了吗？"倪完说："圣旨是这样说的，只是小官怎么敢做这种事！"岳飞说："这是朝廷的命令，恩公怎么敢违抗？不过，岳云、张宪可能会反抗，你把他们两个叫出来，我有处置的办法。"倪完听罢，让心腹狱卒将岳云、张宪请进岳飞的监房。岳飞说："有圣旨传下来了，不知道吉凶。要将我们都绑起来去接旨。"岳云说："恐怕朝廷要杀我们父子，怎么能绑了去？"岳飞说："犯官接旨，自然要绑了去。"说罢，岳飞亲自动手将岳云、张宪绑了，然后叫狱卒将自己绑了起来，问倪完："在哪里接旨？"倪完说："在风波亭。"岳飞道："完了，完了！道悦禅师的偈言中有一句'留意风波'，我以为是扬子江中的风波，谁知牢中也有'风波亭'！唉，我们三个人，今天要死在这个地方！"岳云、张宪说："我们血战疆场，立功无数，现在却要杀我们，我们为什么不打出去？"岳飞厉声呵斥道："胡说！自古忠臣不怕死。大丈夫视死如归，怕什么！我们在冥冥之中看奸臣到底能活到什么时候！"说罢，大步走向风波亭，岳云、张宪只得跟在后面。三人一到风波亭，狱卒们不由分说，拿起麻绳将三人勒死了。

当时，岳飞三十九岁，岳云二十三岁。后人读到这段历史时，无不悲伤，并唾骂秦桧夫妇和那些依附权奸、为非作歹的人。有人经过岳王坟时，作了一首诗：

　　　　将军埋骨处，过客式英风。北伐生前烈，南枝死后忠。

① 此诗题为《谒岳鄂王墓》,作者是明代诗人周诗。

山川戎马异,涕泪古今同。凄绝封丘草,苍苍落照中!①

倪完在一旁痛哭了一会儿,让心腹狱卒偷偷地买了三口棺木,将岳飞、岳云、张宪的尸骨藏在西湖边的螺蛳壳内。接着,倪完收拾好行囊,带着家眷连夜出城而去。

岳飞、岳云、张宪三人一死,万俟卨、罗汝楫连夜赶到相府禀报了秦桧。秦桧喜不自胜,并问:"岳飞临死的时候,说过什么话吗?"万俟卨说:"岳飞临死时说:'不听道悦之言,果然有风波之险!'小官想:对这样的妖僧,也不能放过。如果斩草留根,第二年春天又会长出来。太师何不假传一道圣旨,派人去汤阴,将岳飞的家属全部抓到京城,一网打尽,岂不一了百了?"秦桧点头称是,命二人通知冯忠、冯孝,立即起身前往汤阴,捉拿岳飞的家眷,一个都不能放走。二人领命出府。接着,秦桧叫来家人何立,吩咐道:"你明天一早起身到金山寺去,请道悦长老来见我,不要让他跑了!"何立领命,第二天一早离开临安,奔金山而去。

② [法座] 和尚讲经说法的座位。

金山寺香火很旺,烧香拜佛的男男女女川流不息。何立到达后,混在人群中走进寺里。道悦禅师正坐在法座②上说法,何立心想:"等他说完了,再骗他到临安去,不怕他飞上天。"遂站在人群中听他讲经。过了一会儿,随着道悦禅师的讲解,众人齐声念佛。又过了一会儿,道悦禅师念出八句偈语:"吾年三十九,是非终日有。不为自己身,只为多开口。何立自东来,我向西边走。不是佛力大,岂不落人手!"说完,他闭上眼睛,就在法座上坐化③了。两旁的僧众纷纷合掌祈祷。何立吃了一惊,一把扯住住持④,说:"我奉秦太师之命来请道悦禅师,没想到他竟坐化了。其中是不是有诈?我怎么回复秦太师?"住持说:"道悦禅师能预知过去与未来,秦太师派你来请他,必定不是好事,所以他说完偈语而逝。你亲眼看见了,有

③ [坐化] 佛教用语,端坐安然去世。

④ [住持] 掌管寺庙的僧人。

第五十二回　岳飞风波亭终殉身

什么诈伪?"何立说:"你们必须把他的尸体焚化了,我才能回去禀报秦太师。要不然,你们都要和我走。"众僧二话没说,立即依言而行。

接着,何立将秦桧陷害岳飞的经过、岳飞临死遗言对住持说了,然后下了金山,回临安复命。

第五十三回　岳雷韩家庄遇牛通

岳云、张宪自从离开汤阴之后，音信全无。李氏、巩氏、洪氏等人都非常着急，但也想不出任何办法。元宵节这一天，李氏与儿媳巩氏、女儿银瓶小姐正在屋内说话，岳雷、岳霆、岳霖、岳震与岳云的儿子岳申、岳甫一起走了进来。岳震问李氏："母亲，今天是元宵佳节，怎么不挂灯？晚上要赏灯过节。"李氏说："你这孩子真不懂事！你的父亲到临安之后，你的哥哥与张将军去打探消息，现在都没有音信。还有什么心情过节赏灯！"岳雷在一旁说："母亲放心。孩儿明天动身去临安看看。"李氏说："张总兵都去了，到现在也没消息。你小小年纪，怎么能去？"

这时，家人岳安进来禀报说："外面来了一个道人，说有机密大事，一定要面见夫人。"李氏十分疑惑，就让岳雷出去看看是怎么回事。岳雷走到门口，问道人："师父为什么来这里？"道人也不答话，径直走到大厅上，问岳雷："你是谁？岳飞是你什么人？"岳雷说："我叫岳雷，岳飞是家父。"道人听罢，便说："我是大理寺正卿周三畏。秦桧命我审问令尊，还要我谋害令尊的性命，所以我挂冠弃官逃走了。后来秦桧命万俟卨、罗如楫严刑拷打令尊，但令尊不肯招认。听说有个总兵张保撞死在狱中。"讲到这里时，李氏等纷纷走到门后边屏息而听，洪氏闻言哭了起来。等周三畏说到"去年腊月二十九，岳元帅、岳云、张宪三人屈死在风波亭上"这一句时，众人好像遇到晴天霹雳，顿时丧魂失魄，都痛哭起来。周三畏听见哭声，说："各位夫人，我不是来报信的，而是来通知你们赶快逃难。钦差不久就要来捉拿你们。"说罢，走出大厅，飘

然而去。

周三畏一走，李氏忙命人将家中一切收拾妥当，并写了一封信交给岳雷，让他到宁夏投奔宗泽的儿子宗方。岳雷无奈，只得哭着和众人告别，奔宁夏而去。

当时，牛皋的儿子牛通已经十五岁，和母亲牛夫人一直生活在藕塘关。他有千斤膂力，身材雄伟，皮肤很黑，一脸黄色的络腮胡子，连头发都是黄的，所以人们都叫他"金毛太岁"。正月初十这一天，正值金节的生日，牛夫人领着牛通来到后堂，给姐夫贺寿。席间，金节对牛夫人说："我看内甥①一天天长大，武艺也说得过去。近来听说岳元帅奉旨进京，将帅印托付他的父亲掌管。他应该到朱仙镇去，也好挣个出身。另外，昨天有探马来禀报，说是岳元帅被秦桧以谋反大罪陷害，去年腊月二十九死在狱中。这件事不知真假，我已命人去打听了。等传回消息，就知道真实情况了。"牛夫人大吃一惊，说："啊！如果是谋反之罪，必然要斩尽杀绝，岳氏一家完了！不如让牛通去汤阴，接岳元帅的一个儿子到这里避难，也好保留岳氏一脉。姐夫觉得怎么样？"金节说："这样也行。等有确切的消息，再派牛通去。"牛夫人说："汤阴离这里八九百里，要等消息，岂不是误事？"牛通在一旁接过话说："既然这样，事不宜迟，孩儿今天就动身，连夜赶往汤阴。如果没事，就算看望伯母。倘若有变故，孩儿就把岳家的兄弟接来。"金节点头同意，让牛通第二天出发。众人又喝了一会儿酒，各自散去。

牛通是急脾气，回到房间后，担心岳飞的儿子们被抓走，等到天黑，就悄悄地收拾好一个小包裹，提着一条短棍，走出府门，对守门士兵说："你进去禀报老爷，说我去探亲，不久就回来，让大家不要挂念。"说罢，大踏步去了。守门士兵不敢阻拦，忙禀报了金节。金节一边派人通知牛夫人，一边派家人追赶，但牛通已经走远，家人没有追上，金节只得作罢。

牛通晓行夜宿，数天后赶到汤阴岳府，对李氏说明来意。

① [内甥]
妻子姐妹的儿子。

李氏哭着说:"今天早晨,你二兄弟岳雷已到宁夏,投奔宗公子去了。"牛通说:"侄儿现在去追他,带他去藕塘关,就不回来了。"说罢,就辞别而去。

牛通出发后没几天,岳雷来到一个叫七宝镇的地方。一位员外从后面追上他,将他请到自己的家里。岳雷进屋一看,见条案上供奉着父亲的牌位,忍不住流下泪来,忙走到近前拜了拜。员外见状,忙说:"我叫韩起龙,父亲当年是宗留守手下的副将。仁兄是岳家什么人?"岳雷说了自己的姓名,并说了周三畏报信、自己逃难至此的经过。韩起龙听罢,勃然大怒,咬牙切齿地说:"公子不要悲伤!你暂且不要到宁夏去,就在韩家庄住下来,等打听到京城中的消息再说。"岳雷当即答应下来,并提出要和韩起龙结为兄弟。韩起龙大喜,立即吩咐庄丁设宴,并点上香烛,与岳雷结为异姓兄弟。

牛通一路马不停蹄地追赶岳雷,一天来到一个镇上,十分饥饿,便走进一家饭店,大喊着让店小二挑好吃的端上来。不一会儿,店小二摆出一桌大鱼大肉。牛通风卷残云般将桌上的菜吃了个干干净净,又吃了十几碗饭。吃饱后,牛通抹抹嘴,站起来背着包裹,提棒就往外就走。店小二连忙上前拦住他,让他结账。牛通说:"太岁爷因追赶兄弟着急,身上没带银子。暂且赊(shē)账吧,回来还你。"店小二说:"我不认识你,怎么能赊账?赶快拿钱出来!"牛通大声说:"必须赊账,你能把我怎么着?如果惹小爷生气,砸了你这鸟店。"店主人听罢,忙走过来,说:"你这个人真不讲理!吃了人家的东西不给钱,还要撒野!快拿钱,如果牙缝里迸出半个'不'字,打折你的腿,抽你的筋!"牛通骂道:"老奴才!我就没有银子,看你怎么抽我的筋。"店主人大怒,一巴掌打向牛通。牛通不仅没动,反而哈哈大笑,说:"你这样的气力,就像几天没吃饭,就算替我拍灰。"店主人更加愤怒,一拳打到牛通身上,疼得直甩手,牛通却纹丝不动。这时,跑堂的、烧火的、炒菜的全都冲了上来,一通乱打。牛通仍然站着不动,笑着说:"太岁爷赶路辛苦,正想让人捶背。你们重重地捶,如果轻了,惹太岁爷生气,打碎你们这班狗头!"

第五十三回　岳雷韩家庄遇牛通

众人不仅没有打倒牛通，反而将自己的手脚都打肿了。正在这时，一名员外骑着马，带着二三十个家丁从店门口经过。店主人急忙叫住员外，说了事情的经过。员外一听，立即翻身下马，走进店中，对牛通呵斥道："你这个人吃了人家的饭菜不给钱，反而仗势行凶，是什么道理？"牛通说："扯淡！又没吃你的，关你鸟事？"员外勃然大怒，大喊一声："打这厮！"二三十个家丁立即冲上前，七手八脚打向牛通。牛通左手、右手先后一挥，十几个人当即倒地。员外气得七窍生烟，冲牛通一连打了七八拳。牛通被打得不耐烦，拦腰抱起，走到店门口朝街上一扔，说："你们这些脓包，还要打人！"员外爬起来，带着家丁匆匆跑了。牛通哈哈大笑，背着包裹，提棒走出店门扬长而去。店主人气得直跺脚，但也不敢追。

牛通走了一会儿，忽然，四五十个人提着棍棒，从街边的巷子里冲了出来。为首的拿着两条竹节钢鞭，正是刚才被牛通扔到街上的员外。牛通暗自发笑，提起短棒，冲上去就要打。不料旁边有人朝牛通脚下扔了两条板凳，牛通一脚踹着，当即摔到地上。众人一拥而上，七手八脚就把牛通按住，用绳子捆了起来。

接着，员外命众人将牛通抬到自己的庄院里，绑在廊柱上，自己搬了一把椅子坐下，命人拿出一捆荆条，慢慢地抽打牛通。牛通大声喊道："打得好！打得好！你们这班狗头！打得太岁爷不疼不痒，真烦！"

牛通的叫喊声惊动了隔壁的韩起龙、岳雷。原来抓住牛通的员外是韩起龙的弟弟，叫作韩起凤。岳雷听见隔壁有人大喊大叫，便问："隔壁是谁？怎么这么吵闹？"韩起龙道："隔壁是我的弟弟韩起凤，他皮肤黑，身材高大，江湖上人们都叫他'赛张飞'。其实，我们是水浒寨百胜将军韩滔的孙子。本来我只想守着田庄过安闲日子，但我的弟弟不守本分，养着一班闲汉，常常惹祸。不知道今天又干了什么勾当。"说罢，带着岳雷一起来到韩起凤庄中。

韩起凤一见哥哥来了，忙起身迎接。韩起龙指着岳雷，说："这位是岳元帅的二公子岳雷。"韩起凤立即施礼。牛通听到"岳元帅的二公子"几个字，便大喊道："你就是岳雷兄弟吗？我叫牛通，是牛皋的儿子。"岳雷大吃一惊，说："牛哥！你从哪里来？到这里干什么？"牛通说："我奉母亲之命从藕塘关赶来，特地来找你，带你去藕塘关。"韩起凤听罢，说："啊呀！不知道是牛兄，多多得罪了！"连忙亲自给牛通松绑，将他和岳雷请进大厅。韩起龙连声道歉，牛通说："不知者不罪！不过刚才打得不怎么过瘾。"话音未落，众人纷纷哈哈大笑。

一天，众人正在后堂闲聊，附近关帝庙的住持派了一个和尚来请韩起龙。和尚说："关帝庙原是一个清静的地方，谁知半个月前，一帮游手好闲的人请来一位教师①住在庙中，成天耍枪舞棍，异常吵闹。如果日后出事，就会牵累到贫僧。贫僧又不敢得罪他，所以来求员外，想个办法打发他离开，免得生是非。"韩起龙听罢，让和尚先回去，自己带着韩起凤、岳雷、牛通随后赶到关帝庙。

四人进了庙门，一直走到后殿，才发现一个面如纸灰、赤发黄须、巨眼獠牙的人坐在中间，两边站着二三十个人。这些人有认识韩起龙的，便悄悄地告诉了教师。教师从椅子上跳起来，冲着韩起龙说："我到这个有名的七宝镇已经有半个月了，却没有遇见一个有本事的好汉。如果有胆大的，上来与我比试比试。"韩起龙正要走过去，牛通抢先一步走了过去，脱下衣服，就是一拳。教师侧身一闪，拉住牛通的左手一扯，牛通"扑通"一声摔倒在地上。他连忙爬起来，圆睁着双眼，说："我没有防备，这次不算。"说着又是一拳。教师使出一招"狮子大翻身"，双手在牛通的后背上一捺。牛通站不住，又摔倒在地上。岳雷大怒，脱下衣服走上前。教师摆出架势，使出一招"金鸡独立"，岳雷随即使出"大鹏展翅"。两人你来我往，见招拆招，周旋了半天。忽然岳雷往外收步，教师一步赶上。岳雷回身，用右手挡开了他的双手，左手向他的前胸一捺。教师吃了一惊，连忙侧身躲过，大喊道："住手！这是'岳家拳'。你是什么人？从哪里学来的？报出姓名！"韩起龙见状，忙说：

① [教师]
此处指教授文化、戏曲、武术等技艺的人。

第五十三回　岳雷韩家庄遇牛通

"教师既然认识'岳家拳',绝非平庸之辈。这里说话不方便,一起到我的庄院里细谈,怎么样?"教师收起架势,跟着韩起龙、韩起凤、岳雷、牛通一起来到韩家庄。

众人刚进大厅坐下,岳雷便开口问:"请问教师尊姓大名?怎么知道'岳家拳'?"教师说:"不瞒兄长,我的祖父是东京留守宗泽,父亲是宁夏留守宗方,小弟叫宗良。因为我的脸色黑,江湖上都称小弟为'鬼脸太爷'。我家与岳家三代世交,岳元帅常与家父谈论拳法,所以知道'黑虎偷心'这一招是岳家拳法。父亲听说岳元帅被奸臣陷害,让小弟到汤阴探听。不料除了岳元帅的二公子,岳家人都被捉到京城了。所以小弟到处寻访,要带他到宁夏去。但是,盘缠用完了,所以在关帝庙里教徒弟挣一些盘缠,以便继续寻访。请教各位尊姓大名?"

岳雷一听是宗方的儿子,忙起身进屋取出母亲的信,递给宗良。众人各自通报了姓名。宗良大喜,看完信,高兴地说:"愚兄到处寻访,没想到在这里见面了!正所谓:'有意种花花不发,无心插柳柳成荫。'既然见了,就请二弟和我一起回宁夏吧。"牛通着急地说:"我也是来寻二弟的。难道近处的藕塘关不去,反而要走远路到宁夏去吗?"韩起龙忙说:"二位老弟不要争论!暂且都住在我的庄院里。等我派去临安的人打探到确切的消息回来,再商议也不迟。"说罢命人设宴,五人一起边喝酒边畅谈心曲,一直到深夜才散去。

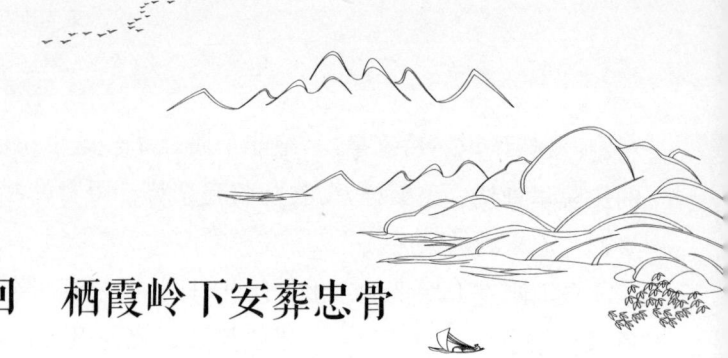

第五十四回　栖霞岭下安葬忠骨

大理寺狱官倪完带着家眷逃出临安后，一路直奔朱仙镇而去。过了数天，他到达朱仙镇，将家眷在旅店里安排妥当，自己拿着岳飞的遗信，到大营见了施全。施全忙接过信，拆开看了，顿时痛哭起来，大喊道："牛兄，不好了！元帅与公子、张将军三个人都被秦桧陷害，死在狱中了！"牛皋听罢，大声喊道："把送信的人绑出去砍了！"施全忙劝阻道："他是元帅的恩公，为什么要杀他？"牛皋说："我还以为奸臣派他来送信，不知道他是元帅的恩人。"说罢，他冲施全连声道歉："得罪了！得罪了！"

接着，倪完一五一十地讲了岳飞从奉旨回京到十二月二十九日屈死在风波亭的经过。消息立即传遍了大营，众将士齐声大哭。霎那间，哭声震天动地。过了一会儿，施全命人取出五百两银子送给倪完。倪完再三推辞，但施全坚持送，他只得收下，随后回到旅店，带着家眷回乡了。

等众人悲伤的情绪稍稍平复，牛皋说："大哥被奸臣陷害，我们杀到临安，抓住奸贼，把他碎尸万段，给大哥报仇！"众人齐声附和。牛皋当即下令连夜赶制白盔白甲。

数天后，牛皋、施全等人率大军浩浩荡荡杀奔临安而去。朱仙镇的百姓听说岳飞被害，都十分悲痛，有的带着酒肉沿路犒军，有的咬牙切齿，主动加入大军，要替岳飞报仇。

这一天，风和日丽，大军来到长江边，陆续乘船渡江。船队驶到江心时，忽然狂风大作，云雾迷漫。半空中出现两面锦旗，上面绣着"精

第五十四回 栖霞岭下安葬忠骨

忠报国"四个大字。岳飞带着岳云、张宪站在一片云彩上,举手摇了几次,让施全、牛皋撤兵。牛皋不但不理睬,反而下令加速开船。岳飞满面怒容,一甩袖子,顿时江中白浪滔天,打翻了三四条船,其余的船都不能再前进。余化龙大声叫道:"大哥不允许小弟们报仇,我还有什么脸面活在世上!"遂大吼一声,拔剑自刎而死。何元庆紧接着叫了一声:"余兄,小弟也来了!"举起银锤朝自己的头上打去,当即倒地身亡。牛皋见二人自尽,大哭起来,突然纵身跳进长江里。众将士见状,纷纷说:"既然元帅不让我们报仇,我们都回家乡吧。"这时,起了一阵风,船都被刮得掉转了头。众将士将船驶回岸边,上岸后各自离开了。

不一会儿,岸边就只剩下施全、张显、王贵、赵云、梁兴、周青、吉青七个人,以及三千八百名长胜军士兵。施全问士兵们:"你们为什么不走?"士兵们说:"我们受了元帅莫大的恩情,不忍心就这么走了。我们愿意跟随众位将军成就一番事业,所以就没有离开。"施全说:"我们现在无处安身,怎么办呢?"吉青说:"不如还回太行山去,派人探听到消息后再商议办法,怎么样?"其他六人都表示同意。于是,七人带着三千八百长胜军奔太行山而去。

当时,牛皋在长江中随波逐流,情况十分危险。忽然,一阵狂风卷起巨浪,将牛皋带到一个山脚下。一个声音在牛皋耳边喊道:"醒醒,醒醒!"过了一会儿,牛皋慢慢地睁开眼,吐了几口水,仔细一看,原来是鲍方老祖带着一个小道童站在自己身边。牛皋慌忙起身,跪到地上磕头。鲍方老祖说:"牛皋,你还没到死的时候,赶快换上干衣服。"小道童随即将一身干衣服递给牛皋,牛皋接到手中,痛哭道:"虽然师父救了弟子的性命,但是弟子不能给大哥报仇,还有什么脸面活在世上!"鲍方老祖说:"岳飞被害,是前世注定的,将来自会受封。奸臣不久之后就会有不好的下场。你不必过于悲伤,赶紧到太行山找施全吧,日后还要给朝廷出力,不能忘了!"说罢,驾起一阵清风,带着小道童转眼就不见了。牛皋起身,换上干衣服,奔太行山而去。

就在这一切发生的同时,冯忠、冯孝带着数百校尉赶到汤阴,将岳府团团围住,然后将岳飞一家老少三百多人关进囚车,押往临安。百姓们得知后，纷纷到路边送行，哭泣声此起彼伏，连成一片。数天后，冯忠、冯孝押着岳家人赶到临安，将他们安置在一个驿站中，然后禀报了秦桧。秦桧假传一道圣旨，命数百校尉将岳家人都押到西郊斩首。

不过，这件事传到了在临安的韩世忠与梁红玉耳中。梁红玉忙让韩世忠去阻拦校尉，自己则披挂上马，带着二十名女将闯进相府。王氏闻讯后，走出来将梁红玉迎进后堂。梁红玉急切地说："快把丞相请出来，我有话问他！"王氏见她满面怒容，全身披挂整齐，估计不是好事，便假意问道："丞相奉旨进宫，还没有回来。夫人有什么事情吗？"梁红玉说："没有别的事，只为岳元帅一事而来。现在外面人人愤怒，个个不平。听说今天要将他的家眷斩首，所以我亲自来找丞相，和他一起进宫去见圣上。"王氏说："丞相就是为这件事进宫去了，估计一会儿就会回来，请夫人稍等片刻。"说着，转身回到房中，一面吩咐丫鬟送茶，一面悄悄地让仆人到书房通知秦桧如何做。秦桧也怕梁红玉，只得从后门绕到大门口，假装收回行刑圣旨，走进后堂。梁红玉一见秦桧，勃然大怒，说："秦丞相！你不仅用'莫须有'三个字杀了岳飞、岳云和张宪三个人，还要把岳飞的一家人斩首，是什么原因？我和你到圣上面前理论理论。"秦桧连忙赔着笑说："夫人息怒！圣上传旨要斩岳飞一家，下官连忙进宫，在圣上面前再三请求，圣上才开恩，免除了他们的死罪，将他们流放到云南。"梁红玉说："照你这样说，我倒错怪你了。"说罢，也不辞别，怒气冲冲地出门上马走了。

梁红玉一走，秦桧这才放下心。王氏说："相公，难道真要留岳飞一家人的性命吗？如果日后他们来找我们报仇，怎么办？"秦桧说："这个梁红玉是女中豪杰，我们惹不起她。如果她真要阻拦，我们的性命就不保了！现在还是将计就计，把他们流放到云南，然后我再给柴王写一封信，让他在云南杀了岳飞的一家人。"王氏松了一口气，高兴地说："相公这个计策太好了！"

梁红玉离开相府，直接来到安置岳飞的一家人的驿站。梁红玉对李氏说："奸贼秦桧欲害岳氏一门的性命，我得知后，直接到他的府中，要和他一起去见圣上。他不敢行凶，将大家流放到云南。夫人先安心住

第五十四回　栖霞岭下安葬忠骨

下，我明天去见圣上，一定保住大家不去云南。"李氏慌忙拜谢，说："多谢夫人盛情！先夫、小儿已经尽忠报国，我怎么敢违抗圣旨？何况奸臣在朝中，终究不会放过我们，不如先到远地方去，然后再想办法。但我还有一件大事要做，请夫人让我们多停留一个月，然后再动身。感激不尽！"梁红玉忙问是什么事，李氏说："先夫、小儿虽然已经被杀，但不知道尸骨在哪里，我想找到后安葬，这样我的心事也就了结了。"梁红玉说："这件事不难。我陪着夫人住在这里，没人敢来催促动身。元帅在除夕之夜被杀，所以没人知道尸骨在哪里。不如写一张招贴贴在驿站门口，如果有人知道尸骨下落、前来报信，酬谢一百两银子；收起尸骨的，酬谢三百两银子。这样一定会有人提供消息。"李氏点头同意。梁红玉亲自动笔写好招贴，让人贴在门口。当晚，她就住在驿站中，与李氏聊得十分投机，两个人遂结拜为姊妹。

　　招贴一贴出，消息立刻传遍了临安城。当夜，藏岳飞、岳云、张宪尸骨的倪完心腹偷偷地在招贴旁边又贴了一张纸，上面写着："欲觅忠臣骨，螺蛳壳内寻。"第二天一早，这张纸就被人发现了。李氏看到后，流着泪说："先夫为国为民，死后还遭人嘲笑。"梁红玉说："纸上写得清清楚楚，决非奸人的嘲笑，一定是仗义之人将元帅的尸骨藏在什么螺蛳壳里，贤妹可派人找找。"说罢，带着李氏与岳安等一起出城，来到西湖边。果然，西湖边的一角堆积着很多螺蛳壳。李氏忙让家人一个个清理开来寻找。清理了很多螺蛳壳后，发现了张保的灵柩。众家人忙一起动手，果然找到了岳飞、岳云、张宪三人的棺木。李氏一见，一边痛哭，一边带着众人祭奠。银瓶小姐心想："我是女儿，不能为父兄报仇，活着干什么？不如死了！"遂走到路旁的一口大井边，跳井自杀而死。众人见状，又痛哭起来。

　　过了两天，岳安在栖霞岭下找到一块坟地。李氏挑选了吉日，将岳飞等五人安葬。这时，押解岳家人去云南的官员、差役到驿站催促李氏尽快动身。梁红玉选了四名得力的家将一路护送，并亲自送出城，李氏再三感谢，洒泪而别。

岳家人离开临安后,秦桧一面派冯忠带领三百名士兵在岳飞坟地附近巡察,只要有来祭扫的人,立即抓住关进监狱里;一面把通缉岳雷的文书发往各地,并派冯孝前往汤阴抄没岳飞的家产。

第五十五回 六兄弟偷祭岳王坟

一天,韩起龙与岳雷等坐在后厅闲聊,去临安打探消息的人回来了,将秦桧谋害岳飞并发文通缉岳雷、梁红玉出手相助、岳氏一家被发配云南等事,详细地说了一遍。岳雷非常悲伤,竟当场哭晕。众人连忙用姜汤将他灌醒。醒来后,岳雷对众人说:"我想去临安,在父亲、哥哥坟前祭奠,然后到云南去探望母亲。"韩起龙、韩起凤、牛通、宗良纷纷表示要与岳雷一起去临安。第二天,五人收拾好行李,一起奔临安而去。

五人一路不敢耽搁,这一天日落的时候到达瓜洲①。因为天色渐晚,不方便过江,五人就在城中住了一夜。第二天吃过早饭后,五人出了瓜洲城门,走了几里,遇见一座金龙大王②庙。岳雷让四人进庙等着,自己一个人来到江边打探情况。

当时,岸边停泊着一条船。岳雷就问船家过江需要多少钱,船家走出船舱,看见岳雷,便满脸堆笑着说:"客人请坐,我上岸去喊我的伙计来和你讲价钱。"说罢,船家跳上岸,飞跑而去。岳雷便跳上船,进舱坐下。不一会儿,船家带着两个人上了船,对岳雷说:"我的伙计马上就来。这两个客人也要过江,带他们一起走吧。"岳雷点头同意,问:"二位过江到哪里去?有什么事呢?"二人流着泪说:"我们要去临安上坟。"岳雷听到"上坟"两个字,想起了父亲和哥哥,便问:"二位到临安,给什么人上坟呢?"二人说:"我看老兄是外乡人,告诉你也没

① [瓜洲]
即今江苏扬州邗(hán)江区瓜洲镇。

② [金龙大王]
民间传说中的神仙。据传金龙原是轩辕黄帝手下大将,后转世为谢绪(1250—1276),被明太祖朱元璋封为黄河之神,后被明成祖追谥为"金龙四大王"。

关系。我们要去给岳飞上坟。"岳雷听罢，忍不住哭了起来，说："实不相瞒，小弟就是岳雷。二位要去，正好和我同行。"二人说："既然你是岳雷，我们就不瞒你了，我们是奉秦太师之命来捉你的公差。"说罢，从身边取出铁链，将岳雷锁了起来，带上岸，押进瓜洲的监狱。

韩起龙与韩起凤、牛通、宗良在金龙大王庙中等了半天，也不见岳雷回来，十分着急，便带着韩起凤到江边打探消息。二人一到江边，就听到人们议论纷纷。有的说："官府抓住了岳雷，明天就押到临安，是一件大功劳！"有的说："岳元帅真可怜，一生尽忠，却不得好报！"二人打听清楚是怎么回事，慌忙回到庙中，告诉了牛通、宗良。四人商量了一会儿，决定晚上进城劫狱。

岳雷被关进监狱后，一边哭一边大骂："秦桧，你这个奸臣！我今天被你抓住，就是死了，也要变作厉鬼找你报仇！"谁知哭骂声惊动了隔壁牢房里的一个人。他十分生气，大喊道："你这个现世宝！你的老子是个好汉，怎么生出你这个怕死的脓包？哭哭啼啼，烦死人了！"原来这个人叫欧阳从善，绰号"五方太岁"，以贩卖私盐为生。他力大无穷，为人率直，不怕恶徒，也不欺负老百姓。一天喝醉了酒，在街上与人打架，被官兵捉住关进监狱。狱卒们知道他的名声，都十分害怕。他经常赏给狱卒一些银子，所以在狱中过得安安稳稳。他喝止住岳雷的哭声，假意十分生气，从床头取出约二十两银子交给狱卒，说："今天是我的生日。你把银子拿去，替我买些鸡鹅鱼肉、水果、点心喝酒，大家一起高兴高兴。"狱卒见有钱赚，便依言而行。

下午，狱卒们将买来的酒菜摆好。欧阳从善让他们给其他坐牢的分了一些，然后坐在一起猜拳行令，一直喝到晚上。狱卒们喝得东倒西歪，纷纷倒头就睡。欧阳从善乘机拿起几根绳子捆在腰间，走进隔壁牢房，轻轻地对岳雷说："我叫欧阳从善，白天听说你被捉，所以设此计救你。"说罢，打开岳雷的镣铐，带着他悄悄地打开门锁，逃出监狱。二人飞也似的跑到城头。欧阳从善解下绳子，拴在岳雷腰上，将他放到城墙下，自己纵身一跃跳了下去。韩起龙、韩起凤、牛通、宗良四人正好赶到城下，见岳雷安然无恙地逃了出来，都十分高兴。岳雷将欧阳从善救

第五十五回 六兄弟偷祭岳王坟

自己的经过说了一遍,四人连声称谢。接着,六人来到江边,杀了白天告发岳雷的船家,驾船渡过长江。

过了两天,六人来到临安。他们在城外找到一家旅店安顿下来,进城东游西逛,夕阳西下的时候从丞相府门前经过。牛通暗想:"我正想杀秦桧这个奸贼,给岳伯父报仇。今天从奸贼门口经过,就这么悄悄地走了,岂有此理?我冲进去,除了奸贼,不是更好?"遂放慢脚步,让岳雷等人先走了。过了一会儿,天渐渐黑了下来,看守相府的差役都走了。牛通趁无人之际,偷偷地潜进相府的马厩里。他忽然发现马厩外的墙角处放着一顶大轿,便钻进轿中坐着。到夜深人静的时候,牛通钻出轿子,顺着围墙边的一棵大树爬了上去。他朝相府四处看了看,发现脚下的一个屋子里有灯光,便轻轻地爬到屋顶上,揭开瓦,撬掉椽子,然后溜了下去。这间屋子是个卧室,一个人正睡在床上,被牛通惊醒。他正要叫喊,牛通冲上前,冲着他胸口一拳,将他打下床,又连打了三四拳,将他打死了。接着,牛通剔亮了桌上的油灯,借着灯光四处看了看,屋子里都是花炮、烟火、火药。牛通拿了一些花炮放到怀里,一边骂道:"秦桧奸贼!我的岳伯父拼命与金人厮杀,你却在临安快活,还害了他的性命,弄得他家破人亡,连坟都不许上!"一边用手弹了弹油灯芯,火星随即散落到火药中。霎那间花炮、火药都被引燃,乒乒乓乓地炸了起来,火势冲天而起。牛通大惊失色,想跑出屋子,但被浓烟烈火迷住了眼睛,根本找不到出路。忽然,一阵冷风吹了进来,火中走出来一个人,说:"我是张保。牛公子不要惊慌,我来救你。"说罢一手提起牛通,将他带到空中。

花炮声、大火将秦桧从睡梦中惊醒。他慌忙爬起来,指挥众人灭火,因为扑救及时,只有两间小屋子被烧毁。众人都以为是看守失误导致起火,以致烧死,根本不知道是牛通干的。

岳雷等出城回到旅店,发现牛通不见了,都十分奇怪。韩起龙一边说:"我们到坟边等他。"一边请店主人准备好祭奠的用品,让两个伙计抬往栖霞岭。岳雷等来到岳飞、岳云、张宪的坟前,过了一会儿,牛通从空中摔了下来,将私闯相府、烧火药房、张保显灵解救的经过详细说

253

了一遍。韩起龙说："也好，也好！虽然未报仇，就算先送个信给秦桧。"接着，众人开始祭奠。岳雷心里十分悲苦，忽然晕倒在地上。牛通从怀中摸出花炮，欧阳从善接过去，点上引线放了起来，一时间响声震动四周。

本来冯忠奉秦桧之命，领着三百士兵，在坟地周围巡察，捉拿私自祭奠的人。冯忠守了很多天，也没见有人来，因此就驻扎在昭庆寺前。当晚，他听到花炮响声，连忙带人跑向坟地。韩起龙等发现官兵来追捕，忙逃向后山。因为慌忙，忘了岳雷还躺在坟地里。冯忠赶到时，发现躺在地上的人与画上的岳雷相貌一致，便高兴地下令将他捆了起来，放到自己的马鞍上，带往昭庆寺。

走了一段路，岳雷慢慢地醒了过来，睁眼一看，自己浑身上下都被绑了起来，旁边还有数百名官兵，不禁吃了一惊。一行人从湖边一棵大树下经过时，因为树枝繁茂挡住了道路，骑在马上的冯忠把头一低，在树枝下钻了过去。岳雷顿生一计，用双脚钩住树枝，用力一蹬。冯忠、岳雷连人带马一起摔进湖里。士兵们见主将掉进水里，忙一起上前搭救。

忽然，一阵大风凭空而起，将灯笼、火把都吹灭了，周围漆黑一团。士兵们毛骨悚然，也不敢捞人，转身到处找火。岳雷摔进湖里，以为自己必死无疑时，银瓶小姐出现在空中，把岳雷从水里提了起来。这时，又起了一阵大风，冯忠被吹到湖心，喝了一肚子水。等士兵们重新点起灯笼、火把去救他时，他已经活不成了。

韩起龙等跑了一会儿，发现丢下了岳雷，都十分着急。正在这时，空中摔下一个人。韩起龙等上前一看，竟然是岳雷，又高兴起来。岳雷站起身，讲了冯忠被淹死、银瓶小姐解救自己的经过，韩起龙等纷纷庆幸不已。

天亮后，岳雷、韩起龙等六人收拾妥当，往旅店走去。巧的是，路上遇见了岳飞昔日的家将王明。王明对岳雷说："当时，我们四个人随大老爷进京城，到平江就被校尉拦住了。王横被砍死，我们四个人各自逃难。我正要去临安寻找大老爷的家人，没想到遇见了二公子。"岳雷听罢，忍不住又哭了起来，把前后发生的事情告诉了王明。王明说："二

第五十五回　六兄弟偷祭岳王坟

公子不要悲伤！我在路过太湖的时候，听说秦桧派去汤阴抄家的冯孝将船停泊在湖边。您赶紧想个办法，不能让奸臣得到我们的东西。"众人经过商议，决定放火烧了那些船。接着，马不停蹄地赶到太湖边。

二更时分，王明找来一条小船，将引火的物品都搬上小船。众人一起上了船，奋力摇到冯孝的大船边，轻轻地将船的缆绳砍断，慢慢地拖至湖心。岳雷、韩起龙等一起动手，将引火的物品点着，抛到大船上。大船霎那间就烧了起来，火借着风势，越烧越烈。不一会儿，大船就开始慢慢下沉。船上的人走头无路，有的被火烧死，有的跳到湖内被淹死，冯孝也葬身火海。

众人等大船完全沉没，才高兴地上了岸。宗良问岳雷道："如今坟上了，冯忠淹死了，冯孝烧死了。二弟要到哪里去？"岳雷说："我的母亲、兄弟等一家人都去了云南，生死未卜。我想去云南看看。"牛通说："二兄弟既然要去云南，我们都跟着一起去吧！"韩起龙说："这里离云南很远，二兄弟已被通缉，怎么能去呢？我听说牛皋叔叔在太行山上聚集了数千人马，官兵不敢征剿。我们不如到太行山，向牛叔叔借些人马，再去云南探望伯母。"众人纷纷点头同意。

接着，王明将岳飞的剑与马交给岳雷，告辞而去。岳雷、韩起龙、韩起凤、牛通、宗良、欧阳从善等回到旅店中，收拾好行李，赶到了太行山。牛皋闻报大喜，与施全、张显、王贵、赵云、梁兴、吉青、周青一起将六人接上山。岳雷说明来意，牛皋说："我们也有这个想法。贤侄先在山上暂留几天，等我准备妥当后再动身。"岳雷这才放心下，在太行山暂时住了下来。

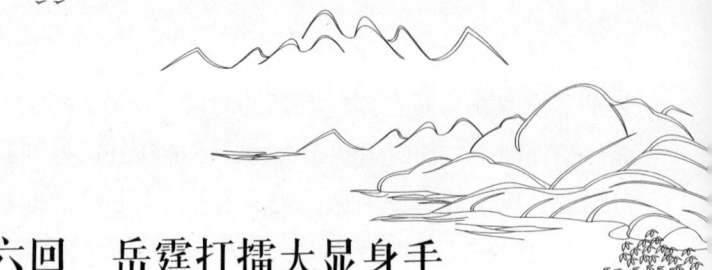

第五十六回 岳霆打擂大显身手

① [南宁州]
治所在今云南曲靖境内。

② [荫袭]
在封建时代，因先辈有功勋或官职，子孙受庇荫而承袭官爵。

岳飞一家人在官员、差役的押解下，一路朝云南进发。一天，一行人到达南宁州①地界。南宁州是柴王的封地。自从柴桂在东京校场被岳飞挑死，他的儿子柴排福就荫袭②了梁王封号，镇守南宁州。柴排福收到秦桧的书信，得知岳飞一家人要从南宁经过，可以报杀父之仇，于是领兵出铁炉关，到巴龙山安营。等岳飞一家人到山下，柴排福立即带兵堵住他们的去路。岳夫人李氏十分惊慌，张英一马当先，抡起浑铁棍与柴排福战在一处。一个使刀，如恶龙奔海；一个舞棍，似猛虎离山。刀来棍格，棍去刀迎，两人来来往往战了一百多个回合，也不分胜负。

第二天，柴排福继续与张英交战。两人又打了一百多个回合，张英猛地一棍，打中了柴排福坐的马腿，那匹马跳了起来，把柴排福掀到地上。他手下的士兵一拥而上，将他抢回山上。接着，柴排福纵马回府，准备集合更多的人马。他的母亲柴娘娘十分奇怪，便问是怎么回事，柴排福将收到秦桧的书信、准备截杀岳飞一家人给父亲报仇之事说了一遍。柴娘娘说："你不能听信奸臣的话！当年你的父亲误听了金刀王善的话，以夺状元为名，实际是要抢宋朝江山。如果这件事起了头，你父亲的下场将会与王善一样，你和我的性命都不能保。我听说岳飞一生为国为民，忠孝两全；秦桧欺君误国，谋害了岳飞父子，

第五十六回 岳霆打擂大显身手

又写信让你杀他全家。你如果依附了奸臣,岂不留下千古骂名!"柴排福这才恍然大悟,第二天一个人来到巴龙山下,将李氏、巩氏等请到府中与母亲见了面。柴娘娘与李氏聊得十分投机,两人当场结拜为姊妹。

次日,李氏准备动身。柴排福说:"姨母去云南,要经过三关。镇南关总兵黑虎、平南关总兵巴云、尽南关总兵石山,都接受了秦桧的嘱托,要谋害姨母。姨母不如暂时住在这里,侄儿再想办法。"李氏不听,坚持要走。柴娘娘说:"既然贤妹执意要走,愚姊亲自送你去云南。"柴排福当即集合人马,与母亲一起护送岳氏一家人上路。

因为有梁王母子亲自护送,镇南关、平南关、尽南关三关总兵也不敢动手。数天后,一行人平安抵达云南。过了一段时间,李氏让岳霆去宁夏寻找岳雷,将他带到云南。为了让岳霆路上免去麻烦,柴排福写了一封公干的批文交给了他。岳霆收好批文,即日离开云南。

当时,牛皋在太行山准备妥当,交给岳雷三千人马。岳雷、牛通、欧阳从善、宗良、韩起龙、韩起凤七人随即辞别众人,打出"云南探母"大旗,带领三千人马离开太行山,朝云南进发。所到之处的地方官,有的敬佩岳飞忠义,有的惧怕牛皋,都没有阻拦,并提供了充足的粮草。

过镇南关、平南关、尽南关三关时,七人也没有费周折。镇南关总兵黑虎被牛通打死。经过平南关时,韩起龙与总兵巴云的女儿巴秀琳订下终身,巴云因此被气死。韩起凤也娶了当地的一名百姓家的女儿王素娟。牛通杀了尽南关总兵石山,并娶了他的女儿石鸾英。

数天后,七人率人马到达云南。岳雷详细叙述了路上的经过,李氏把岳霆去宁夏找他的事也说了。众人都十分高兴,柴娘娘还让柴排福与七人结拜为兄弟。

岳霆带着梁王的批文,一路上也没有人盘问,顺利地抵达宁夏,对宗方说明来意。宗方说:"你的哥哥没来这里,我也十分挂念,所以派我的儿子宗良前去寻访。前两天我接到禀报,说你的哥哥已经去了云南。"岳霆听罢,当场表示自己要去临安一趟。宗方没有阻拦,派四名家将护送岳霆奔临安而去。

在路上,岳霆先后遇到了罗延庆的儿子、外号叫"火烧灵宫"的罗鸿，吉青的儿子、外号叫"红毛狮子"的吉成亮，王贵的儿子、外号叫"火神"的王英，以及余化龙的儿子、外号叫"烟熏太岁"的余雷。四人都要去临安给岳飞上坟，于是与岳霆结伴而行。

走了数天，岳霆等来到临安，找了一个旅店住了下来。店主人问："客官们到这里来，是不是为了看打擂台？"余雷说："我们都是贩卖杂货的商人，不知道打擂台是怎么回事。请你告诉我们吧。"店主人说："临安城中有个后军都督张俊，他的儿子张国乾非常喜欢武艺。数月前，张公子请来了两个教师，一个叫戚光祖，一个叫戚继祖。这两个人是岳元帅麾下统制戚方的儿子，本领高强。张公子在昭庆寺门前，搭起了一座大擂台，要打遍天下英雄。已经过了二十多天，他们还没遇到对手。这样的盛会，客官们应该去看看。"

正在这时，旅店内来了三个准备打擂的人。岳雷见状，以为三人必定有本事，便走过去询问。巧合的是，这三个人中，一个是伍尚志的儿子伍连，一个是何元庆的儿子何凤，一个是郑怀的儿子郑世宝。岳霆忙转身回房，将罗鸿、吉成亮、王英、余雷叫出来与伍连、何凤、郑世宝相见。八人十分高兴，边喝酒边畅谈，一直到深夜才各自安歇。

第二天吃过早饭，岳霆拿出两锭银子，吩咐店主人买好祭祀用品，让罗鸿、吉成亮、王英带着四个家将，将行李、马匹和祭祀用品送到栖霞岭下。随后，岳霆与伍连、余雷、何凤、郑世宝一起去看打擂台。

昭庆寺前人山人海，十分热闹。寺门口搭起一座高高的擂台，两旁站着数十名张家家将。张国乾先上擂台打了一套花拳，到正中间坐下。戚光祖对着台下高声叫道："台下各位听着，张公子在此结交天下英雄，二十多天都没遇到对手，还有三天就结束了。谁本事高强，就上台来比试。能赢张公子的，张老爷就保举他做官。"叫声未绝，一个人跳到擂台上。他三十多岁，长得豹头圆眼。张国乾站起身，问："你是哪里人？快通报姓名。"他说："我是山东有名的好汉，叫赵武臣，江湖上人称'翻山虎'。"说罢，一拳打向张国乾。张国乾一闪，劈面一拳打回去。两个人打了四五个回合，张国乾卖了一个破绽，一脚踢中赵武臣的屁股，赵武臣站立不稳，骨碌碌地滚到台下。众人齐声喝彩，赵武臣满面羞愧

第五十六回 岳霆打擂大显身手

地跑走了。

戚继祖哈哈大笑，冲台下喊道："还有人敢上台来吗？"他连喊了数声，也没人答应。伍连正想开口，岳霆忙用手捏了捏他的胳膊，说："哥哥别急，让小弟先上去试试看，如果输了，哥哥再上去。"说罢，钻出人群，纵身跳到擂台上。张国乾见来了一个瘦小的后生，根本没当回事，问："小后生，你姓甚名谁？"岳霆说："先比武，后通名。"张国乾听罢，摆出"单鞭立马势"，等着岳霆。岳霆使出"出马一枝枪"，攻了上去。张国乾使出"金刚大踏步"，岳霆就势来了一个"童子拜观音"。两个一来一往，斗了十余个回合。张国乾性起，使出"黑虎偷心"，拳头照着岳霆胸口打去。岳霆一蹲，顺势钻到张国乾的背后，一手扯住他的左脚，一手揪住他的背领，提起来掼到台下。众人齐声喝彩。张国乾摔得头昏眼花，一时间爬不起来。伍连走上去，一脚踹到张国乾的胸口上。张国乾顿时口吐鲜血，当场毙命。戚光祖、戚继祖忙冲上去，要抓岳霆，岳霆立即转身，跳到台下人群中了。

余雷见状，取出双锤将擂台打倒。郑世宝乘机将腰刀递给岳霆，与伍连、何凤一起挡住冲下台的张家家将。戚光祖举刀就砍，余雷一锤打在刀柄上，将刀震飞。戚继祖一枪刺向余雷，何凤冲上去，举鞭架开枪，紧接着抬鞭就打，戚继祖连忙闪开，但一只耳朵被削掉了。兄弟俩见吃了亏，回去怕张俊怪罪，便逃走了。

岳霆与伍连、余雷、何凤、郑世宝五人趁混乱之际离开了现场，飞奔到栖霞岭下，与罗鸿、王英、吉成亮等会合。八人到岳飞、岳雷、张宪坟前祭奠了一番，让四名家将回宁夏，从后山奔云南而去。

张俊得知儿子被人打死、戚家兄弟逃走，立即派两个统制领兵出城追赶，但所有人都跑了，不知去向。张俊无奈，只得上奏朝廷，缉拿凶手。

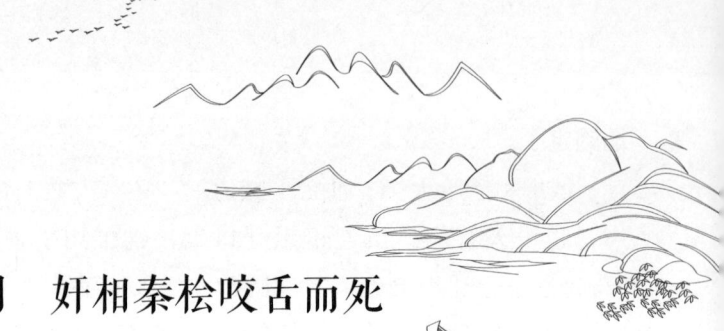

第五十七回　奸相秦桧咬舌而死

　　自从害死岳飞之后，秦桧非常担心自己的安危，总想找机会除掉韩世忠等人。一天，他独自一人坐在书房内写奏本，准备陷害韩世忠。忽然，他抬起头，看见岳飞带着王横、张保站在自己面前，吓得魂飞魄散，大声叫道："饶命啊！"岳飞举锤将秦桧打倒，大骂道："奸贼！你恶贯满盈，死期就快到了，还敢谋害忠良！"接着，留下张保，带着王横到万俟卨、罗如楫等奸臣家中。

　　这时，王氏听见丈夫在书房内叫喊，忙叫丫鬟去看。丫鬟们走进书房，看见张保，吓得连滚带爬跑了出去。王氏又让何立去察看。何立一进书房，张保就离开了。秦桧躺在地上，口吐白沫，不停地喊道："岳飞饶命！"何立十分惊慌，不知所措，只得跪下祈祷。过了一会儿，秦桧回过神来，由何立搀扶着走出书房。秦桧对王氏说："我刚才在书房里写奏本，被岳飞一锤打倒，所以才这样。"何立在一旁说："小人一进书房，就看见太师躺在地上，小人祈祷了一会儿，太师才醒过来。"

　　第二天，秦桧与王氏到灵隐寺中进香，之后又到四处游玩。在寺后的一面墙壁上，有人刚刚题了一首诗，墨迹还没有干。秦桧凑近细看，只见写着："缚虎容易纵虎难，东窗毒计胜连环。哀哉彼妇施长舌，使我伤心肝胆寒！"秦桧吃了一惊，便问住持："墙壁上的诗，是什么人写的？"住持说："太师在这里烧香，一个人我也不敢留，估计是以前写的。"秦桧道："墨迹还没干，怎么会是以前写的呢？"住持想了想，说："前两天寺里来了一个疯僧，喜欢东涂西抹，估计是他写的。"秦桧说：

第五十七回 奸相秦桧咬舌而死

"你去把他叫来,我问问他。"不一会儿,住持将疯僧领到秦桧面前。秦桧见疯僧垢面蓬头、歪嘴跛腿、浑身污秽不堪,便笑着问:"墙壁上的诗是你写的吗?"疯僧说:"难道你做了,我不能写吗?"秦桧问:"为什么'胆'字比其他字都小?"疯僧说:"胆小的出了家,胆大的终究要弄出事来。"秦桧问:"你手中拿着扫帚干什么用?"疯僧说:"扫灭奸邪。""秦桧:"另一只手里拿着火筒①干什么用?"疯僧说:"火筒节节生枝,能吹得狼烟四起,实在不能放下。"秦桧说:"满嘴胡说八道!你什么时候得的病?"疯僧说:"一次在西湖上边看见有人'卖蜡丸',就得了这胡言乱语的病。"

王氏在一旁说:"这个疯僧颠三倒四,问他干什么?让他去吧!"疯僧说:"三个都被你去了,怎么还在乎我一个人?"秦桧问:"你有法名②吗?"疯僧道:"有,有,有!吾名叶守一,终日藏香积。不怕泄天机,是非多说出。"秦桧与王氏听罢,心中惊疑不定。秦桧问疯僧:"你既然会作诗,就当场作一首吧。就以我为题。"说罢,命住持去取笔墨纸砚。疯僧说:"不用取,我的袋子里有。"说着从身上背的布袋内取出纸,铺在地下。秦桧问:"纸皱了,还能用吗?"疯僧说:"'蜡丸'里的纸,都是这样皱。"接着,疯僧磨好墨,提笔写了一首诗:"久闻丞相有良规,占擅朝纲人主危。都缘长舌私金虏,堂前燕子水难归。闭户但谋倾宋室,塞断忠言国祚灰。贤愚千载凭公论,路上行人口似——"秦桧接到手中一看,见每句诗都说中了自己的心事,顿时怒火中烧,但也不便于发作,只得问:"最后一句诗为什么不写全了?"疯僧说:"若见施全面,奸臣命已危。"秦桧听罢,回头对手下人说:"你们记住,如果遇见叫施全的人,不要管他是谁,立即抓来见我。"王氏说:"这个疯子作的诗根本不清楚,听他的干什么?"疯僧说:"你顺着看看不明白,不会竖着看吗?"秦桧立即竖着看了一遍,竟是"久占都堂,闭塞贤路"八个字,当即大怒,骂道:"你这个秃驴,

① [火筒]

即吹火筒,旧时农村烧柴火做饭的用具,一般用竹子制成。

② [法名]

和尚或道士出家之后另起的名字。

竟敢戏弄大臣！"随即下令将他乱棍打死。王氏忙说："相公权倾朝野，难道还怕这个小小的疯僧逃到天上去？明天只用派一个人就能结果他的性命，现在何必这么做呢？"秦桧会意，便下令放了疯僧，让住持拿出两个包子给他。住持立即让人取出两个包子递给疯僧，疯僧不但没吃，反而把包子都撕开，将馅儿都倒在地上。秦桧说："你不吃也就算了，怎么把馅儿都倒掉了？"疯僧说："别人吃你的馅儿，我却不吃你的陷儿。"秦桧见疯僧每句话都讥讽自己，心中大怒，带着人就回去了。住持怕疯僧逃走，连忙让寺里的和尚将他关了起来。

秦桧一边走一边想："我做的事情，疯僧为什么每件都知道？真奇怪！"经过众安桥时，他骑的马忽然惊跳起来。他忙勒住缰绳，后退了几步。一个大汉从桥下冲了上来，举刀砍向秦桧。两旁的家将急忙拨出腰刀，将他砍倒，随后把他押回相府。原来，这个大汉就是一心想给岳飞报仇的施全。一天，他借口下太行山探听消息，辞别牛皋，径直赶到临安。他打听到秦桧在灵隐寺烧香，回府必定经过众安桥，便躲在桥下，于是发生了这一幕。

秦桧回到相府，问清行刺自己的人就是施全，心中十分吃惊，下令将他关进大理寺监狱，第二天即斩首。

过了两天，王氏对秦桧说："前几天灵隐寺的疯僧题诗，句句讥讽相公，还说'若见施全命必危'。施全和疯僧一定是一伙儿的，派他来行刺的。"秦桧猛然醒悟，随即命何立带着十几个家将去捉疯僧。但是，疯僧借口进屋换衣服，留下一个小盒子，便不知所踪。何立无奈，只得回了相府，说了详细的经过，并将小盒子呈给秦桧。秦桧拆开一看，里面是一张纸，上面写了四句诗："偶来尘世作疯癫，说破奸邪返故园。若要问我家何处，却在东南第一山。"秦桧看罢，心中又惊又怒。自此以后，秦桧终日神昏意乱，觉得后背隐隐作痛。

又过了一段时间，一封封告急文书像雪片一样被送进临安，说苗王李述甫的侄子黑蛮龙领兵朝临安杀来，要捉秦桧给岳飞报仇。原来，岳霆等八人离开栖霞岭到达云南之后，李氏与柴娘娘十分高兴，让众人一起结拜为兄弟。之后岳霖外出打猎，被苗王李述甫招为女婿。黑蛮龙听

第五十七回 奸相秦桧咬舌而死

说岳飞被秦桧陷害致死，就借口征剿当地叛乱，领着三千苗兵杀奔临安。

张俊、万俟卨、罗汝楫看到告急文书后大惊失色，忙一起去见秦桧。当时秦桧因为后背疼痛，成天卧床不起。三人将黑蛮龙杀奔临安要捉拿秦桧为岳飞报仇的事说了，并询问该怎么办。秦桧听罢，大叫一声，后背的疮口迸裂，当即昏了过去。三人无奈，私下商定假传圣旨，将罪名都推给李氏，让她写信撤回苗兵。

第二天，三人一起启奏高宗说："秦丞相病势危险，请圣上降旨另封宰相，以理朝政。"高宗听罢，立即赶往相府探视。当时秦桧睡在床上，昏迷不醒。他的儿子秦熹叫醒了他，他喘着气说："臣被岳飞索命，打了一锤，后背一直疼痛，估计活不久了！"说罢又昏了过去。高宗只得命太医①用心治疗，让万俟卨、罗汝楫暂且协助管理朝政。

不久，黑蛮龙一路杀到临安城外的范村。张俊闻报，急命总兵王武率五千人马出城迎战。王武根本不是黑蛮龙的对手，战了五六个回合，就被黑蛮龙一锤打中脑袋，死于马下。随后，黑蛮龙率兵至栖霞岭安营，亲自到岳王坟祭奠了一番。

第二天，张俊带领人马出城，到净慈寺前安营。御前总兵王得胜说："小将有一计，可击溃苗兵。今夜可将数百张桌子四足朝天放在湖内，在桌腿上绑起草人，每个草人都绑上灯球。元帅带领人马乘着竹排，将桌子放到湖中。小将去劫苗营，黑蛮龙那厮一定会迎战。小将把他引诱到湖边。夜里看不清路，他一定会掉进水中，到时候擒他就易如反掌了。"张俊大喜，悄悄地下令依计而行。

当晚，王得胜率领人马劫营。黑蛮龙慌忙披挂上马，追到湖边。他看见湖中有人拿着灯球，便拍马朝灯球追去。只听"扑通"一声响，黑蛮龙连人带马一起掉进水里。张俊立即命士兵们用挠钩把黑蛮龙捞上岸绑了起来，命总兵张坤带着三百人

① [太医]
古时专为皇族、上层官宦看病的医生。

马将他押进临安。半路上，张坤遇到了奉父亲之命到临安探听消息的韩彦直。交手不到一个回合，韩彦直一枪刺死了张坤，救出黑蛮龙。两人随即结拜为兄弟，分手而去。

转天，黑蛮龙率领人马，至张俊营前讨战。张俊得知黑蛮龙逃脱，十分郁闷，对众将说："黑蛮龙骁勇难挡，不如用缓兵之计，就说圣上生病，等病一好，就将奸贼送给他，让他报仇。现在先送一些粮草给他，他一定会停战。等云南的回信一到，他必然撤走，到时候再调人马捉他。"说罢，依计而行。黑蛮龙没有怀疑，就在栖霞岭驻扎下来。

李氏在云南接到假圣旨，就让岳雷写了一封信，命张英日夜兼程赶到黑蛮龙营中，让他立即撤兵。黑蛮龙十分不甘心，但经过张英的劝解，便在祭奠了岳王坟之后，拨营而回。

张俊得报，立即进了城，禀报高宗说："臣杀退了苗兵，他们已经逃远了，无法追赶。"高宗大喜，加封张俊为镇远大都督，并赏赐了很多财物。

接着，张俊到相府看望秦桧。秦桧躺在书房里的床上，面黄肌瘦，牙根紧咬，奄奄一息。张俊问："太师的病怎么样了？服药了吗？"秦熺说："太医送来的药，根本没有效果。父亲日夜喊疼，不时昏厥，估计不行了！"张俊凑到秦桧的耳边，轻轻地说："太师，保重身体。黑蛮龙已被小弟杀退。"秦桧睁开双眼，盯着张俊，大叫道："岳飞饶命啊！"张俊见状，心中十分疑惑，只得告别离开了。

秦熺送走张俊，刚回到书房门口，就听得里边有铁索的声音。他慌忙走进书房，秦桧看着秦熺，摇了摇头，似乎要对秦熺说话，但说不出来。突然，秦桧伸出舌头，猛地一咬，舌头立即掉到了地上。秦桧不停地呕血，不一会儿就一命呜呼了。

第五十八回　兀术兴兵孝宗除奸

兀术从朱仙镇逃回金国之后，过了一段时间，老狼主完颜阿骨打就病死了，他的弟弟完颜吴乞买继承了王位。过了几年，完颜吴乞买也病死了，粘罕的长子完颜冻被立为君王。这一天，兀术与众人庆贺新君即位，散席后闷闷不乐地回到府中。他一个人坐在屋里，自言自语地说道："岳飞已经死了，中原还有什么人能阻挡我？这个时候不去攻打宋朝江山，还要等到什么时候？"随即入朝奏明完颜冻，完颜冻二话没说，就同意攻打中原。兀术纠集了五十万大军，带着军师哈迷蚩、参谋忽尔迷、王子完颜乾、大元帅粘得力与张豹马、提国元帅冒利燕与完黑宝、提国大将哈同文银、支国元帅迷特金、黑水国元帅千里朵等，浩浩荡荡地杀奔中原。

各地官员的告急奏章犹如雪片一般送进了临安。王氏得知后，一个人坐在房里暗想："岳飞已死，无人迎战，宋朝的江山一定保不住。我为什么不带着孩子、家眷，悄悄地逃到金国，肯定会得到封赏。"忽然，一阵风吹来，王氏浑身一激灵。披枷带锁的秦桧被几个鬼怪牵着，走到王氏的面前，说："我好苦呀！"王氏吓得魂飞魄散，不停地哆嗦，冷汗直流。秦桧喊道："东窗事发了！"一个鬼怪举起铁锤在王氏的后背上打了一下，王氏大叫一声，跌倒在地上。丫鬟们听到房内发出声响，忙走进去，将王氏扶上床。王氏不停地喊道："饶命！饶命！"等秦熹带着大夫赶到时，王氏已经死了。

高宗十分惊慌，忙召集文武大臣，问："哪位贤卿愿意领兵击退金军?"罗如楫被岳飞的忠魂附体,跪下奏道:"臣岳飞愿往!"高宗听到"岳飞"两个字,吓得大叫一声,一下子摔倒在地上。大臣们连忙走上前,扶起了他。自此以后,高宗一病不起,服药也不见好转。没过多长时间,高宗就死了。大臣们拥立高宗的侄子继承了皇位,他就是宋孝宗。

元帅张信得知新君即位,来到临安朝贺,并询问如何对付金军。孝宗说:"朕年幼无知,老卿有什么好办法击退金兵?"张信说:"现在陛下只要做到五件事——第一,捉拿奸臣治罪,以泄民怨;第二,下令修岳王坟、建忠祠,以表彰忠义;第三,赦免岳家人,派人去云南接回他们,让岳飞的儿子承袭父职,命岳雷迎战金军;第四,招安太行山牛皋等,协同岳雷剿灭兀术;第五,将被奸贼排挤的旧臣恢复原职——不愁金兵不败,社稷不安!"孝宗闻言大喜,立即命张信捉拿奸臣,命吏部官员去云南接回岳家人,命大学士①李文升去太行山招安牛皋等,命大臣张九思建造岳王坟及忠祠,传旨恢复被秦桧排挤的旧臣官职。

众大臣依令而行。张信带着校尉,将罗汝楫、万俟卨、张俊抓进监狱。张九思率工匠在栖霞岭下建起岳王祠和忠臣的殿宇,并立碑塑像。周三畏得知皇帝颁发了诏书,就将秦桧陷害岳飞、自己当年审问的经过写成奏本,替岳飞鸣冤。孝宗接到奏本,传旨让周三畏官复旧职。

李文升在路上走了一个多月,才到达太行山。他硬着头皮上了山,一见到牛皋,便壮着胆子说:"牛将军,快摆香案接旨。"牛皋说:"接什么旨!这个昏君,当初在牛头山的时候,我与岳大哥拼命救了他,立下大功。他不但没有封赏,反而听信奸臣的话,竟将岳大哥害死了,还把他的一家人流放到云南。现在昏君派你来,是不是想害我们了?"李文升说:"将军原来还不知道,高宗已经不在了!"牛皋说:"这个昏君死就死了,你到这里来干什么?还说什么接旨!"李文升将孝宗皇帝登基、

①[大学士]
辅佐皇帝的官员,一般由士人充任。

第五十八回 兀术兴兵孝宗除奸

传旨抓奸臣、赦免了岳家、修建岳王祠叙述了一遍,并说自己奉旨前来招安牛皋回京城重用。牛皋根本不信,说:"大凡皇帝都没有情义。我牛皋不受皇帝的骗,不受招安!"李文升说:"原来将军知道兀术又进犯中原,一定是惧怕他,所以不受招安。"牛皋勃然大怒,说:"放屁!我牛皋怎么会怕兀术?别废话了,我接受招安,等杀退了兀术,再回太行山。"吉青在一旁忙说:"牛哥不能轻易答应他,他的这些话不知真假。应该先去云南见嫂子,如果大哥一家人真的被赦免,我们便一起进京城。"牛皋听罢,一面打发李文升回临安,一面集合人马,带着赵云、梁兴、吉青、周青赶往云南。

牛皋到达铁炉关时,正好遇到李氏一行人。李氏让岳雷、岳霆、韩起龙、韩起凤等见过牛皋,并说:"牛叔叔!如今我们的罪责已被赦免,现在奉旨进京。牛叔叔应该和我们一起去朝见新君,仍旧给国家出力。"牛皋连声答应下来,一路护送李氏等到临安。

孝宗见到李氏、牛皋等人,非常高兴,让岳雷承袭父职,封李氏为鄂国夫人,封牛皋、赵云、梁兴、吉青、周青五人为灭虏将军,封韩起龙、宗良等为御前都统制。第二天,孝宗又亲自率文武大臣到岳王坟前祭奠了一番。

过了数天,牛皋来到大理寺衙门。周三畏将他接到大堂上坐定,命人将张俊、秦熹等押到堂前。周三畏对秦熹说:"你的父亲官居高位,你又混进了翰苑①,享受朝廷厚禄,不思报国也就算了,反而私通兀术,假传圣旨,谋害忠良,欺君误国。你有什么话说?"秦熹吓得不敢出声。牛皋说:"不用问他,打四十个嘴巴,然后定罪。"两旁的差役大喊一声,按住秦熹,打了四十个耳光。接着,周三畏问张俊:"你的罪名,也不用说这么多。你身为大将,却依附权奸,杀害忠良,该当何罪?"张俊无言以对,低下头不敢说话。牛皋说:"问他干什么!也打四十个嘴巴,然后定罪。"差役按住张俊,也重重地打了四十个

① [翰苑]
即翰林院,负责起草诏书、修书撰史等事务,充任皇帝顾问。

耳光。周三畏问万俟卨："你有什么话说？"万俟卨说："犯官只是听秦太师差遣，所有的事和犯官无关。"周三畏又问罗汝楫："你身为掌管司法的大臣，怎么能屈害岳家父子？"罗汝楫说："都是秦桧吩咐万俟卨所为，犯官怎么敢违抗？所有的事都是他俩下的命令，与犯官没有关系。"牛皋大怒，高声喊道："放屁！这种狗官，问他们干什么！带下去，打四十大板，然后定罪。"差役随即将万俟卨、罗汝楫拖到堂下，分别打了四十大板。两人被打得浑身鲜血淋漓，死而复醒。

接着，周三畏提笔拟好判决，将秦熹、张俊、万俟卨、罗汝楫斩首，四人的家眷都发配到岭南充军。孝宗同意了这个判决，并命牛皋监斩，将四人押到岳王坟前处决。接着，孝宗又赐给李氏五百斤生铁，铸成秦桧、王氏、张俊、万俟卨四人的铁像，跪在岳王坟前。临安百姓得知后，人人欢呼雀跃，纷纷奔走相告。

到了行刑的那一天，周三畏将秦熹、张俊、万俟卨、罗汝楫押到岳王坟前。正要斩首时，突然一阵喧闹声由远及近，朝岳王坟而来。牛皋大吃一惊，以为有人来劫法场，一边命家将出去查看，一边起身披挂。不一会儿，家将回来禀报说："张俊在临安强奸妇女、霸占别人的田产，众多受害的百姓都来看他受刑，想报仇，所以才大声喧嚷。"李氏说："受害的百姓人数众多，一刀怎么能报这么多人的仇？不如将张俊交与百姓，随他们怎么处置！"百姓们得知后，纷纷感谢李氏。接着，众人七手八脚把张俊抬到湖边。有的用手打，有的用脚踢，有的唾口水，场面十分混乱。

这时，一个人大声叫道："各位先不要动手！我们应该感谢岳夫人将这个奸贼交给我们报仇。如果张家报了仇，李家就不能报，大家就会吵起来。况且受害的人很多，他一个人怎么够报仇呢？我们不如把他推到空旷的地方，大家站在一旁，挨个走过去，将自己的冤仇说一遍，然后咬他一口。怎么样？"众人齐声说："妙啊！妙啊！"随即把张俊推到一片空地上，然后将他绑在一棵柳树上。一个人走上前，说："奸贼！你为何强占我的妻子？"然后一口咬下一块肉。第二个接着说："奸贼！你为何抢我的田地？"骂完后咬了一口。又一个人跟着走上去，说："奸

第五十八回 兀术兴兵孝宗除奸

贼!你为什么无缘无故把我的父亲害死了?"说完也咬了一口。众人一个接一个,将张俊咬得浑身血肉模糊。随后,牛皋下令将张俊、秦熹、万俟卨、罗汝楫斩首。

次日,周三畏派差役押着秦熹、张俊、万俟卨、罗汝楫的家眷,往岭南而去。

第五十九回　鲍方老祖连破妖法

万俟卨、罗如楫等被斩首之后没几天,兀术率大军已接近朱仙镇。消息传到临安,孝宗立即封岳雷为扫北大元帅,封牛皋为监军都督,封诸葛英的儿子诸葛锦为军师,即日出征。岳雷随即集合了二十万人马离开临安,一路浩浩荡荡地赶到朱仙镇安营。

兀术得知岳飞的儿子岳雷率军到达朱仙镇,一开始十分惊讶,继而一想又高兴起来,轻蔑地说:"南蛮皇帝让后辈小生来阻挡我进军,估计是黔驴技穷了!"但兀术迅速为自己的轻视付出了代价。第二天,金将土德龙、土德虎、土德彪兄弟分别被欧阳从善、吉青、宗良斩于马下。接着,兀术手下大元帅粘得力在追杀牛皋时,被从家中赶到朱仙镇助阵的关铃、陆文龙、樊成、严成方、狄雷五人砍死。

兀术得报后又气又恼:"这些小南蛮竟然比以前的老南蛮更厉害,我怎么能拿下宋朝江山!"正在这时,金国国师普风赶到。兀术大喜,忙将他迎进帐中。普风问:"太子与南蛮开战几次了?胜负怎么样?"兀术叹了一口气,说:"不瞒国师说,这些小南蛮比以前那些老南蛮更加凶狠!战了几次,没赢一场,死伤了十几员大将。我正在想对策。"普风说:"太子放心。我明天出阵,捉几个南蛮给太子解闷。"兀术十分高兴,下令设宴款待。

第二天,普风独自一个人骑马到宋营前讨战。牛通、何凤主动请缨,岳雷说:"二位将军,大凡僧道、妇女上阵,都有妖法,要防他暗算。"遂命汤英、吉成亮、余雷随二人一起出战。果然,普风与牛通战了三十

第五十九回 鲍方老祖连破妖法

多个回合,掉转马头就跑。牛通紧追不舍。跑了一会儿,普风偷偷地从身上取出一颗酒杯大的混元珠,朝牛通的脑袋打去。牛通慌忙一闪身,左边肩膀被打中,翻身落马。随后,赶来救援的何凤、汤英、余雷、吉成亮都被混元珠打败。

次日,普风仍旧一个人到宋营前讨战。牛通、何凤、汤英、吉成亮、余雷十分气愤,又要求出战。岳雷正要劝阻,军师诸葛锦说:"元帅不用劝阻。只需要派牛老将军压阵,就可以万无一失。"岳雷听罢,依言下令。五人一来到阵前,便围住普风厮杀。打了一会儿,普风力怯,取出混元珠就打。五人十分慌张,牛皋取出鲍方老祖送给自己的一支穿云箭,朝混元珠射去。只听"扑"的一声响,混元珠掉到地上,不停地旋转。牛通立即跳下马,将混元珠抢到手中,照样朝普风打去。混元珠被箭射了一个窟窿,不再有法力,普风伸手接住,余雷乘机冲上去举锤就打,普风肩膀中锤,摔到地上,化作一道金光逃回去了。

兀术见普风也不能取胜,忧心忡忡地说:"像这样屡屡失利,什么时候才能拿下宋朝江山?"普风说:"太子放心。我的师傅曾给我一件法宝,有五千四百零八条驼龙,能大能小,收在葫芦内,专门吃人。今晚我就作法,将宋军二十万人马吃得干干净净!"兀术大喜,随即下令准备。

当晚,普风在自己帐中摆好香案,将葫芦放了上去,然后念起咒语。过了一会儿,他将葫芦的盖子揭开,说:"请宝贝出来。"葫芦里"哄"的一声响,一群蚊子一样的小虫飞了出来,霎那间变成五千四百零八条驼龙,眼射金光,张着血盆大口,露出利刃般的牙齿,张牙舞爪地冲向宋营。

宋兵在黑夜里看到无数金光,犹如灯火一般,往营内冲过来,忙禀报了军师诸葛锦。诸葛锦抬头一看,大叫一声:"不好了!"立即吩咐下令撤退。这时,驼龙已经铺天盖地地飞到宋营上空,乱吃乱咬起来。宋军将士已经来不及跑了,有的腿被咬掉,有的头被啃破,有的骨髓被吸干,有的肉被撕碎。剩下的丧魂落魄,一路狂奔六十多里。到五更时分,普风念起咒语,将驼龙收回去了。经过这一次偷袭,宋军损失了一万八千名将士。

岳雷、牛皋等都不明白袭击的是什么东西，诸葛锦说："此阵名叫'驼龙阵'。我们没有防备，才损失惨重。我有破此阵的对策。"说罢，命众将士准备好取猪血、狗血、干柴、芦苇、火药等物；命五千士兵到营前，连夜挖好一个宽一丈五尺、深一丈二尺、长二十五丈的壕沟；命三千士兵换上黑衣，带着火器埋伏在营前。等壕沟挖好后，诸葛锦又命士兵们将火炮藏入壕沟内，用干柴、芦苇盖好，放上一些引火之物，并洒上猪血、狗血。

晚上，普风来到宋营前，揭开葫芦盖，放出驼龙。驼龙闻到血腥气，纷纷落在壕沟里的干柴、芦苇上吸血。诸葛锦当即命三千伏兵一起施放火器，引燃了干柴、芦苇，霎那间火光冲天。埋在壕沟里的火炮一起爆炸，乒乒乓乓地乱响。普风慌忙作法，想要收回驼龙。但五千四百零八条驼龙已经来不及飞走了，全部被烧死在壕沟中。普风在黑暗中中了四箭。他不好意思回去见兀术，连夜逃回老巢去了。

兀术得知普风法术被破、逃回老巢，又是惊讶又是生气，连忙派人回国求援。

第二天，岳雷指挥大军向金营发起进攻。双方各持兵器混战起来。虽然兀术人马众多，但宋军士气正旺，将士个个奋勇争先、拼命厮杀。金兵被杀得马仰人翻，五十万大军损失了一大半。兀术无力回天，只得带着残兵败将逃回去了。

在逃到界山时，兀术遇到了前来助战的元帅山狮驼与涵关总兵连儿心善。两人虽然只带了五千人马，但没把宋军放在眼里。山狮驼让兀术先回国调集人马，自己与连儿心善驻扎下来，狙击岳雷。

岳雷率军抵达界山安营后，即派关铃带领三千士兵迎战山狮驼。山狮驼使一把溜金铛，一连打了十几下，关铃招架不住，只得回营。过了两天，连儿心善到宋营前讨战。严成方自告奋勇率三千士兵出战。二人战了三四十个回合，严成方渐渐招架不住，便虚晃一锤，拨马落荒而逃。连儿心善纵马紧追。严成方逃了十几里，遇到了董先之子董耀宗和王横之子王彪。二人拦住连儿心善，战了二十多个回合，连儿心善不敌，只得撤回营寨。

第五十九回 鲍方老祖连破妖法

原来杨再兴的儿子杨继周在九龙山占山为王,董耀宗、王彪结伴去临安给岳飞报仇,路过九龙山时遇见了杨继周。三人便一起赶往临安,在途中遇见了押送秦熹、张俊、万俟卨、罗如楫的家眷去云南的队伍,便将他们全部杀死。听押送的差役说岳雷率二十万大军抗击金军,杨继周便让董耀宗、王彪先赶往朱仙镇,自己收拾好粮草、人马,随后追赶。董耀宗、王彪跟随严成方回营见了岳雷,讲了事情的经过,岳雷十分高兴。

两次交锋都没有获胜,山狮驼心中非常焦躁。次日,他亲自来到宋营前,点名要岳雷出马。岳雷欲亲自出战,王英主动请缨,领兵出营。但是,王英打不过山狮驼。战了几个回合后,王英浑身是汗,催马就跑。正在这时,牛皋押送粮草赶到界山。看到王英被追击,便让过王英,拦住山狮驼。山狮驼大声喊道:"呔!你是哪里来的毛贼,敢放走我的手下败将?"牛皋说:"我以为你有些本事,是个识货的。没想到原来是个冒失鬼,连牛皋爷爷你都不认识!"山狮驼说:"呀!原来你就是牛皋,你知道我山狮驼的厉害吗?"牛皋说:"什么山狮驼,遇到牛老爷,就把你打成个熟柿饼。"说罢,举锏就朝山狮驼打去。山狮驼举镋一磕,"当啷"一声响,牛皋的锏飞到半空中,落在草地上。牛皋大叫道:"不好!果然厉害!还得让我的徒弟来捉你。"山狮驼说:"你这个黑炭团,武艺这么差,还教什么徒弟?"牛皋说:"你是金国人,不懂中原的事。人的气力,都是天生的。怎么运用,必须请师父教授。我那个徒弟的力气,有成千上万斤!凡是上阵交锋,也不用兵器,一手擒一个,一脚踢倒两三个。像你这样的瘦鬼,只需要喝一声,你就会跌下马!"山狮驼勃然大怒,说:"放屁!世上怎么可能会有人被喝下马!"牛皋说:"你要不信,就待在这里不要动,我去叫他来,你试试看。"山狮驼怒气冲冲地说:"不怕你说鬼话,也不怕你飞上天。你一个人去,赶紧叫他来。"牛皋说:"去就去,你不要怕啊!"说着下马拾起锏,然后上马向东而走。

牛皋一边走一边想:"说鬼话骗这厮没什么,但怎么夺回粮草呢?"忽然,他看见前面尘土飞扬,一队人马打着"九龙山勤王"的旗号,飞奔而来。等这队人马到面前,牛皋仔细一看,发现王英与一位英俊的小将并肩而行。牛皋看他长得像杨再兴,便问:"王英贤侄,你旁边的是杨再兴的儿子吗?"王英点头称是。牛皋大喜,带着杨继周、王英回到刚刚放粮草的地方。山狮驼仍然在等着牛皋,随即与杨继周厮杀起来。两人真是棋逢敌手,将遇良才:一个使一双铁戟,如二龙戏水;一个使溜金锐,似猛虎离山;一个将锐舞得杀气腾腾,如虎啸山风生万壑;一个将戟耍得密不透风,似龙喷水浪进千层。两人战了一百多个回合,没分出高下。王英见状,冲上去助战。山狮驼力怯,不敌二人,只得拨马回撤。牛皋乘机命士兵推着粮草,回到宋营。

山狮驼回到营中,十分生气。忽然,普风到营外求见。山狮驼有些奇怪,便与连儿心善一起将普风迎进帐中。一见普风,山狮驼直截了当地问:"四狼主说国师的混元珠、驼龙阵都被宋兵破了,还受了伤。国师来这里干什么?从哪里来的?"普风笑着说:"我吃亏是因为贪功,不小心中了宋人的奸计。我明天出阵,一定能杀尽那些小毛虫!"山狮驼大喜,立即设宴款待普风。

第二天,普风也不骑马,带着三千人马,步行来到阵前。岳雷得知普风又来挑战,顿时皱起眉头,打算挂出"免战牌"。吉青、梁兴、赵云、周青十分不服,主动要求出战,牛皋在一旁说自己要去压阵。岳雷还没说话,五人就拿着兵器出营了。诸葛锦急得直跺脚,对岳雷说:"这厮去而复来,必定有妖法。元帅,你不应该让他们去!"岳雷说:"有牛叔父压阵,估计不碍事。"说罢,命陆文龙、关铃、狄雷、樊成四员小将到阵前接应。

果然,普风这一次带来了一个名叫"黑风珠"的宝贝。吉青、赵云、梁兴、周青一到阵前,就一起围住普风厮杀起来。普风根本招架不住,忙掏出"黑风珠",抛起空中,大喝一声:"疾!"突然,半空中起了一阵黑风,黑风珠不停地旋转,一变十,十变百,霎那间变出成千上万个碗口大的铁珠,朝吉青等四人头上打去。牛皋连忙取出穿云箭射去,铁珠纷纷掉到地上,仍是一颗黑风珠。普风急忙大踏步冲上前,将黑风珠和穿云箭抢到手里,朝四人打去。四人措手不及,被打落马下,当场阵亡。

第五十九回　鲍方老祖连破妖法

过了两天，普风又到宋营前讨战。岳雷十分犹豫，吉成亮等众小将纷纷要求出战，给吉青、赵云、梁兴、周青报仇。岳雷无奈，只得率军出营应战。吉成亮一见普风，便提起开山斧砍过去。关铃、狄雷、张英、王彪等一起拥上去，围住普风。普风忙虚晃禅杖，跳到一旁，从随身背着的豹皮袋里摸出一面不到一尺长的"黑风旗"。他将黑风旗迎风一展，旗子霎时间就变成五六尺长，接着他口中念念有词，把旗连摇了几摇。忽然，一阵恶风吹来，顿时黑雾弥漫、尘土遮天，伸手不见五指。不一会儿，黑雾中打下如飞蝗一般的冰雹。宋军将士被打得头破鼻歪，叫苦连天，受伤的不计其数。岳雷只得指挥大军后退三十里安营。

诸葛锦安慰岳雷说："元帅不要愁烦！再过几天，就会有高人来破此阵。"岳雷无计可施，只得下令加强守卫，以防金军乘机劫营。

两三天后，鲍方老祖来到营中。岳雷喜出望外，取出兵符、印信，要鲍方老祖指挥作战。鲍方老祖说："元帅不用这样做。妖僧普风本是蜃（shèn）华江中一条乌鱼。他修炼一千多年，已成了气候。乌灵圣母因为令尊害了她的儿子①，所以派他阻挡你。不过，他没有实在的本事，只是靠着妖法作怪而已。元帅仍到界山下安营，明天随便派一位将军出阵，等他放妖法的时候，我把它收走就行了。"岳雷大喜，连夜率军到界山下安营。

次日，山狮驼得知宋兵仍旧回到界山下安营，当即率兵来到宋营前。牛通上马出营，一见普风，便举起泼风刀，一连砍了七八刀。普风浑身是汗，伸手摸出黑风珠打向牛通。但黑风珠已被穿云箭射坏，没有一点儿法力，直接落在地上。普风见状，悄悄地拿出穿云箭，朝牛通射去。这时，鲍方老祖不慌不忙地走到阵前，伸手接住穿云箭。普风大怒，说："哪里来的妖道，敢接我的箭？"说着举杖就打，鲍方老祖闪到一边。

牛通、关铃、狄雷等众小将立即冲了上去，围住普风。普

①［乌灵圣母的儿子］指秦桧。

风慌忙取出黑风旗摇了几摇,霎那间又是黑雾漫天。鲍方老祖从胸前取出青铜宝光镜,迎风一晃。镜子中顿时放出万道光芒,照得通天明亮,黑雾立即散去。普风大怒,口中念念有词,将禅杖抛到空中,禅杖立即一变十,十变百,瞬间就变成了千万根,向宋军将士头上打去。鲍方老祖不紧不慢地把手中的拂尘抛到空中,大喝一声:"疾!"拂尘也是一变十,十变百,瞬间变成千万根。一把拂尘抵住一根禅杖,悬在半空中。双方将士都惊呆了,继而爆发出雷鸣般的喝彩声。

接着,鲍方老祖左手张开袍袖,右手一招,说:"来吧!"千万把拂尘仍变回一把,落在手中。普风的禅杖变成一条三寸长的泥鳅,落到他的袍袖里。普风心慌意乱,驾起金光要走。欧阳从善赶上去就是一斧,普风摔到地上。余雷冲上前,一锤将普风的脑袋打碎。普风立即现出原身,原来是一条不大不小的乌鱼。

山狮驼怒火中烧,纵马上前,举起溜金锐打向欧阳从善的脑袋。杨继周手挺双戟,接住山狮驼厮杀。连儿心善舞动合扇刀,纵马出阵,陆文龙挺起六沉枪,截住战成一团。战了几个回合,杨继周回马便走,山狮驼拍马紧追。杨继周听到身后銮铃响,知道山狮驼已靠近自己,便调转马头,一戟刺向山狮驼胸口。山狮驼来势匆匆,措手不及,被戟刺穿,摔下马而死。连儿心善见山狮驼被杀,十分惊慌,刀法立即乱了起来。陆文龙紧接着就是一枪,正中他的咽喉。连儿心善当场毙命。

随后,岳雷率大军过界山安营。鲍方老祖也告辞而去。

第六十回　施岑施法破牧羊城

在界山休整了三天，岳雷将大军分为三队，依次向牧羊城①进发。欧阳从善率领第一队人马到达后，下令在离城三十里之处安营。第二天，他率余雷、狄雷到牧羊城下讨战。当时牧羊城的守将是金国皇亲完颜寿。他长得虎头豹眼，使一把九耳连环刀，有万夫不当之勇。他的手下有两员副将，是戚方的儿子戚光祖、戚继祖。二人曾在临安摆擂台，被岳霆打败后逃到这里，投降了金国，被分派在完颜寿手下听命。完颜寿闻报，立即带领戚光祖、戚继祖出城应战。

双方列好阵势，欧阳从善与完颜寿互相通报了姓名，就厮杀在一起。两人战了二三十个回合，欧阳从善力怯，手中的斧子稍微有些松懈，被完颜寿拦腰一刀斩于马下。余雷、狄雷大吼一声，四锤并举，截住完颜寿。斗了几个回合，余雷、狄雷无心恋战，拨马就走。完颜寿也不追赶，收兵回城。

次日，牛通率领第二队人马赶到。听说欧阳从善阵亡，他气得暴跳如雷，当即就要攻城。在众人的劝解下，他的怒气才平息下来，等待岳雷的大队人马。

完颜寿虽然胜了一场，但思前想后，觉得寡不敌众，就连夜写好求援文奏本，派人送到黄龙府。完颜冻连忙请兀术商议对策，兀术说："宋人兵至牧羊城，形势危急，赶快命鹞（yào）关总兵西尔达先领兵去救应。臣亲自去万锦山千花洞，请乌灵

① [牧羊城]
　　遗址位于辽宁大连旅顺口区铁山镇境内，也称木羊城。

圣母出山。她有移山倒海之术，手下有三千鱼鳞军，十分厉害。如果她愿意帮助我们，还怕宋朝百万大军吗！"完颜冻大喜，立即传旨命西尔达率军星夜赶往牧羊城。兀术收拾妥当，直奔万锦山去见乌灵圣母。

西尔达接到命令，随即带着女儿西云小妹，率人马赶到牧羊城。转天，岳雷率军到牧羊城下讨战，西尔达披挂上马出城。岳霆一马当先，通报了姓名，与西尔达战在一处。两人刀来枪架，枪去刀迎，战了三四十个回合。西尔达虽然勇猛，但不敌岳霆少年英武，手中的赤钢刀略微松懈，就被岳霆一枪刺中肩膀，翻身落马。岳霆又补刺了一枪，西尔达当即毙命。

父亲战死，西云小妹十分悲伤，第二天即带兵出城，点名要岳霆出战。岳霆飞马出阵，抢枪直刺。西云小妹舞动绣鸾刀，迎住厮杀。西云小妹根本不是岳霆的对手，战了才七八个回合，便回马败走，岳霆随后紧追。西云小妹身上藏有阴阳二弹，是异人所授。她见岳霆追近，随手取出阴弹打向岳霆。岳霆没有防备，突然看见一道黑光直射自己的面门，不由得打了一个寒噤，摔下马。大将樊成急忙拍马冲上去，挺枪挡住西云小妹，众人乘机将岳霆救回。二人战了三四个回合，西云小妹取出阳弹朝樊成劈面打去。樊成突然发现一块火光飞向自己的脸，吓得大叫一声："啊呀！"把头一仰，随即翻身落马。伍连挺起方天画戟，冲上前截住西云小妹。西云小妹看伍连长得面白唇红、俊俏可爱，就想活捉他回城，与自己成亲。二人一来一往，战了十几个回合，西云小妹拨马就走，伍连拍马紧追。西云小妹偷偷地从腰间取出一条白龙带，抛在空中，大喊道："南蛮，看我的宝贝！"伍连抬头一看，只见空中一条白龙飞速落了下来，将自己紧紧捆住。西云小妹纵马到伍连身旁，拦腰将他抱了起来。严成方、余雷、韩起龙、陆文成连忙冲上去，试图挡住西云小妹。但她已经跑回城下，众人来不及追赶了。岳雷无奈，只得鸣金收兵。

当晚，西云小妹悄悄地派心腹侍婢彩鸿去见伍连，说了自己愿与他结为夫妇的想法。伍连一开始坚决不答应，后来经过彩鸿再三撺掇，遂想到一个计策，假意对彩鸿说："欧阳从善是我结义弟兄，我们曾发誓同生同死。但他被完颜寿杀了，如果能给我报仇，我就同意成亲，而且

第六十回　施岑施法破牧羊城

还说服岳家弟兄归降金国。如果杀不了完颜寿，我宁死不从。"彩鸿将这番话告诉了西云小妹，西云小妹犹豫不定，不知道是不是该杀完颜寿。这时，有士兵来禀报说完颜寿要将伍连押走斩首。西云小妹吃了一惊，便说："我的父亲被岳霆挑死，仇还没有报。等捉到岳霆，再将两人一起斩首。"完颜寿以为她是讽刺自己没有捉住宋将，十分生气，说："她暂时赢了一场，便小瞧我。我明天出阵，捉两个宋将让她看看！"

第二天，完颜寿与戚光祖、戚继祖领三千士兵出城，并让西云小妹在吊桥边观战。完颜寿横刀跃马，冲过吊桥，与陆文龙战在一处。两人战了四五十个回合，完颜寿招架不住，大叫道："西云小妹快来助我！"但是，西云小妹就像没听见一样，待在吊桥边一动不动。完颜寿只得硬撑着，又战了三四个回合后，拨马就往城里跑。陆文龙纵马紧追，在吊桥边一枪将完颜寿挑进护城河中。西云小妹忙命城上士兵拽起吊桥。戚光祖、戚继祖来不及过吊桥，被宋军将士砍死，三千金兵全部被杀。

西云小妹回到城中，心里暗喜，让彩鸿告诉伍连说："今天小姐坐视不救，让完颜寿被宋将杀死，给你报了仇。她要今夜就成亲，并将帅印交你掌管。"伍连听罢，又高兴又犯愁。他想了想，对彩鸿说："婚姻大事不能草草操办，得到宋营中找一个人来说媒，要不然就会让人耻笑。"西云小妹无奈，打算转天再擒一员宋将，让他做媒。

第二天一早，西云小妹便来到宋营前讨战。吉成亮一马当先，摇动开山斧砍向西云小妹。西云小妹见他来势凶猛，不敢恋战，只战了两三个回合，就摸出阴弹将吉成亮打下马。接着，西云小妹用阳弹将罗鸿打下马，用白龙带将牛通紧紧捆住。施凤、汤英、韩起龙、韩起凤一起杀出，将吉成亮、罗鸿、牛通救了回来。西云小妹十分郁闷地收兵回城。

伍连得知西云小妹又胜一阵，十分紧张，便偷偷地请看守他的四名士兵喝酒。这四个人喝得烂醉，东倒西歪地睡着了。伍连乘机逃了出来。他不熟悉路，慌乱间竟进了完颜寿的女儿瑞仙郡主的房间。因为西云小妹坐视不管，父亲才会被杀，瑞仙郡主十分仇视她。伍连对郡主说："小将叫伍连，前两天被西云小妹用妖法擒来。她要与我成亲，小将坚决不从。今晚幸好逃脱了，没想到逃到这里。不如我们一起杀了西云小妹，然后结为夫妇,一来可以报杀父之仇,二来可以了结终身之事,岂不是两全其美?"郡主低头想了一会儿,觉得伍连说的是一个不错的选择,便答应了。

五更时分,看守伍连的四名士兵醒过来,发现伍连不见了,十分害怕,就偷偷地逃走了。第二天,西云小妹得知伍连逃走,忙下令在城里搜查。但是,搜了一天,也没有什么结果。

又过了一天,西云小妹披挂上马,出城到宋营前讨战。岳雷闻报,正要下令挂出"免战牌",岳霖在一旁大叫道:"不能丢了士气!小弟去活捉这个妖妇。"随即提枪上马,来到阵前。两人你来我往,战了七八十个回合,西云小妹拨马往左边落荒而逃,岳霖拍马紧追。跑了十几里之后,两人来到一处峡谷中。西云小妹从腰间取出一条白龙带,朝空中抛去,大叫道:"小南蛮,看宝贝!"岳霖知道白龙带的厉害,正想回马逃走,忽然有人在山上喊道:"岳霖不要惊慌,我来了!"岳霖抬头一看,原来是一个道人。他骑着分水犀牛,手执古定剑,慢慢地走下山,把手一抬,白龙带忽然缩成一团,钻进他的袍袖里。西云小妹大骂道:"何方妖道,敢收我的宝贝!"举刀朝道人劈面砍去。道人举剑迎住,岳霖挺枪助战。西云小妹知道不敌,掏出阴弹就打。道人张开袖口,阴弹直接落进他袖里。西云小妹惊慌失措,又掏出阳弹。道人伸出左手接住,也放进袖内。西云小妹见势不妙,急忙拨马往城下逃去。瑞仙郡主在城头看见,忙命士兵们放下吊桥、打开城门。西云小妹刚进瓮城①,伍连从一旁冲出来,拔出腰刀,拦腰将西云小妹砍为两段。

接着,伍连带着郡主,将岳雷大军迎进城中。岳霖对岳雷说了道人救自己的经过,岳雷拜了拜,说:"请问道长在哪座名山修行?高姓尊名?不仅救了我的兄弟一命,而且让我们得了牧羊城,功劳不小啊!"道人说:"贫道是蓬莱散人②,姓施名岑。今天偶然见到令弟有难,就助了他一臂之力。如果有将士受伤,贫道也能医治。"岳雷大喜,立即下令将岳霆、樊成、

① [瓮城]
在城门外或城门内侧修建的半圆形或方形的护门小城,是古代城市的主要防御设施之一。

② [散人]
闲散自在、没有用的人。

第六十回 施岑施法破牧羊城

吉成亮、罗鸿、牛通五人抬到大堂上。施岑取出四丸丹药,用水化开,灌进岳霆、樊成、吉成亮、罗鸿四人口中,霎时间四人恢复如初。接着,施岑用手一指牛通,白龙带一下子就掉了。牛通十分生气,从旁边士兵手中夺过一把刀,朝白龙带连砍几刀,但哪里砍得断!岳雷惊讶地问:"这是什么宝贝?这么厉害!"施岑笑而不语,从袖子中拿出一条一模一样的白带,说:"这哪里是什么宝贝?只不过是她的一双裹脚带。"接着又拿出阴弹和阳弹,一个是铅粉做的,一个是胭脂做的。众人无不惊异,纷纷赞叹施岑的法力。

第二天,岳雷一边吩咐设宴,让伍连、郡主成亲,一边下令出榜安民,犒赏将士,准备扫北。

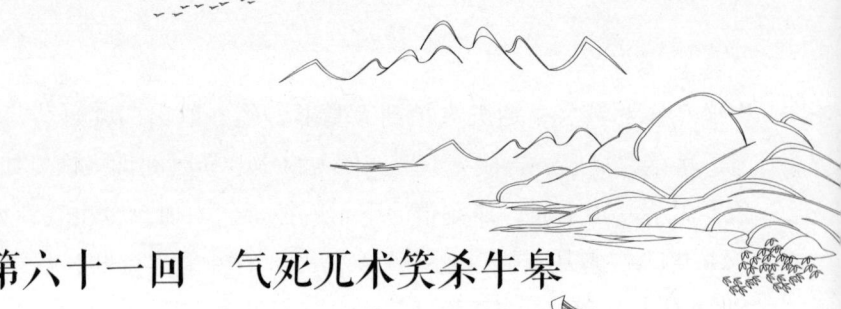

第六十一回　气死兀术笑杀牛皋

在牧羊城休整了几天,岳雷将大军分成四队,继续向北进发。在离蜃华江不到五十里时,岳雷接到探马禀报说:"江边有几十座金营。"便命韩起龙、韩起凤、杨继周、董耀宗四人在左边安营,命罗鸿、吉成亮、王英、余雷四人在右边安营,自己率众将在中间安营。随后又命张英、王彪等率士兵砍伐树木,建造木筏,准备渡江。

在蜃华江边的金军是兀术统领的队伍。他从万锦山千花洞请来乌灵圣母和三千鱼鳞军,在奔往牧羊城路上时,就已得知城池失守。乌灵圣母说:"太子放心!贫道到蜃华江边摆下一个阵形,看岳雷能不能过去。"兀术大喜,一面率军渡过蜃华江,背江安营,一面派人去请六国三川的人马来支援。

数天后,支援人马到达,也背着蜃华江安营。乌灵圣母集合好人马,摆下乌龙阵,随即让兀术派人把战书到宋营,约定转天决战。

第二天一早,双方摆好队伍。兀术提斧纵马来到阵前,说:"岳雷!古人云:'赶人不可赶上,英雄不可使尽。'① 我三进中原,势若破竹,都是因为宋朝皇帝听信奸臣,致使国家破碎。如今你的主公稳坐临安,我们理应各守疆界。但是你夺我的城池,杀我的大将,骄横至极。现在宋君刚刚继承帝位,就已经派大臣何铸、曹勋到金国讲和。不如你趁现在已经立功就撤兵

① [赶人不可赶上,英雄不可使尽]
意为不要逼人太甚。

第六十一回　气死兀术笑杀牛皋

回国，安享功名。如果你一味贪功，一旦有失，后悔就来不及了！"岳雷说："兀术，你说错了！是你无缘无故侵犯大宋，劫走二圣。就是三尺高的孩子，都想着报仇雪恨，何况我岳氏忠义之家！如果不踏平金国，怎么能报二圣之仇？"兀术大怒，骂道："小畜生！我好意劝你，让两国和好，你倒口出狂言！别说了，放马过来吧！"

岳雷正欲纵马上前，关铃从一旁冲出来，举起青龙偃月刀劈面砍向兀术，兀术忙用金雀斧架住。两人战了十几个回合，兀术招架不住，拨马逃回本阵，关铃拍马追了上去。忽然，一声钟响，乌灵圣母骑着一匹避水犀牛出现在关铃面前。她拿着一对截铁刀，大声叫道："南蛮，不要眼中无人！"关铃抬头一看，见是一名老道姑，不禁大吃一惊，问："你是哪里来的出家人？何苦管闲事？"乌灵圣母说："胡说！我是万锦山千花洞乌灵圣母。你们侵犯金国，特地来捉你们。"说着舞动双刀，朝关铃砍去，关铃忙摇刀招架。战了三四个回合，乌灵圣母把双刀一摆，金军阵内立即冲出三千人马，手持镔铁刀围向关铃。他们都穿着用鲨鱼皮做的盔甲，从头到脚包裹得严严实实，只露出两只眼睛，刀枪火箭都不能伤到他们。关铃抵挡不住，只得回马败走。兀术乘机指挥金兵冲杀。宋兵大败，两三千将士阵亡，受伤者不计其数。

岳雷闷闷不乐地下令后退二十几里安营。第二天，牛皋、施岑相继到达营中。岳雷将昨日战败的经过说了一遍，施岑说："元帅放心！贫道明天出阵，必定擒他。"岳雷这才放下心来。

次日，岳雷命牛皋出马讨战。兀术亲自出阵，一见牛皋，一面大骂道："你这个黑脸贼，我今天一定要取你的性命！"一面举起金雀斧便砍，牛皋挥锏与他战在一起。二人战了十几个回合，关铃、陆文成、狄雷、严成方、樊成、牛通、宗良等小将一起冲了上来，金军大将哈同文、哈同武、黎明七、乌利孛、撒利思、撒里虎等纷纷出马，双方立即混战起来。突然，宗良举起铁棍打中兀术的左肩。兀术疼痛难忍，大叫一声，拨马就跑。众金将见兀术受伤，也无心恋战。哈同文被关铃砍死，哈同武被狄雷打死，其余的大败而逃。宋将一起冲到金营前，只听一声钟响，乌灵圣母骑着避水犀牛走了出来。牛皋不管三七二十一，举锏乱打。乌乌灵圣母见他来势凶猛，把手中双刀一摆，三千鱼鳞军立即从营中蜂拥而出。宋将见状，纷纷拨马回撤。

这时，施岑坐着避水犀牛、手执古定剑走了过来。他一边大叫道："各位将军，不要惊慌，贫道来了！"一边拿出一个葫芦，揭开盖，"呼"的一声响，一队铁嘴火鸦从葫芦里飞到半空中，朝着鱼鳞军的眼珠乱啄。鱼鳞军不惧刀枪，就怕眼睛被攻击。他们赶走了左边的火鸦，右边的又飞过来；赶走了右边的火鸦，左边的又飞过来。三千鱼鳞军就这样折腾了半天，一大半被火鸦啄瞎了眼睛，被宋军活捉。乌灵圣母大怒，大声喊道："哪里来的妖道，敢破我的阵！"施岑笑着说："孽畜！你记得当年在长沙时，我的师父原本要斩你，我在旁边求情，他才饶了你的性命，让你修行学道。怎么今天你倒助纣为虐！如果不赶快回心转意，让你死无葬身之地！"乌灵圣母仔细一看，暗暗叫道："啊呀！不好了！原来是许真君的徒弟施仙师！怎么与他做了对头！但是既然这样了，也不好收场了。"遂硬着头皮说："施道人！你不让我报害子之仇，还来欺负我，我偏不放宋兵过去，看你能把我怎么样！"施岑大怒，举起古定剑，朝乌灵圣母砍去，乌灵圣母忙用刀招架。

战了三四各回合，乌灵圣母说："施岑，你敢来破我的阵吗？"说着骑着避水犀牛走进阵内。施岑笑吟吟地说："你别得意，谁怕谁！"随即一拍避水犀牛的头，仗剑冲入乌龙阵。乌灵圣母登上将台，摇动黑旗，念起咒语。突然，平地变成波涛滚滚，无数虾妖鱼怪拿着刀枪，蜂拥而至。宋军将士十分害怕，慌忙掉头就跑。施岑不慌不忙地张开嘴念念有词，突然半空中响起一声霹雳，虾妖鱼怪被震得无影无踪。施岑拍拍避水犀牛的头，分开水势，仗剑直取乌灵圣母。乌灵圣母惊慌失措，就地一滚，变成一条乌龙，张牙舞爪地扑向施岑。施岑趁势一把抓住乌龙的颈子，举剑就要砍，乌灵圣母急忙哀求饶命。施岑说："算了，我不斩你，押你去见师父，把你锁在铁树上，让你永不翻身！"说罢，解下腰带捆起乌灵圣母，对宋营众将大喊一声"告辞"，骑着避水犀牛离开了。

宋军将士见乌龙阵被破，士气大振，奋勇杀向金兵。金兵阵脚大乱，四散而逃。牛皋东冲西突，专挑人多的地方厮杀。兀术正在集合残兵败

第六十一回 气死兀术笑杀牛皋

将逃命，迎面撞见牛皋，回马便走。牛皋拍马紧追不舍。兀术大怒，说："牛皋，你也来欺负我吗？"说着举斧与牛皋厮杀了起来。战了三四个回合，兀术左臂受伤疼痛，只得用右手举斧交战。牛皋扔了锏，双手抓住金雀斧，就往怀里扯。兀术身体重，被牛皋扯得往前一冲，摔下马。牛皋也跟着摔下马，正好压在兀术身上。金兵冲上前想救兀术，宋兵蜂拥而上，将金兵挡住。牛皋乘势一翻身，骑在兀术的背上，哈哈大笑着说："兀术！你也有被我擒住的这一天吗？"兀术回转头，看着牛皋，圆睁两眼，大吼一声："气死我了！"口喷鲜血而死。牛皋不停地大笑，兴奋不已，一口气没喘过来，竟笑死在兀术身上。这就是"虎骑龙背，气死兀术，笑杀牛皋"的故事。

岳雷指挥大军追杀了半天，便鸣金收兵。陆文龙活捉了哈迷蚩，岳雷下令立即斩首。

数天后，张英、王彪禀报说木筏已全部造好，岳雷当即命令大军渡江。金国将士因为兀术已死，斗志全无，全部退回了黄龙府。岳雷率大军过了蜃华江，一路无兵阻挡，顺利抵达黄龙府，在离城五十里之处安下营寨。

金国君臣得知宋军杀至，面面相觑，无计可施。左丞相萧毅说："四太子已死，无人能抵挡宋兵。不如送还宋朝二圣的尸首求和吧。"完颜冻依言，当即派叔父完颜锦哥到岳雷营中求和。岳雷说："要想求和，就送还二圣。以后年年进贡，岁岁来朝。"完颜锦哥当即答应，并说："二圣早已去世，只有使者张九成还活着。我回去派人将二圣的灵柩和张九成送还给你。"

没几天，完颜锦哥与张九成护送徽宗、钦宗的灵柩，奔临安而去。岳雷率大军奏凯回朝。

自此以后，岳飞的英名和"撼山易，撼岳家军难"的美誉，一直流传至今。